互联网金融时代下中小银行金融创新研究

亚联管理咨询有限公司　编著

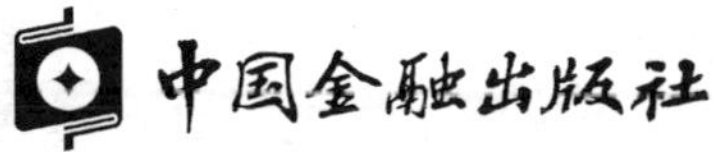

责任编辑：黄海清
责任校对：李俊英
责任印制：陈晓川

图书在版编目（CIP）数据

互联网金融时代下中小银行金融创新研究（Hulianwang Jinrong Shidaixia Zhongxiao Yinhang Jinrong Chuangxin Yanjiu）/亚联管理咨询有限公司编著．—北京：中国金融出版社，2015.6
ISBN 978－7－5049－7991－9

Ⅰ.①互…　Ⅱ.①亚…　Ⅲ.①商业银行—银行管理—研究—中国
Ⅳ.①F832.33

中国版本图书馆 CIP 数据核字（2015）第 138536 号

出版发行　中国金融出版社
社址　北京市丰台区益泽路 2 号
市场开发部　（010）63266347，63805472，63439533（传真）
网上书店　http://www.chinafph.com
（010）63286832，63365686（传真）
读者服务部　（010）66070833，62568380
邮编　100071
经销　新华书店
印刷　保利达印务有限公司
尺寸　169 毫米×239 毫米
印张　16.25
字数　307 千
版次　2015 年 6 月第 1 版
印次　2015 年 6 月第 1 次印刷
定价　48.00 元
ISBN 978－7－5049－7991－9/F.7551

编　委　会

主　编：孙　军

编　委：晏佳男　范苏云　高继岩　牟铁钢
彭炜剑　程　娜　刘　娇

编　者：蔡　伟　崔汉新　邓　刚　高丹竹
高　洁　管总平　胡文静　赖　华
李　钢　李贵宾　李健平　李　雪
李　杨　罗　帆　吕　斌　庞　伦
裴志成　宋秋野　王承晖　王律文
徐义龙　张　箐　赵秀娜　朱勋会

目　　录

绪　论

20 世纪 90 年代伊始，我国已有互联网金融（Internet Finance）业态的萌芽，从早期的网上银行、互联网保险，到后期的 P2P 网络借贷、第三方支付、网上理财、众筹等模式如百花齐放，在全国掀起互联网金融发展的热潮，前后只用了十几年的时间。2013 年被业界称作“中国互联网金融元年”，揭示了中国在前期互联网金融发展经验的积累之下，已蓄力待发，正迈向互联网金融规范化发展的快车道①。政府监管层面也不断传来利好消息。2014 年政府工作报告首次提出促进互联网金融健康发展，党的十八届三中全会更是从国家层面提出发展普惠金融的战略，国务院先后出台多项政策，明确以互联网金融促进消费、电子商务以及小微企业的发展。由此可见，互联网金融将成为我国未来一段时间内金融行业发展的趋势。互联网金融企业凭借其不断升级创新的互联网技术和对民众日常生活的全方位渗透，以及在时间、成本上拥有的巨大领先优势，最终对商业银行造成了强烈的冲击。商业银行，特别是中小银行，如何应对互联网金融变革的挑战是本研究期待解决的问题。

一、互联网金融发展势头强劲

我国互联网金融历经三个阶段。2005 年之前是第一阶段，当时还未出现真正意义上的互联网金融业态，更多的是银行、证券和保险等金融机构将业务搬到互联网上，实行电子化运营。2005—2012 年为中国互联网金融发展的第二阶段，从 2005 年开始，支付宝等第三方支付机构迅速成长起来，逐渐挤占了银行支付中介的地位；网络借贷开始在我国萌芽，分流了银行的存贷款业务，并在一定程度上冲击了银行信用中介的地位。第三阶段为 2013 年以后，即从“中国互联网金融元年”开始，在相对明朗的市场前景下，互联网金融迈入了迅猛发展的时期，这一阶段的标志性事件包括余额宝的成立、微信红包的推出以及众多银行试水直销银行模式等。

与国外相比，中国互联网金融虽然起步较晚，但后期发展却更加快速。究其原因，主要是互联网金融满足了中国市场的需求。囿于传统银行倾向于关注

---

① 刘士余：《互联网金融正逐渐发挥包容性增长作用》，载《全球商业经典》，2014（3）：68－70。

中高端客户，中小微企业以及普通个人客户的金融服务需求长期得不到满足，而互联网金融依托大数据、云计算等信息技术的支持，突破了征信、风控等方面的限制，并充分发挥“开放、合作、共赢”的互联网精神，正逐步渗透到各行各业。未来，互联网金融将显著体现出四大发展趋势。

1. 互联网金融将深化移动化建设。移动化指创新移动金融工具，发展移动端金融服务。移动金融作为实现移动商务运营的关键环节，将触发全球银行产品和服务向移动化变迁的新一轮革命①。所有互联网金融巨头都将纷纷争夺移动端的入口。从移动支付到移动应用，包括移动理财、移动借贷、移动支付、移动门户等，都将成为未来极具发展潜力的领域。

2. 互联网金融将实行社交化战略。社交化指在满足用户社交活动的同时，增加网络平台对用户的吸引和黏性，并引导用户开通金融服务。互联网金融越来越依托微信等社交工具。自 2014 年春节微信红包引爆互联网金融社交化后，支付宝钱包、平安壹钱包等也开启了社交金融。应用社交化的趋势和大数据，将给金融行业带来更多新的机遇，并将使金融行业逐步社交化。

3. 互联网金融将持续推进社会化拓展。社会化指推动金融服务为社会各阶层、各年龄段的民众所享有。首先，互联网金融的本质是草根金融，依托于草根人群和中小微企业，拥有“长尾效应”的集聚优势。其次，随着互联网和移动技术的普及，不同年龄段的人开始进入互联网金融市场。金融机构推进社会化拓展，不仅符合互联网金融的本质，也适应了发展的需求。互联网金融从以上两方面扩大了金融的服务群体。

4. 互联网金融将实现产业化。互联网金融除本身形成巨大的产业外，还将与其他产业紧密结合，助力实体经济发展。比如，众筹模式将在电影、娱乐等文化产业，新能源等新兴产业，以及汽车、房地产等传统领域发挥融资作用。未来，中国将形成新金融、新产业和新经济的格局，这个格局面向各个行业，带来了经济发展的无限机遇。

二、互联网金融发展冲击中小银行地位

互联网金融引发消费模式巨变。互联网不仅改变了客户生活消费习惯，而且还改变了客户的金融消费习惯。首先，客户越来越倾向于网上金融消费，并注重客户体验。未来商业银行将形成以网银支付为基础，移动支付为主力，电

---

① 尹洋、廖渊、刘伟煜：《移动金融应用的机遇和挑战》，载《金融电子化》，2012（9）。

话支付、自助终端、微信银行等多种电子渠道为辅助的电子银行业务结构①。其次，客户对非传统金融机构提供的产品接受程度越来越高，P2P网络借贷、第三方支付等产品的交易规模逐年上升，金融消费逐渐社会化，客户群体的外延不断扩大。

互联网金融的快速发展对传统金融机构造成了巨大的冲击。传统金融机构的概念正在被颠覆。互联网金融引发的技术脱媒、渠道脱媒、信息脱媒、客户关系脱媒正逐步边缘化银行中介功能。银行的中间业务被替代，面临客户流失、业务萎缩的危险。

中小银行在客户群体上与互联网金融存在一定的重叠，且相对国有大型银行，中小银行在资金、技术、客户等方面处于劣势。所以，在互联网金融的冲击下，中小银行的市场地位受到较大冲击。

1. 互联网金融对中小银行最大的冲击是服务理念的冲击。互联网遵循的是“公开、透明、高效、开放、平等、协作、分享”的服务理念，互联网金融将互联网技术与金融服务紧密结合，十分注重客户体验、强调互动式营销、主张平台开放，这些特点是当前传统银行欠缺的。传统银行业具有被高度监管、行业垄断、风险高度监控等特点，传统银行已经习惯了较为封闭、独享的市场，习惯了居高临下的服务方式。面对互联网时代平等、开放、分享的理念，传统银行的服务模式遭受到了前所未有的挑战。

2. 互联网金融低成本、更便捷的运营模式给中小银行带来巨大挑战。虽然在各个业务条线上不尽相同，但是传统银行大体都遵循了“驻点式经营+广告+关系”的营销方式②，而互联网金融依托于支付、云计算、社交网络以及搜索引擎等互联网工具，实现资金融通、支付和信息中介等业务③，重视长期用户培养，注重流量入口。相较而言，互联网客户有很高的黏性，而商业银行传统获取客户的方法显得迟缓而笨重。互联网金融拥有更便利的信息传递平台、更低的时间成本与经济成本。

3. 互联网金融灵活多元的盈利模式给中小银行形成巨大挑战。互联网金融有推荐费、手续费、广告费、定价费、管理费等多种盈利模式。互联网金融P2P网络借贷、第三方支付、众筹等模式都各具特色，在各方面挤占了银行的盈利空间。目前，存贷款利差仍然是商业银行的主要收入来源，对中小银行来说，存款仍然是重中之重，是银行发展的基本立足点。然而，在存贷款利率尚未实

① 杨春秀：《网上银行交易规模超900万亿，电子银行体系发展成熟》，载《金卡工程》，2014（9）。

② 费洋：《互联网金融发展对传统银行业的冲击分析》，载《商》，2014（2）。

③ 张文晴：《我国P2P网络借贷平台的合法性界定及法律监管》，载《法制与社会》，2015（5）。

现市场化的今天，银行的吸储能力已严重下降。部分银行活期存款正流向互联网金融，虽然其数量尚未达到触及银行根本利益的地步，但银行应当清醒地认识到，随着互联网技术应用未来进一步发展和深化，届时银行的生存可能受到威胁。

三、互联网金融下中小银行主要应对策略建议

（一）中小银行互联网金融创新路径策略建议

银行进行互联网金融实践主要包括直销银行、手机银行、移动支付、电商平台、P2P 网络借贷等模式。对中小银行而言，涉足互联网金融有如下主要创新路径。

1. 依托现有金融，进行移动化、互联网化转变。传统金融触网，已经成为提高金融行业运作效率、改善用户体验的大势所趋。中小银行更应当围绕银行核心优势和业务联动，充分利用互联网互动性强、灵活方便的优势，不断满足客户多方面的需求，把一次性的金融交易变成持续性的交互运营，提高客户黏性。中小银行应当围绕金融需求，专注金融主业，在金融专业垂直领域精耕细作，保持自己的核心优势，致力于为客户提供专业化、综合性的金融服务解决方案①。尤其值得注意的是，这些转变并不是盲目的，而是应该找准切入点和切入路径，打通客户服务链和价值链。

2. 借鉴已有互联网金融，开展自身模式创新。中小银行由于体量较小，互联网金融创新的技术水平、专业人才不足，财力水平也不足以支撑持续、独立的互联网金融产品开发。因此，中小银行更多地应基于已有的互联网金融模式，学习借鉴大型银行和较大的股份制银行的互联网金融产品和服务设计，或与其他银行和互联网金融公司进行合作。利用互联网金融快捷、便利的特点，围绕客户体验，将外来经验进行内化，进一步与互联网技术实现融合。在服务理念、服务方式与服务渠道上实现智能化，突破旧有的思维定式，充分利用互联网思维，积极探索新的服务模式，创造最佳客户体验。

（二）中小银行互联网金融产品与营销创新策略建议

目前，大部分中小银行已基本建成由网上银行、手机银行、电话银行、电视银行、微信银行等构成的全方位电子银行服务体系②，在该体系下，中小银行

① 曹乾：《互联网企业跨界金融的思考》，载《中国城乡金融报》，2014（10）。
② 王好强：《互联网金融对银行业影响走向深化》，载《金融时报》，2014－07－04（15）。

正逐步融入互联网金融的基因，大力完善改进电子银行，提升电子银行的客户满意度。中小银行不断加强电子银行建设，通过强化线上、线下渠道的获客和经营能力，打造一体化综合服务优势；开始探索以平台建设为核心的互联网金融模式；积极拓展供应链金融，解决中小企业融资难问题；面向小微和个人融资需求，试水 P2P 业务；展开与电商、互联网企业、电信运营商多元化战略合作，增强金融综合服务能力①。

结合中小银行既有的创新实践，分析中小银行相对互联网金融企业和大银行的相对优势，本文提出中小银行互联网金融产品与营销的主要创新策略。

1. 基于产品，选择适合与互联网深度结合的单一产品进行创新。具体的可以是将传统金融产品与新的应用场景结合起来，对某一产品重新包装；也可以是开展组合式创新和碎片式创新，以某一项或几项传统产品为基础进行改造，将产品的某些要素抽离和优化，创造出新的拳头产品，使传统产品产生新的价值，当下银行开发的“宝宝”类产品即体现了这一策略。

2. 基于渠道，开展从线下到线上，从营业厅到互联网，从面对面到不见面的创新。在此种情景下，客户从具体的对象变成抽象的互联网海量用户。渠道创新策略的典型实践是民生银行等推出的直销银行。直销银行脱离了原先营业网点渠道，客户主要通过电脑、电子邮件、手机、电话等远程渠道获取银行的产品和服务。

3. 基于业务，以客户为中心，对金融服务模式进行重构和整合创新。一方面，创新业务模式，在传统银行体系内部围绕一类客户群体，重构存贷汇等各项基础业务，实现服务价值链的重构，以更好地满足客户需求。另一方面，创新商业模式，如招商银行推出的“小企业 E 家”，其实质已超越了银行现有的商业模式。

4. 基于营销，以社交性和游戏性为切入点进行创新。在互联网获客方面不断找寻新入口，找到流量聚集的优质入口，加强与大流量入口的合作，比如各大社交网络就聚集了大量用户。在游戏性方面，微信红包是值得学习的案例。事实上，大量金融机构已将新媒体作为营销主战场。注重社交性和游戏性将是创新的两大方向。

5. 基于亚联盟平台，建立亚联超银模式的创新。本着“抱团发展、创造多赢、共同超越”的宗旨，联盟发挥集群优势，打造超银系列互联网金融平台，帮助中小银行应对互联网金融和利率市场化的挑战；同时，增强现有客户的黏性，促进客户进一步下沉并扩大客户群体。

---

① 王好强：《互联网金融对银行业影响走向深化》，载《金融时报》，2014－07－04（15）。

（三）中小银行互联网金融管理能力创新策略建议

为有效应对互联网金融带来的巨大挑战，我国中小银行应积极推进战略定位调整和发展模式转型，推进能力建设，在风险管理、技术平台建设、组织构架等管理能力方面进行创新。

1. 中小银行互联网金融风险管理应对策略建议。在坚守法律合规底线防范合规风险的基础上，运用金融平台数据，使用大数据进行征信分析，坚持风险分散定位、收益覆盖风险的风险管理应对策略。基于大数据的征信主要是引入新的资料来源，并结合银行已有客户资料，根据客户的财务状况、行为特征、行业环境、信用记录等信息对客户的贷款能力、还款意愿进行评估，以此控制银行运营风险。但是，我们也要明白大数据分析并未解决所有的风险问题，风控将长期成为银行发展互联网金融的焦点问题。综合中小银行的特殊性与互联网金融信用、合规等方面的风险，中小银行应该定位于服务区域内中小微客户，结合多种互联网金融产品，通过多样化的投融资分散客户信用风险。

2. 中小银行技术平台建设应对策略建议。中小银行应积极筹建支付、理财、融资、综合类平台，并进行成本控制，制定好技术平台创新实施路径及计划。技术创新应建立在市场调查之上，平台建设必须与业务规划密切贴合。在建设互联网金融平台前，银行市场部门需要对系统建设开展必要的评估和调研。因为调研是产品立项和策划的依据，只有做好充分调研才能把握客户需求、把握市场动态。对中小银行而言，平台建设的成本控制是要点。成本控制的主要工作包括降低互联网金融平台的建设成本，对建设过程进行成本管理等。在互联网金融平台建设过程中，要充分利用银行现有的硬件设备、网络、系统等资源，运用虚拟化技术、资源池化技术，充分发挥现有系统资源的性能，节约平台的建设成本。此外，中小银行还可部署与互联网企业的合作，通过不断拓宽与互联网企业合作的广度和深度，开启金融业与互联网企业的跨界合作模式，进而大幅度降低银行的系统开发成本。

3. 中小银行互联网金融组织架构应对策略建议。目前国内商业银行开展的组织创新有成立独立的法人机构，有形成一个新的事业部或者利润考核中心，还有只在原来的电子银行部或者网络银行部中增加部分互联网金融职能。

商业银行选用哪种组织模式发展互联网金融并没有固定的模式，但集合考虑中小银行在发展阶段、资产规模、存贷比、科技实力等方面特点，我们建议中小银行的互联网金融组织建设主要采用职能部门模式。对于银行而言，采用职能部门的方式有助于政策的统一，而且许多城市商业银行在风险管理、互联网金融意识方面还不是很强，如果着急采用事业部机制单独发展互联网金融，无论是硬件还是软件条件，都难以满足现实需求。所以我们建议城市商业银行在发展互联网金融的时候，应当以现有的技术和人才为基础，在不改变传统的电子银行职能部门的前提下，成立新的互联网金融事业部门（直销银行、网贷银行），既可以独立开展业务，也可以联合发展。

4. 中小银行互联网金融人才建设应对策略建议。中小银行应制订基于互联网战略的人力资源规划，制定契合的岗位体系，最终形成适应新形势的人才管理机制。与传统金融业务依赖市场资源和人际关系不同，互联网金融行业对人才的要求更注重开放的思维、对互联网节奏的亲和度与团队意识。互联网金融从业者应投入更多精力到金融产品设计上，致力于将结构复杂、专业度高的金融产品用简单易操作的方式直观清晰地摆在客户的面前。中小银行应寻求具备互联网和金融双重思维的、具备主动创新能力的各类人才，包括信息化与金融复合人才、金融产品设计人才以及金融市场营销人才等。

1 互联网金融概述

1.1 互联网金融定义

1.1.1 什么是互联网金融

20 世纪 90 年代前后出现了第一轮互联网革新，当时学术界并未出现“互联网金融”概念，“电子金融”或“金融电子化”是研究中常用的关键词。互联网技术的迅速发展，特别是移动互联网、大数据、云计算的快速普及，推动金融业卷入第二轮技术革新的热潮，“电子金融”概念已经不能全面覆盖新兴的互联网金融的理念与业态。“互联网金融”概念应运而生，为第二轮金融技术革新奠定了理论基础①。

互联网金融，是以大数据、云计算为基础，利用互联网搜索、社交网络、新媒体等工具及渠道建立的新金融模式。互联网金融依托互联网工具，实现资金融通、支付和信息中介等业务。理论上任何涉及广义金融的互联网应用都应该是互联网金融，包括第三方支付、在线理财产品的销售、信用评价审核、金融中介、金融电子商务等模式②。互联网金融将互联网和金融结合起来，构建起以金融功能为核心，以互联网技术作支撑，用互联网精神提供无限活力的新模式。互联网金融模式蓬勃发展，在融通资金和资金供需双方匹配等方面越来越深入到传统金融业务的核心③。

1.1.2 互联网金融的主要特点

一、普惠金融

我国已建立庞大的金融体系，但金融资源供需在结构上存在较大失衡，草根金融需求未得到足够重视。互联网金融能有效、全方位地为社会所有阶层和群体提供更多的金融服务，更好地支持实体经济发展，因而互联网金融也被誉

---

① 黄旭、兰秋颖、谢尔曼：《互联网金融发展解析及竞争推演》，载《金融论坛》，2013（12）。

② 刘瑾：《北京农商银行应对互联网金融的策略研究》，首都经济贸易大学，2014。

③ 刘瑾：《北京农商银行应对互联网金融的策略研究》，首都经济贸易大学，2014。

为“草根金融”，其发展让普通大众和小微企业得到全面的金融服务。互联网金融为每一个个体提供了参与经济建设的机会，这将促成实现共同富裕、构建和谐社会的宏伟蓝图。

二、平台金融

互联网平台大大缩短了人们在时间、空间上的距离，重塑了金融生态环境。互联网金融整合了信息资源与资金资源，部分平台实现了资金流、信息流和物流三合一服务，相对于传统金融，互联网金融推动了去中心化，给银行这一传统金融中介带来巨大挑战。拥有良好用户体验的平台凭借其便捷、安全、高效、简易等优势，增加了客户黏性，实现客户资源的持续发展。

三、信息金融

我们的生活、工作、商务、娱乐都已经和互联网紧密联系在一起。互联网上长期积累的社交、商务、生活等方面的数据信息已成为重要的资源和资产。通过数据挖掘、云计算、大数据分析等操作，用户的信用情况一目了然，风险识别和风险定价得以快速完成，精确营销、私人定制等策略有机融为一体。在互联网金融下，我们要重新认识金融业务的核心要素——信用、定价和风控体系。

四、碎片金融

互联网金融可以有效整合碎片时间和零散的资金，并汇聚各方信息，通过积少成多，整合“长尾”客户群（中小客户群体和小微资金融通需求的群体），产生强大的聚合力，形成规模效应。金融碎片化作为各类金融服务机构新的利润增长点，已经成为一大趋势。

五、新媒体金融

新媒体金融指通过新媒体，如微信、微博等社交网络工具，利用新媒体交互性、及时性、海量性、共享性和个性化等特征，以客户为中心，更好地提供金融服务与产品。

1.1.3 互联网金融与传统金融的异同

互联网金融与传统金融的区别不仅仅在于金融业务所采用的媒介不同，更重要的在于金融发起者通过互联网、移动互联网等工具，灵活运用互联网“开放、平等、协作、分享”的精神对金融业务进行创新，能够让传统金融业务透明度更强、参与度更高、协作性更好、中间成本更低、操作更便捷①。本质上互联网金融是传统金融的有益补充。与传统金融服务相比，互联网金融的竞争特点主要体现在：

---

① 刘瑾：《北京农商银行应对互联网金融的策略研究》，首都经济贸易大学，2014。

1. 庞大、稳定的用户群体和海量的交易信息数据。与中国传统金融服务注重“高大上”产业不同，互联网金融所服务的对象，其特点是海量、小微、草根、低端。我国拥有全球最大的网络用户人数，在为电子商务平台、第三方支付组织积累大量客户资源的同时，也使得互联网企业能够通过记录海量的客户交易信息和信用评级，逐渐构建起互联网信用评价体系和信用数据库。阿里金融就通过掌握店家最真实的经营数据，并对其进行分析处理，快速筛选出合格的客户发放贷款。相比传统商业银行的零售业务，这种基于平台数据对优质客户进行甄别的营销和风控手段更加真实、可靠①。

2. 方便、快捷的高效率操作流程。依托互联网平台信息交易即时、便捷的特点，互联网金融产品的操作和交易流程非常快捷方便。例如，京东推出的“京保贝”，就是通过对京东平台上的采购、销售、财务等数据进行集成和处理，实现在线自动化审批和风险控制②，放款的时间可由以前按天计算缩短到 3 分钟以内。

3. 强大的信息收集、处理能力，智能满足用户需求。互联网金融模式利用云计算原理，将非对称、分散庞杂的金字塔形数据进行扁平化处理，实现了数据的结构化和标准化，从而使得在此模式下，金融产品的供需双方面对多样化的产品市场，可以通过智能搜索引擎（如融 360）快速对信息进行检索和组织排序，并高效率地获得匹配信息进行交易磋商③。

4. 低成本下的充分交易运作模式。与传统金融相比，互联网金融模式不仅使得交易双方的信息充分透明、定价完全竞争，而且资金双方通过互联网和移动互联网进行磋商，可以实现多方对多方同时交易。互联网金融对客户信用等级的评价以及风险管理主要通过数据分析来完成，整个过程所产生的信息成本、客户信用等级评价成本、签约成本以及贷后风险管理成本等都很小，具有非常明显的成本优势④。

5. 互联网金融风险具有特殊性。互联网变革的只是金融的服务方式，银行借助这些媒介从事服务跟银行的传统服务没有根本区别，互联网金融没有改变金融是经营风险这一核心属性，更没有消除金融的固有风险⑤。与此同时，互联网金融由于虚拟性及过多地依赖装备技术等特点，与传统金融相比，除了具备传统金融的固有风险外，还具有其他不确定性风险。

---

① 洪娟：《互联网金融浪潮下的商业银行竞争策略研究》，载《武汉金融》，2014（3）。

② 李阳丹：《京东择时上市助跨越》，载《中国证券报》，2014－02－08（12）。

③ 洪娟：《互联网金融浪潮下的商业银行竞争策略研究》，载《武汉金融》，2014（3）。

④ 洪娟：《互联网金融浪潮下的商业银行竞争策略研究》，载《武汉金融》，2014（3）。

⑤ 王锦虹：《互联网金融对商业银行盈利影响测度研究——基于测度指标体系的构建与分析》，载《财经理论与实践》，2015（1）。

1.2 国内外互联网金融发展概况

1.2.1 国外互联网金融发展概况

互联网诞生于欧美市场发达国家，由于这些国家金融体系比较完善、成熟，它们在传统金融与互联网融合上较世界其他国家时间更早、程度更高①。欧美国家的主要模式大致分为互联网支付、P2P 网络借贷、众筹融资、互联网银行、互联网证券以及互联网保险等②。

一、互联网支付

1996 年，全球第一家第三方支付公司在美国诞生，随后逐渐涌现出 Amazon Payments、PayPal、Google Wallet、Global Collect、Worldpay 等一批第三方支付公司，其中以 PayPal 最为突出，其发展历程基本上是北美第三方支付市场的发展缩影。

PayPal 公司成立于 1998 年，当时的市场定位为应对全球逐渐兴起的电子商务发展热潮③，2002 年被全球最大的 C2C 网上交易平台 eBay 全资收购，而后真正步入发展快车道。仅 2003 年一年时间，PayPal 就依托 eBay 庞大的市场份额，实现了 4.4 亿美元的交易金额，较 2002 年暴增 359%。目前，PayPal 在全球范围内拥有 1.53 亿个账户，是全球最著名的第三方支付机构之一④。

二、P2P 网络借贷

P2P（Peer to Peer），即点对点或端对端网络借贷。2005 年 3 月，世界上首家 P2P 网络借贷平台 Zopa 正式在英国伦敦上线运营。2006—2007 年，美国出现了网络借贷平台 Prosper 和 Lending Club⑤。这种比银行贷款更加方便灵活的平台很快在全球范围内得到复制，比如德国的 Auxmoney、日本的 Aqush、韩国的 Pop funding 等⑥。

从全球最有影响力的 P2P 网络借贷平台如 Prosper、Lending Club、Zopa 身上，可以窥见典型 P2P 网络借贷运营模式。

第一类是单纯的借贷中介平台，如 Prosper。在这个平台上，借款人可以创

---

① 王子威：《用创新开拓更广阔的发展空间》，载《中国经济导报》，2014-05-29。

② 黄庆安：《互联网金融的发展与金融学专业教学内容改革探讨》，载《福建广播电视大学学报》，2014（6）。

③ 王青林、陆军、李响：《国内外第三方支付市场发展实践研究》，载《金融电子化》，2012（7）。

④ 王青林、陆军、李响：《国内外第三方支付市场发展实践研究》，载《金融电子化》，2012（7）。

⑤ 王子威：《互联网金融模式总览》，载《首席财务官》，2014（17）。

⑥ 王子威：《互联网金融模式总览》，载《首席财务官》，2014（17）。

建借款条目，并设定一个愿意支付给出借人的最高利息率；出借人则通过降低利息率进行竞拍。拍卖结束后，Prosper 将最低利率的出借人组合成一个简单的贷款交给借款人。每发生一笔借贷，Prosper 会从借款人处提取借款金额 1% ~ 3% 的费用，从出借人处按年出借款总额的 1% 收取服务费①。

第二类是集中介、担保人、联合追款人和利率制定者角色等众多角色于一体的复合型平台，如 Lending Club 和 Zopa。Lending Club 不采取竞标方式，而是根据借款人的信用等级来制定相应的固定利率，通过 Facebook 等社交平台的高传播特性及朋友间的互相信任将出借人和借款人聚合起来。其要求借款人在进行交易前必须经过严格的信用认证和 A - G 分级。出借人可浏览借款人的资料，并根据自己能够承受的风险等级或者借款人是否为自己的朋友来进行借款交易②。Zopa 同样运用信用评分的方式来评估借款人，将借款人按信用等级划分为 A + 、A、B 三个等级。出借人则可以根据借款人的信用等级、借款金额和借款期限提供贷款。为降低出借人的风险，借款人被要求签署法律合同，并且被强制要求按月还款。Zopa 的收入则来源于向借款人收取每笔 0. 5% 的服务费，以及按年出借款总额向出借人收取 0. 5% 的服务费③。

三、众筹融资

众筹（Crowdfunding），即大众筹资。其利用互联网和 SNS 传播的特性，让小企业、艺术家或个人对公众展示他们的创意，以争取大家的关注和支持，进而在资金、能力和渠道等方面获得所需要的帮助。最初作为艰难奋斗的艺术家们为创作筹措资金的一种手段，众筹现已演变为非营利性组织和初创企业为项目融资的一种机制，发挥的作用类似于天使投资④。

据中国互联网协会、《金融世界》联合发布的《2014 中国互联网金融发展报告》，全球众筹市场高速增长，2014 年全球众筹交易规模超过 600 亿元，到 2016 年，全球众筹融资规模将接近 2 000 亿元，众筹融资平台将达到 1 800 家⑤。目前，国外运营最成功的众筹平台是创立于 2009 年的 kickstarter，kickstarter 的运营模式，是由筹资人提出其创意构思或产品概念，然后由 kickstarter 通过视频、文字或图片向投资者发布该信息，作为其作出投资决策的基础。如果总的投资金额达到目标金额，筹资人便可用这笔钱进行产品的开发和生产，而 kick-

① 黄飙、屈俊：《国外 P2P 和众筹的发展》，载《中国外汇》，2013（12）。
② 黄飙、屈俊：《国外 P2P 和众筹的发展》，载《中国外汇》，2013（12）。
③ 黄飙、屈俊：《国外 P2P 和众筹的发展》，载《中国外汇》，2013（12）。
④ 黄飙、屈俊：《国外 P2P 和众筹的发展》，载《中国外汇》，2013（12）。
⑤ 徐韶华、何日贵、兰王盛、高翔：《众筹网络融资风险与监管研究》，载《浙江金融》，2014（10）。

starter 则向其收取 5% 的筹资额提成①。

四、互联网银行

互联网银行通常指纯线上的直营银行，这些银行一般不通过传统的营业网点和柜台服务，而是通过电话、信件和 ATM，以及互联网和移动终端来提供服务②。互联网银行最早出现于 20 世纪 80 年代的欧美国家。由于在互联网技术的发展和应用方面的优势，美国的互联网银行渐渐脱颖而出，数量也最为集中，基本代表了互联网银行的发展状况和趋势。人们普遍将 1995 年 10 月美国 Security First Network Bank（SFNB）的成立作为互联网银行诞生的标志③。

1997 年，荷兰国际集团（International Netherlands Groups）在加拿大首创直销银行 ING Direct，大获成功，并迅速在全球多个国家复制④。从当前国际直销银行的实践来看，直销银行主要有以下几种模式：

一是纯粹的网络银行，以 SFNB 为代表，通常由互联网公司和互联网从业者创立，有的持有独立的银行牌照，有的则是与传统银行合作，并以传统银行为资金托管方⑤。

二是全球性的直销银行，以 ING Direct 为代表。ING Direct 作为全球性的实体，同母公司组织的地区架构不同，可以更容易在全球范围共享最佳实践⑥。

三是作为子品牌的直销银行，这是目前欧洲国家比较多的直销银行模式，如德意志银行集团下除德意志银行外，还有 Postbank 和 Norisbank 两个独立的银行品牌。与 ING Direct 不同，作为子品牌的直销银行不是完全独立的组织架构，基本上是前台独立，中后台与母银行共享⑦。

四是作为事业部的直销银行，以 HSBC Direct 为代表，HSBC Direct 仅是汇丰集团的事业部，主要关注存款指标，通过集团内部转移定价确认 HSBC Direct 的盈利水平⑧。

五、互联网证券

美国是开展网络证券交易最早的国家，也是网络证券交易经纪业务最为发达的国家。美国网上证券业务是伴随着互联网的普及和信息时代的到来而迅速崛起的⑨。

---

① 黄飙、屈俊：《国外 P2P 和众筹的发展》，载《中国外汇》，2013（12）。

② 王子威：《用创新开拓更广阔的发展空间》，载《中国经济导报》，2014－05－29（B06）。

③ 王子威：《互联网金融模式总览》，载《首席财务官》，2014（17）。

④ 巴曙松、吉猛：《从互联网金融模式看直销银行发展》，载《中国外汇》，2014（2）。

⑤ 巴曙松、吉猛：《从互联网金融模式看直销银行发展》，载《中国外汇》，2014（2）。

⑥ 巴曙松、吉猛：《从互联网金融模式看直销银行发展》，载《中国外汇》，2014（2）。

⑦ 巴曙松：《中国发展直销银行的四点政策建议》，载《东方早报》，2013－12－24（014）。

⑧ 巴曙松、吉猛：《从互联网金融模式看直销银行发展》，载《中国外汇》，2014（2）。

⑨ 王子威：《用创新开拓更广阔的发展空间》，载《中国经济导报》，2014－05－29（B06）。

美林证券（Merrill Lynch）、嘉信理财（Charles Schwab）和E * TRADE是美国券商当中非常有特点的三家，它们个性鲜明，且都取得了成功[①]。以E * TRADE为例，E * TRADE作为纯粹网络证券经纪公司的杰出代表，最主要的竞争优势还是在于较强的技术开发能力、便捷的网上交易通道。由于未设立实体营业网点，其经营成本较低，同时还以折扣方式吸引价格敏感且服务要求不高的客户[②]。

六、互联网保险

互联网保险指实现保险信息咨询、保险计划书设计、投保、交费、核保、承保、保单信息查询、保全变更、续期交费、理赔和给付等保险全过程的网络化。

互联网保险最早出现在20世纪90年代中期的美国。至今，美国多数保险公司都已发展网上经营，比较有影响力的主要有InsWeb、Insure. com、Quicken、Quickquote、SelectQuote等网站[③]。美国互联网保险业务主要包括代理模式和网上直销模式。代理模式主要通过和保险公司形成紧密合作关系，实现网络保险交易并获得规模经济效益，优点在于其庞大的网络辐射能力可以获得大批潜在客户；网上直销模式则更有助于直接提升企业的形象，能够帮助保险公司开拓新的营销渠道和客户服务方式。

目前多数发达国家的互联网保险已经有相对成熟的发展，2010年美国部分险种网上交易额就已达到总额的30% ~50%，英国网络销售的车险和财险分别占到各自保费总额的47%和32%，而日本车险业务电子商务渠道的占比为车险总额的41%，网上销售已经成为个人保险重要渠道之一[④]。

1.2.2 国内互联网金融发展概况

我国互联网金融发展历经三个阶段，见图1.1。

第一个阶段是2005年以前，互联网与金融的结合主要体现为互联网为金融机构提供技术支持，帮助银行把业务搬到网上，还没有出现真正意义上的互联网金融业态[⑤]。部分研究者将这一阶段的特征归纳为金融机构的互联网化，即以银行、证券和保险等为主的金融机构结合互联网的信息化，主要是指其采用信息技术，对传统营运流程进行优化或改造，实现经营管理全面电子化的过程。

---

① 王子威：《互联网金融模式总览》，载《首席财务官》，2014（17）。

② 王子威：《互联网金融模式总览》，载《首席财务官》，2014（17）。

③ 李红坤、刘富强、翟大恒：《国内外互联网保险发展比较及其对我国的启示》，载《金融发展研究》，2014（10）。

④ 王子威：《用创新开拓更广阔的发展空间》，载《中国经济导报》，2014-05-29（B06）。

⑤ 刘瑾：《北京农商银行应对互联网金融的策略研究》，首都经济贸易大学，2014。

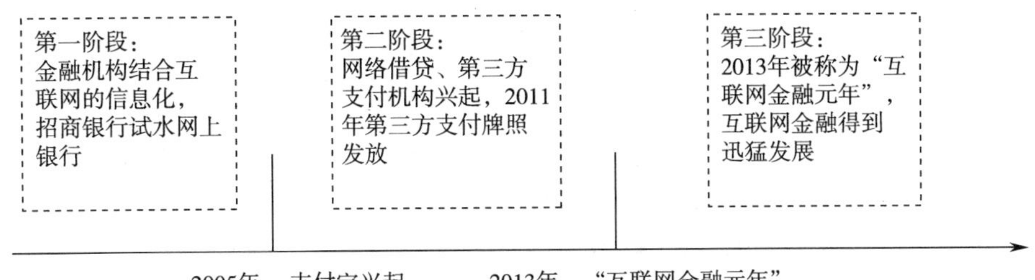

资料来源：根据公开资料整理。

图 1.1 中国互联网金融发展历程

互联网金融出现初期就对传统金融机构造成了冲击，传统金融机构陆续成立电商部门，建设电商网站来销售金融产品和提供金融服务。1997 年，招商银行率先推出中国第一家网上银行，通过互联网开展品牌宣传、产品推广、客户服务等。1998 年，国内网上证券交易起步。2000 年，证监会颁布《网上证券委托暂行管理办法》，投资者使用证券公司提供的交易软件通过互联网即可非常方便快捷安全地进行证券交易。2002 年，中国人保电子商务平台 e－PICC 正式上线。用户不仅可以通过 e－PICC 投保中国人保的车险、家财险、货运险等保险产品，还可以享受保单验真、保费试算、理赔状态查询、咨询投诉报案、风险评估、保单批改、保险箱等一系列实时服务。

在这个阶段，电子银行是互联网金融的主要表现形式，表现为开展网上银行业务，将线下的业务向线上转移，利用通信网络与通信设备相结合，从而开创出电话银行和手机银行业务，金融业务主要依靠客户自助来完成，交易渠道包括 ATM、POS 机、自助终端等①。

第二个阶段是 2005—2013 年，网络借贷开始在我国萌芽，第三方支付机构逐渐成长起来，互联网与金融的结合开始从技术领域深入到金融业务领域。这一阶段的标志性事件是 2011 年人民银行开始发放第三方支付牌照，第三方支付机构进入了规范发展的轨道②。

我国第三方支付运营模式主要有两类：一类是不具担保功能的独立第三方支付模式，即仅仅为客户提供支付功能，如快钱等；另一类是兼具担保功能的第三方支付模式，即在提供支付服务的同时提供担保功能，如支付宝、财付通等。2004 年 12 月，浙江支付宝网络科技有限公司成立，支付宝从淘宝网分拆独立，致力于为用户提供简单、安全、快速的支付解决方案③。2005 年 2 月，支付

① 白杰：《我国互联网金融的演进及问题研究》，河北大学，2014。

② 刘瑾：《北京农商银行应对互联网金融的策略研究》，首都经济贸易大学，2014。

③ 王子威：《互联网金融模式总览》，载《首席财务官》，2014（17）。

宝推出“全额赔付”支付，做出“你敢用，我敢赔”承诺，从此迈入快速发展期。2005 年 1 月，国内首家基于电子邮箱和手机号码的综合支付平台快钱正式上线。2005 年 6 月，快钱开通国际 Visa 和 MasterCard 在线交易功能，服务覆盖全球 30 亿张银联卡和国际银行卡①，逐渐成为国内领先的信息化金融服务机构。2005 年 9 月，财付通由腾讯公司正式推出，其核心业务是帮助在互联网上进行交易的双方完成支付和收款，致力于为互联网用户和企业提供安全、便捷、专业的在线支付服务。

我国 P2P 网络借贷平台自 2006 年开始陆续出现并快速发展。2006 年 5 月，宜信公司正式成立，从为大学毕业生提供培训借款开始，创立了通过第一出借人转让债权而形成一对一借贷关系的 P2P 模式。2007 年 6 月，拍拍贷成立，是国内首家 P2P 纯信用无担保网络借贷平台，同时也是第一家由工商部门批准，获得“金融信息服务”资质的互联网金融平台。拍拍贷的最大特点在于采用纯线上模式运作，平台本身不参与借贷，而是实施信息匹配、工具支持和服务等，借款人的借款利率在最高利率限制下由自己设定。

2007 年 6 月，阿里巴巴集团依托阿里巴巴电子商务平台，将网商的网络交易数据及信用评价作为信用依据，以信用信息提供者的身份与中国建设银行、中国工商银行签约，开始联保贷款模式的尝试，为中小企业提供无抵押、低门槛、快速便捷的融资服务②。据网贷天眼数据，2010 年我国 P2P 平台数量为 15 家，而截至 2014 年上半年，已有 1 184 家 P2P 借贷平台，借款人 18. 9 万人，投资人 44. 36 万人。2010 年 6 月，阿里巴巴小额贷款公司成立，这标志着我国小额贷款模式的创新与突破③。

2011 年，人民银行开始发放第三方支付牌照，第三方支付机构进入了规范发展的轨道④。

2012 年，中投公司副总经理谢平在 CF40 人论坛上发表《互联网金融模式研究》报告，首次提出互联网金融的概念、理念和理论。自此，中国掀起了互联网金融发展的高潮。

第三个阶段从 2013 年开始。2013 年被称为“互联网金融元年”，是互联网金融得到迅猛发展的一年。自此，P2P 网络借贷平台快速发展，众筹融资平台开始起步，第一家专业网络保险公司获批，一些银行、券商也以互联网为依托，对业务模式进行重组改造，加速建设线上创新型平台。互联网金融的发展进入

---

① 卢旭成、卢山林、饶宇锋、刘建强：《“快钱”的敌人》，载《创业家》，2011（6）。

② 沈治愚：《电子商务小额贷款模式探索》，西南财经大学，2011。

③ 黄庆安：《互联网金融的发展与金融学专业教学内容改革探讨》，载《福建广播电视大学学报》，2014（6）。

④ 刘士余：《互联网金融正逐渐发挥包容性增长作用》，载《全球商业经典》，2014（3）。

了新的阶段①。

2013 年 5 月 29 日成立的余额宝，是这一阶段的一个重要标志。2014 年第二季度末规模达 5 741 亿元，相比第一季度末，规模稳中有升，稳居国内最大、全球第四大货币基金；阿里小贷截至 2014 年 3 月底，累积向 70 多万商家提供 1 900亿元贷款，户均贷款余额不足 4 万元，户均授信约 13 万元，不良贷款率控制在 1% 以下。

2013 年 8 月，微信 5.0 版上线，增加微信支付功能，标志着社交网络巨头腾讯正式进入移动支付领域。2014 年 1 月 22 日，微信 5.2 上线，推出微信红包，短时期内引发巨大关注。从除夕开始至大年初一下午 4 时，参与抢微信红包的用户超过 500 万，总计抢红包 7 500 万次以上。最终，被领取的红包总计超过 2 000 万个，平均每分钟被领取红包达 9 412 个。以上数字显示了移动支付市场巨大的潜力②。

商业银行方面推进进一步改革的典型形式是直销银行。北京银行于 2013 年 9 月成立了第一家直销银行，2014 年初民生银行直销银行正式上线，此后，兴业银行、华润银行、包商银行等直销银行相继推出。直销银行目前在中国正式进入了一个快速发展阶段，各地中小银行的直销银行纷纷上马，如上海银行、江苏银行等。从目前已经上线的直销银行来看，总体上其业务模式比较相近，都集中在货币基金、银行理财、转账汇款等基础金融功能。具体来看，各家直销银行的侧重点有所不同，比如兴业银行直销银行主打银行理财平台，侧重客户体验效果，民生银行直销银行则侧重货币基金销售，旗下有类似余额宝的如意宝产品，而华润银行直销银行则是依托华润集团强大的体量优势寻求发展，包商银行的小马 bank，是创新程度相对较高的，基本涵盖了包括直销银行在内的所有互联网金融模式③。

在这一阶段，国家对互联网金融的态度逐渐明朗化。在一定负面清单、底线思维和监管红线下，中央监管部门发文鼓励互联网金融创新。中央监管部门以及地方政府都发布了一系列规范互联网金融发展的文件，这将在第 9 章中提及。

总结中国互联网金融发展的历程，我们发现，自 20 世纪 90 年代以来，在市场化和技术创新的推动下，中国掀起了一波又一波实践各类互联网金融模式的高潮，表 1.1 展示了 1998—2014 年涌现的各类互联网金融公司，限于篇幅，此表为部分统计结果。

---

① 刘瑾：《北京农商银行应对互联网金融的策略研究》，首都经济贸易大学，2014。

② 刘彦华：《为手机而战　马云 PK 马化腾》，载《小康（财智）》，2014（3）。

③ 孟扬：《直销银行：商业银行网上“圈地”新战场》，载《金融时报》，2014－09－01（003）。

表 1.1　1998—2014 年中国各类型互联网金融公司一览（部分）

	1998—1999 年	2000—2001 年	2002—2003 年	2004—2005 年	2006—2007 年	2008—2009 年	2010—2011 年	2012—2013 年	2014 年
第三方支付			银联	支付宝、快钱、财付通	汇付天下	百付宝	盛付通	微信支付、新浪支付	
众筹融资							点名时间		
网络银行	招商银行、中国建设银行	中国工商银行						民生电商	
互联网保险	中德安联				慧择网			众安在线	
理财社区				东方财务网			雪球财经		
互联网基金销售					好买基金网、数米基金网			支付宝（余额宝）	
个人理财						挖财		铜板街、存折网	
P2P 网络借贷					拍拍贷、宜信	红岭创投	陆金所		
直销银行									民生银行

资料来源：姚文平：《互联网金融：即将到来的新金融时代》，北京，中信出版社，2014。

1.2.3　国内外发展对比分析

总体来看，我国与国外发达金融市场的互联网金融模式内容与结构基本相同。发展速度方面，虽然互联网金融在我国发展起步较晚，但得益于我国庞大的国内外贸易总量和经济市场、海量的互联网用户以及良好的信息技术基础，互联网金融的模式效应在我国的影响更为广泛。

1. 在发展环境上，国外由于具备相对完善的征信体系和法制体系，在互联网金融监管和风险控制上具有相对优势，如对 P2P 网络借贷、众筹等的监管比较成熟。国外大部分 P2P 网络借贷平台运营规范，相关监管措施完备，信息披露充分，显示出良好的发展潜力和风险管控框架，交易增长迅速。中国的金融环境下诞生的 P2P 网络借贷有其自身的特殊性，大规模的线下交易，使得 P2P

行业亟待加强消费者保护，目前国内对于 P2P 行业监管还是空白。但是，国外 P2P 贷款申请通过率较低，在这部分通过的贷款申请中也只有一小部分能“筹满”成为贷款。相较于国外，截至 2013 年，中国 P2P 网络借贷公司放贷规模已经达到 680.3 亿元，同比增长 197.59%，发展较快。

2. 在发展程度上，相对国外，我国社会各界对各类互联网金融模式探索更多。虽然主要的互联网金融模式都在国外发达经济体中萌芽，但中国在后期发展上更加深入。中国各大金融机构和众多互联网企业积极尝试互联网金融业务，在全国掀起了发展各类互联网金融产品和服务的热潮。

3. 在发展效应上，与国外发达的金融市场的充分竞争归于常态相比，互联网金融初期效应在我国显得更为热闹。国外发达国家仅仅将互联网金融看做众多经济创新现象的一种，重视程度不如国内。虽然互联网金融在发展思路、运行机制、运营模式和监管等方面在国外都形成了鲜明的特色，但在发展场面与社会反响上远没有在中国热闹和广泛。

总结以上差异，我们发现国内外主要存在市场环境和信用环境两个方面的不同。前者主要指中国互联网金融的市场需求更大，后者则体现了我国信用体系还不够完善，比如我国 P2P 网络借贷模式无法跟国外一样完全线上操作而更多依靠线下。但比较来看，在互联网金融上，我国虽然起步较晚，后期发展却更加快速。

1.3 互联网金融下银行的发展趋势

1.3.1 移动化

第一个发展趋势是移动化。互联网金融已达到移动化的高潮，2014 年更是被称为“移动互联网金融元年”。移动金融作为实现移动商务运营的关键环节，将触发全球新一轮银行产品和服务向移动化变迁的革命。所有互联网金融巨头都纷纷争夺移动端的入口。移动应用越来越成熟，如微信红包等。从移动支付到移动应用，包括移动理财、移动借贷、移动门户等，都将成为未来极具发展潜力的领域。

1.3.2 社交化

第二个发展趋势是社交化。互联网金融也越来越依托微信等社交工具，服务的互动性、社交化更强。自 2014 年春节微信红包引爆互联网金融社交化以来，支付宝钱包、平安壹钱包等开启了社交金融。应用社交化的趋势和大数据将给金融行业带来更多新的机遇，并将使金融行业逐步社交化。社交金融其实就是在满足广大互联网用户社交活动如娱乐、游戏、交友、互动、抢发红包等需要的过程中，增加网络平台对用户的吸引和黏性，引导和刺激用户开通支付交易账户，并及时开发新的金融服务①。

1.3.3 社会化

第三个发展趋势是社会化。让社会各阶层、各年龄层次的民众都能享受到更好的金融服务，符合互联网金融的本质及发展的需求。社会化的一个方向是在阶层上的拓展，传统的金融机构很难服务草根阶层，而互联网金融的本质是草根金融，依托于草根人群和中小微企业，拥有“长尾效应”的集聚优势，所以互联网金融扩大了金融的服务群体。社会化的另一个方向就是在年龄上拓展，现在互联网金融群体已经从80后、90后延伸到60后、70后甚至更大的群体。随着互联网金融的发展，整个社会将享受到互联网金融提供的更好更多的金融服务。

1.3.4 产业化

第四个发展趋势是产业化。互联网金融除本身形成巨大的产业外，也将与其他产业紧密结合，助力实体经济发展。比如，众筹在电影出版、新闻出版、娱乐筹资等文化产业已有实践：阿里娱乐宝平台将保险理财产品和娱乐权益结合起来，促进阿里娱乐旗下的文化产业的发展；新能源等新兴产业（如光伏）的发展，也依靠众筹平台进行筹资；互联网金融也逐渐渗透到宽带、汽车、房地产、有机农业等传统领域。未来，中国将形成新金融、新产业和新经济的格局，这个格局面向各个行业，带来了经济发展的无限机遇。

① 邱峰：《商业银行直面互联网金融强势来袭的冲击和挑战》，载《柴达木开发研究》，2013（5）。

2　互联网金融下中小银行面临的挑战

2.1　客户消费习惯发生重大变化

近年来，随着互联网金融技术的快速发展，人们的衣、食、住、行等日常生活习惯发生了变化，网络消费已经成为居民最重要的消费方式之一，对扩大内需、促进经济增长起着越来越重要的作用。网络消费的爆发式增长，催生并带动了第三方支付业务的快速增长。随着移动互联网支付技术的突破，中国零售业已经开始迈入线下实体店、线上网店、移动商务和社交媒体相互融合的全渠道营销时代，逐步实现网络与传统零售渠道的相互融合，将消费者在各种不同渠道的购物体验无缝链接。

2.1.1　客户生活消费习惯的变化

2009 年至今，“双十一”已经兴旺了六年，且每年的交易额都在刷新历史。2014 年“双十一”开始仅仅三分钟，天猫的成交额就突破了 10 亿元。网购，一种时代催生下的购物方式，方便、快捷、流行，购物人群也较为宽泛。网购消费者主要居于 15 ~60 岁的年龄段，但就目前来说，80 后、90 后是网购消费群体中的主力军。80 后、90 后中，80% 以上的人选择在网上购物，或者正在考虑选择网上购物。

图 2. 1 为中国电子商务研究中心（100EC. CN）对 2010 年至 2014 年上半年我国电子商务市场交易规模的监测值。2014 年上半年，全国电子商务交易额达到 13. 5 万亿元，同比增长 34. 5% 。其中，B2B 交易额达 4. 5 万亿元，同比增长 32. 4% ；网络零售市场交易规模达 1. 08 万亿元，同比增长 43. 9% 。

截至 2014 年 6 月底，中国移动电子商务市场交易规模达到 6 324 亿元，而 2013 年上半年仅为 1 673 亿元，同比增长 378% （如图 2. 2 所示），依然保持快速增长的趋势。智能手机、平板电脑的普及，3G 以及 WIFI 网络环境的日渐优化，培养了人们移动购物的习惯。这对推动移动购物交易额的增长起到重要的作用。未来移动购物规模还会有大幅增长，原因一是移动互联网日渐普及和 4G 战略启动；二是纯电商的移动端布局和传统零售企业的试水“移动”；三是电子商务用户结构的变化将继续推动移动电商的增长。

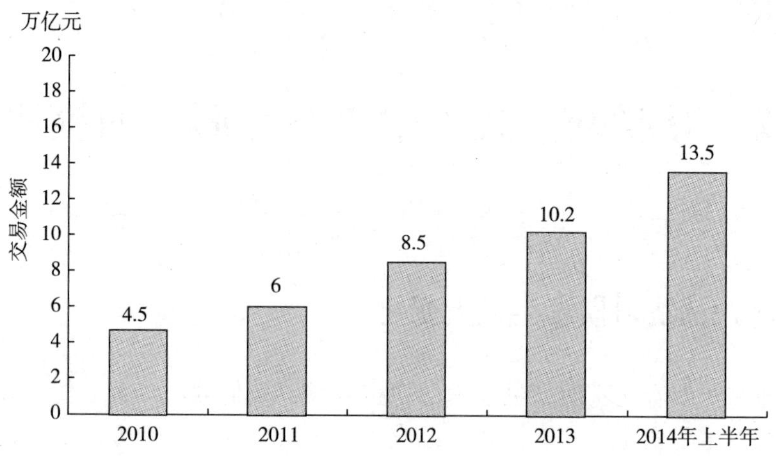

资料来源：中国电子商务研究中心。

图 2.1 2010 年至 2014 年上半年中国电子商务市场交易规模

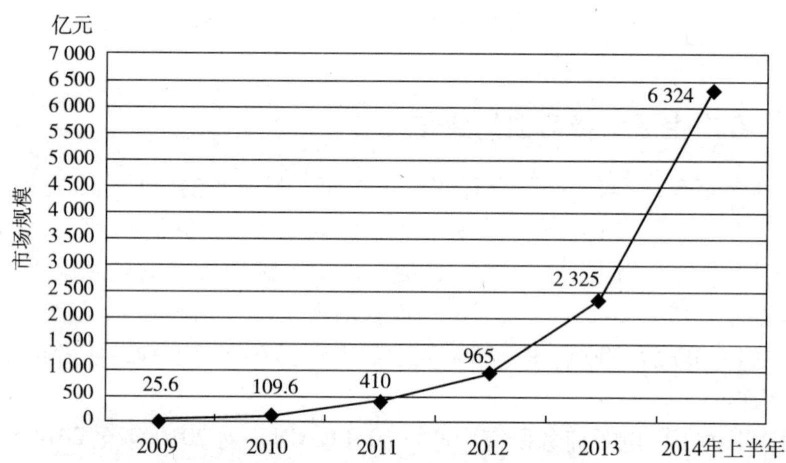

资料来源：中国电子商务研究中心。

图 2.2 2009 年至 2014 年上半年中国移动电子商务市场规模增长图

2.1.2 客户金融消费习惯的变化

一、客户越来越倾向于网上金融消费，并注重客户体验

随着生活习惯的变化，客户金融消费习惯也发生相应变化，越来越多的 80 后、90 后倾向于网上购物和在线支付。在支付行为模式方面，互联网金融将从根本上颠覆传统商业银行的 ATM 和营业网点的便捷优势。2013 年中国商业银行电子银行交易笔数高达 1 245.4 亿笔，电子银行替代率达到 79.0%。预

计随着移动互联网的普及，未来商业银行将形成以网银支付为基础，移动支付为主力，电话支付、自助终端、微信银行等多种电子渠道为辅助的电子银行业务结构。

第一，电子银行交易笔数快速增长。电子银行能够满足用户对办理银行业务便捷性的需求，且随着互联网的快速发展，电子银行渗透率不断提高，因此电子银行交易笔数快速增长。

第二，电子银行向移动端方向发展，电子银行呈现移动化趋势。中国电子银行替代率均已在高位（见图 2.3），可提升空间缩小，电子银行已逐步走向成熟。与此同时，银行对电子银行渠道依赖性逐步增强，未来商业银行将面临更多挑战具有更多元化的业务形态的银行将具备更大的发展潜力。

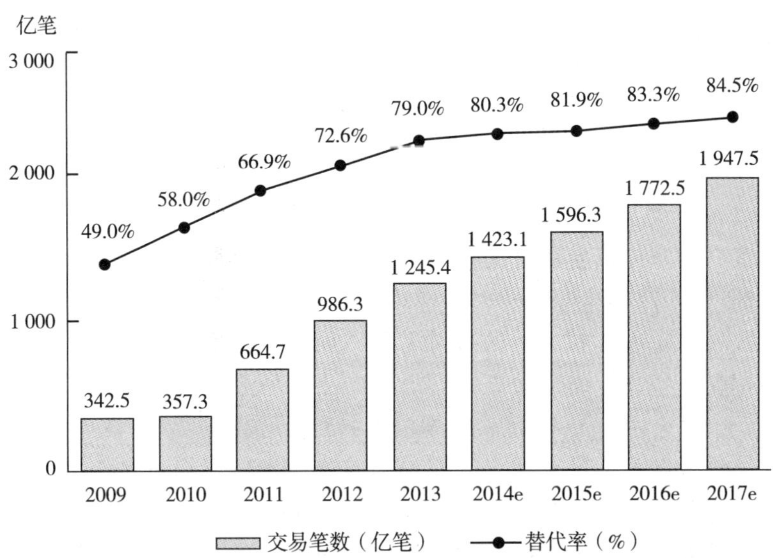

资料来源：艾瑞咨询。

图 2.3 2009—2017 年中国电子银行交易笔数和替代率

第三，客户对于电子银行需求呈现多样化、差异化特点。对于追求多样化、差异化和全面性服务的互联网金融消费者，方便、快捷、参与和体验是客户的基本诉求。银行方只有不断改进网上银行、支付平台的界面和操作流程，不断完善网上银行、手机银行的功能，不断提升效率，提升客户体验，才能在互联网金融大战中获得先机。从图 2.4 中，我们可以看到从 2012 年到 2013 年，ATM 的使用率下降，而手机银行、电话银行等移动端服务的使用率上升，微信银行一出现即获得了较为广泛的使用。

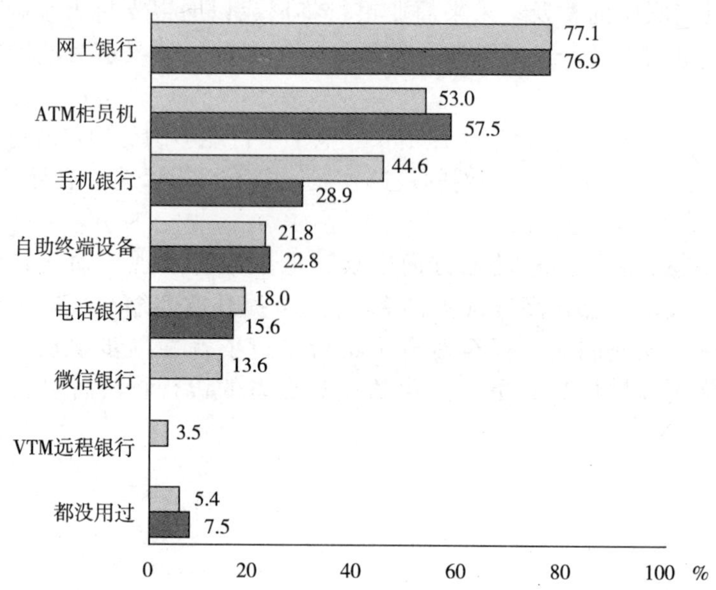

资料来源：艾瑞咨询。

图 2.4　2012—2013 年中国网民使用电子银行服务分布情况

二、客户对非传统金融机构提供的产品接受程度越来越高，金融消费呈现社会化特征

从数次“双十一”拉动下的支付宝到“屌丝”理财的余额宝，我们发现客户越来越接受这些非传统金融机构提供的产品。新浪财经数据显示，截至 2014 年 9 月底，余额宝用户 1.49 亿户，规模 5 413 亿元。

就支付领域而言，越来越多的客户趋向选择支付宝而不是银联。除支付宝外，目前持有第三方支付牌照的企业已经达到 269 家[①]。一类是以快钱、易宝支付、拉卡拉等为典型代表，仅为用户提供支付产品和支付系统解决方案；另一类是以支付宝、财付通为首的依托自有电子商务网站提供担保功能的第三方支付模式。根据艾瑞咨询数据，2013 年第二季度，中国第三方互联网支付市场交易规模达 11 216.5 亿元，同比增长 10.2%，此后，第三方支付一直维持较高的增长，到 2014 年第二季度后逐渐稳定在一定规模。

互联网金融消费积极的人群，年龄在 25 ~ 45 岁，这部分群体具有鲜明的精英特征和较强的社会辐射力。这部分群体偏好网络，生活中需要的信息多从网络上查找得到。他们线上生活丰富，活跃在各类社交网络中。针对金融服务，

① 此数据来自和讯网。2014 年 7 月，人民银行再次批量下发 19 张第三方支付牌照。此次牌照发放后，持牌单位增加到 269 家。

他们喜欢在网络上发表看法，这些或好或坏的信息将或多或少地影响其亲友同事群体。这种人际传播已被证明具有强大的社会影响力，互联网金融依托于网络平台而存在，因而也呈现出显著的跟风效应。

2.2 面临的主要挑战

2.2.1 互联网对传统银行的冲击

互联网金融之所以能够飞速发展，正是凭借其不断升级创新的互联网技术和对日常生活的全方位渗透，并在时间、成本上拥有巨大领先优势，最终对商业银行造成了强烈的冲击。

众所周知，以支付宝为代表的第三方支付正在弱化银行的支付平台的地位（支付汇转业务）。余额宝门槛低、赎回快、风险收益稳定，进一步向商业银行的腹地冲击，解决了长期以来备受诟病的沉淀资金利息之争，提升了支付宝账户价值。同时，支付宝、快钱等推出信用支付业务，分流了银行信用卡客户，或是对商业银行的又一次沉重冲击。拥有最大发卡量的工商银行信用卡只有7 000多万张；最早开拓信用卡市场的招商银行仅为4 000 多万张，其中活跃用户不足40%；而信用支付一开始就拥有8 000 多万活跃个人客户[①]。

可以说，互联网金融不断挑战冲击银行市场地位，首先，第三方支付公司通过整合银行卡等支付工具，为买卖双方提供交易资金清算、垫付式流水贷等创新业务，逐步对银行的支付、现金管理、银行卡收单等业务形成挑战。其次，电商在拥有交易平台、交易数据、支付功能之后，最终进入了金融领域。其进一步整合或替代银行信用创造和金融服务功能，变身为可发放贷款的“银行”，从融资业务到投资业务[②]，全面覆盖传统银行所能提供的金融服务功能。

以人人贷、宜信为代表的P2P 网络借贷平台迄今已达2 000 余家，比较活跃的有几百家，实现了小额资金投资理财需求与小额借款者融资困境的直接匹配，成为互联网直接融资模式的雏形，已威胁到银行生存的根基——存贷中介的功能。以阿里金融为代表的新型贷款模式，创造“小贷 + 平台”的融资模式，直接向供应链融资、小微企业信贷融资等领域扩张，提供订单贷款和信用贷款。众筹融资模式从概念到实际经营，未来将对银行的投行业务形成冲击[③]。“点名

① 数据来源自邱峰：《互联网金融对商业银行的冲击和挑战分析》，载《吉林金融研究》，2013（8）。

② 施恋林：《以开放的姿态拥抱 OTT 时代　来自互联网金融的启示》，载《通信企业管理》，2013（5）。

③ 邱峰：《互联网金融对商业银行的冲击和挑战分析》，载《吉林金融研究》，2013（8）。

时间网”上线一年，共收到5 500个项目提案，通过审核上线的项目有318个，其中项目的成功率为47%，筹集资金近300万元人民币①。

2.2.2 服务理念的挑战

互联网金融对传统金融最大的冲击是服务理念的冲击。互联网遵循的是“公开、透明、高效、开放、平等、协作、分享”的服务理念，互联网金融将互联网技术与金融服务紧密结合，十分注重客户体验、强调互动式营销、主张平台开放，这些特点是当前传统银行欠缺的。传统银行业具有被高度监管、行业垄断、风险高度监控等特点，已经习惯了较为封闭、独享的市场，习惯了居高临下的服务方式。面对互联网时代平等、开放、分享的理念，传统银行的服务模式遭受了前所未有的挑战。

当前，传统银行最缺乏的不是互联网新技术，而是服务理念的革新。传统银行要从服务理念上谋变，实现由“以产品为中心”向“以客户为中心”的转变。互联网金融得以迅速发展的根源是一直追求用户满意度的提升，互联网金融模式凭借其互联网平台的优势，针对客户快速变化的需求，有效使用客户信息，有针对性地进行创新②。

因此，传统银行应加快转变服务意识，摒弃原有的推销式经营模式，必须根据客户细分，提供金融产品在互联网尤其是移动互联网的客户端定制化部署，使客户可以在诸多移动金融服务中自行选择和灵活下载，最大化用户体验③。

2.2.3 运营模式的挑战

传统银行业的运营模式虽然在各个业务条线上不尽相同，但是大体都遵循了“驻点式经营+广告+关系”的营销方式④，而互联网金融依托支付、云计算、社交网络以及搜索引擎等互联网工具，实现资金融通、支付和信息中介等功能⑤，重视长期用户培养，注重流量入口。虽然随着电子银行的快速发展，传统银行已经出现了运营模式上的调整，但是对比互联网金融的整体发展轨迹，两者区别极大。当前银行业运营模式的最大弊端反而是互联网金融的优势所在：

---

① 数据来源自百度百科“电商金融”词条。

② 宗良：《全球互联网金融呈三大发展趋势　中国银行业传统模式面临变革》，载《证券日报》，2013-10-25（B01）。

③ 宗良：《全球互联网金融呈三大发展趋势　中国银行业传统模式面临变革》，载《证券日报》，2013-10-25（B01）。

④ 费洋：《互联网金融发展对传统银行业的冲击分析》，载《商》，2014（2）。

⑤ 杨静、李慧妍：《我国商业银行应如何应对互联网金融模式的冲击》，载《现代经济信息》，2014（9）。

一是信息传递平台，二是时间成本，三是经济成本①。下述两种互联网逻辑对传统银行运营模式带来巨大的挑战。

互联网逻辑之一：用户比收入重要。周鸿祎在谈到互联网本质的时候借用毛泽东所说的“地在人失，人地皆失；地失人在，人地皆得”②，并指出用户的重要性——“地就是你的收入，人就是你的用户”。互联网的本质就是用户为王，用户利益要大于商业利益。有人认为现在的互联网金融处于赔本赚吆喝的阶段，互联网理财产品高收益率的背后其实是互联网公司自己在掏腰包补贴。但这却是符合中国互联网逻辑的，早期赚钱并不重要，关键是要吸引足够多的用户③。

互联网逻辑之二：得草根者得天下。传统商业观念认为10%的人占有着这个社会90%的财富，因此企业想要赚钱的话就应该服务好这10%的人。但互联网行业却将这一观念彻底颠覆，QQ打败MSN，小米这两年的迅速崛起，都在证明着同一个道理：在中国互联网领域，得草根者得天下。互联网金融同样遵循着这一逻辑。用时下流行的话来讲，这是一种“屌丝”金融，它通过低门槛的理财产品和立体增信的投融资平台将传统金融机构忽视的中小民营企业、小微企业以及个人客户通过互联网这个大平台联系起来，进行资金的融通。因此，互联网金融最初的客户定位就是社会最广大的草根阶层④，而这一阶层在将来所能释放的商业价值是超越想象的。

2.2.4 盈利模式的挑战

一、商业银行最重要的存贷款业务受到网络借贷的挑战

目前，存贷款利差仍然是商业银行的主要收入来源，商业银行的存款仍然是重中之重，是银行发展的基本立足点。然而，在存贷款利率尚未实现市场化的今天，银行的吸储能力已严重下降。12家上市银行年报数据显示，截至2013年底，中国建设银行、中国农业银行、上海浦东发展银行和兴业银行这四家银行的活期存款占比分别是54.71%、54.63%、35%和41.79%，与前一年相比分别增长了2.48个百分点、0.05个百分点、0.99个百分点和0.53个百分点。此外，工商银行、中国银行、交通银行等其余8家银行上述指标均较上一年有一定幅度的下降。其中，光大银行、平安银行、中信银行的下滑比例最大，分别为4.45%、2.30%、2.05%。国内商业银行2013年的活期存款余额大约是

---

① 费洋：《互联网金融发展对传统银行业的冲击分析》，载《商》，2014（2）。

② 张庆、王越：《互联网金融模式解析》，载《企业管理》，2014（3）。

③ 张庆、王越：《互联网金融模式解析》，载《企业管理》，2014（3）

④ 张庆、王越：《互联网金融模式解析》，载《企业管理》，2014（3）。

32.479万亿元，平均占比约为43.07%，而2012年的活期存款余额和占比则分别为29.844万亿元和43.85%①。此消彼长，部分银行活期存款正流向互联网金融，虽然其数量尚未触及银行根本利益，但银行应当清醒地认识到，随着互联网技术应用未来进一步发展和深化，届时互联网金融将可能危及银行的生存。

二、商业银行中间业务收入正面临第三方和移动支付服务的蚕食

以支付宝为例，支付宝已进入诸多交易平台的支付环节，例如货币兑换、网络购物、电子商务、银行卡收单等。随着未来用户个性需求和服务类型的多样化，开拓新的业务领域已成为互联网企业的首要目标，处于主导地位的第三方支付企业开始将业务类型延伸至线下。近几年，基金行业的资产规模迅速膨胀，基金已然成为第三方支付企业眼中不可忽略的市场。当前，部分互联网企业相继获发牌照，获准开展基金第三方支付服务，基金销售新渠道在无形中得以形成。随着第三方支付的不断发展，基金积累了相当数量的用户，比如汇付天下“天天盈”和银联电子“银联通”这两家平台，已形成超过百万用户、支持50余家基金公司、30余家银行、近900种基金产品的规模。基金的第三方支付的出现，导致银行基金代销业务进一步下降②，商业银行中间业务收入降低。

2.3 中小银行的应对策略

2.3.1 客户策略

一、客户筛选策略

作为互联网金融冲击下的中小银行，客户选择应跳出传统的方法及观念，传统的客户分层加匹配营销已无法跟上时代的脚步，中小银行应从以下三个角度出发，有效筛选客户。

1. 全覆盖，所有客户均为贵宾。传统银行零售业务将客户分为大众客户、中端客户、高端客户（这都是事后划分的行为），而事前则将客户分为非目标客户与潜在目标客户。互联网时代下，中小银行应倡导“所有客户皆为我行客户”的先进理念，任何一个人皆可从本行获取感兴趣的产品或服务，如对于之前的非目标客户、刚工作的草根客户等，完全可以用标准化的银行互联网金融产品对其进行拓展。

2. 重行为，多渠道采集数据。互联网时代下，客户的行为呈现多面性，而

① 李荟云：《互联网金融对传统金融模式的冲击及对策》，载《现代金融》，2015（2）。

② 李荟云：《互联网金融对传统金融模式的冲击及对策》，载《现代金融》，2015（2）。

对于客户业务准入时的静态信息掌握，已远远无法了解客户的动态及真正的金融需求，故要求中小银行对客户展开动态追踪，例如通过银行卡关注客户的消费行为，通过电子渠道关注客户的汇款、理财行为，通过物理渠道关注客户的被服务行为，以充分挖掘客户潜在需求，更有效地筛选、分类客户。

3. 拓圈群，批量化客户分类。互联网金融客户数量大、传播快，客群数量增速迅猛，传统中小银行客户的营销速度较慢，大大影响了业务拓展效率，应创新化、批量式拓展，如富豪朋友圈（私人银行客户）、年轻夫妻群（互联网金融产品客户）、二代家庭（中年父母—传统理财客户、年轻子女—互联网金融产品客户）、微信圈（互联网金融产品客户）等，利用圈群进行“传统 + 互联网产品”批量式拓展。

二、客户拓展策略

1. 传统业务客户与互联网金融客户的交叉与识别。在互联网金融浪潮兴起之前，所有的银行客户皆为传统业务客户，而随着时间的推移，其中的一部分开始尝试互联网金融产品，并逐步适应后者，这部分人是传统业务与互联网金融的“客户交叉体”。目前来看，总的传统业务客户数量增速迟缓，而“客户交叉体”数量越来越大。根据国外情况，最终“客户交叉体”将达到客户总数量的60%左右。需要注意的是，单纯的互联网金融客户是不存在的，其也是银行传统业务客户。所以，对于中小银行来说，在自身已有互联网金融产品的前提下，从已有传统业务客户入手，找寻具有互联网精神的客户进行互联网金融产品批量营销，是最省力且较容易成功的。

忠于传统业务客户和具有互联网精神的客户有较显著的差异。忠于传统业务的客户特点是较保守、持有资金数量不一、对于实体网点依赖较大、对面对面的服务要求较高、对业务操作的时效性要求较低、从不或较少对综合性金融服务提出需求、较难改变其主办行关系。而具有互联网精神的客户特点是乐于接受新鲜事物、崇尚方便自由的生活、可支配资金量较小、对收益要求较高、可接受一定的风险、经常网上购物、具有从众性、喜欢虚拟渠道大于物理渠道。

2. 基于已有客户的需求拓展。中小银行对于自身已有客户，可根据其不同兴趣点，匹配不同互联网金融产品。对于存款客户、理财客户，可匹配银行“宝宝”类产品；需要注意的是，对存款类客户，可以不主动营销，毕竟对于中小银行来说，存款资源宝贵，以存款换“宝宝”规模，得不偿失。对于贷款类客户，可匹配直销银行中的在线贷款。对于电子渠道使用客户，可匹配 O2O 金融圈产品。另外，对于已有客户的互联网金融需求分析同样十分重要，可采用“客户之声”等工具，收集相关需求，并组织设计产品。

3. 基于新客户的定向拓展。中小银行对新客户的定向拓展，不仅包括对互联网金融客户的新拓展，也包括对传统业务客户的新拓展，但需要关注的是，对新客户拓展的同时，要维护好现有客户，以免“入不敷出”。

对于他行传统业务客户，尤其是他行的“工资卡开户”等非强黏性客户，可采用“产品＋服务”的组合方式进行抢夺，从与客户发生业务联系开始，逐步渗透，争取发展成为客户的传统金融主办银行。

对于非本行的互联网金融客户，中小银行可在完备的互联网金融产品序列的前提下，采用“产品＋口碑”的组合方式进行抢夺，利用各类宣传渠道，有效突出产品亮点，辅以新客户优惠活动，吸引新客户。

2.3.2 产品策略

一、互联网金融产品创新思维培育

互联网金融最大的特点就是创新，用创新的理念、创新的技术，打造出创新的产品。与之相比，中小银行创新意识十分薄弱，对于创新思维的培育迫在眉睫。产品创新思维的培育可从三方面入手。

1. 开拓创新思路。中小银行应从传统业务与互联网金融的功能差异性、服务对象特殊性、开发技术优劣性、监管法规空白性等多个角度开拓创新思路，开展创新业务。

2. 进行持续创新。互联网金融产品设计门槛不高，具有一定的同质性，极易被仿效。中小银行应意识到即使设计出创新的“拳头产品”，后继者也将迅速出现，所以应将创新活动作为经常性、连续性的工作。

3. 建立创新氛围。中小银行应有意识地创造良好的创新条件，如民主、和谐的气氛，积极参与的意识，利益共享的机制，有效的信息沟通以及一定的竞争压力等①，以打造一批富有想象、求知欲强烈、具有创新意识与精神的银行员工。

二、互联网金融产品创新流程再造

互联网金融时代，客户对于金融产品的要求越来越高，这就使得中小银行应不断对产品创新流程进行再造，开发出满足客户需求的、令客户满意的、互联网精神与银行相结合的金融产品。建议产品创新流程如下：

1. 分析客户需求。以客户需求为出发和目的，建立客户关系管理（CRM）系统，拓展客户信息获取渠道。利用 CRM 系统收集客户信息，包括客户的个人信息、偏好、对产品的要求及产品使用状况等。进行客户需求分析，将需求细分为产品功能需求、服务需求、风险需求及效率需求。

2. 建立研发概念。根据客户需求，由产品研发牵头部门确定研发概念，将客户的需求分解到公司、个人等不同业务条线。研发概念应包括产品功能、目

---

① 徐安民：《加入 WTO 后对国有商业银行金融创新的认识和思考》，载《金融与经济》，2003（3）。

标客户、目标市场、成本估算、法律合规、风险评估等内容。

3. 启动产品设计。根据产品概念，各相关部门组成产品设计项目组。在进行产品设计时，关注的要点包括产品功能、产品策略、价格策略、销售策略和商业条款等。产品设计项目组应关注目标客户、竞争能力、营销渠道、价格策略、竞争对手、营销策略、产品宣传、产品功能等要点。

4. 产品审核。产品审核应包括产品风险评估、安全性评估、功能评估、法律合规性评估等。产品评估过程中，确定评估机构、评估标准、评估程序和评估内容。在产品评估过程中，创建风险控制点，制定控制点识别、检测标准和风险控制处理程序。

5. 产品试用及推广。产品相应系统开发、调试后上线，由试点机构或内部员工进行产品试用，测试产品功能，发现产品缺陷并及时改正。利用产品营销手段，通过各类营销渠道对目标客户进行有针对性的营销和推广。

6. 客户反馈、产品监控及改进。结合客户的反馈意见进行汇总分析，对产品进行修改、优化；对产品销售情况进行监测，及时发现问题、风险或者需要改进的方面，及时解决问题、改进产品。

三、互联网金融产品特点

与传统银行金融产品相比，互联网金融产品具有起点低、模式简单等特点。

1. 起点低。目前传统金融机构理财产品门槛大多是 5 万元起，有相当一部分资金少的客户被拒之门外，而互联网金融产品则大小通吃，以余额宝为例，最低投资金额为 1 元，余额宝抓住这些不被银行重视的零散资金，取得了成功。

2. 模式简单。互联网金融产品设计模式简单，如余额宝就是附带高流动性的货币基金产品，P2P 网络借贷就是简单的个人对个人的借贷，无其他附加条件。反观银行产品，理财动不动就与汇率、衍生品挂钩，贷款还需要抵押或担保，使得客户理解难、操作难，不容易接受。

3. 服务费率低，收益高。互联网金融产品基本不收取任何服务费、管理费，并且与同类型银行产品相比，具有更高的收益，显然更易于吸引客户投资。

4. 升级快。互联网金融产品客户基数大、意见杂，许多有益的产品反馈及新奇的想法都可能出现，而互联网企业也可利用这免费的“头脑风暴”，对产品功能或服务进行升级。可以说，互联网金融企业的客户反馈更直接、科技力量更充足、数据更齐备，直接导致了互联网金融产品升级更加迅速。

2.3.3 渠道策略

一、物理渠道策略

1. 借助先进科技，打造智能网点。物理网点的智能元素，如 VTM、互动桌、智能互动屏、互动展示柜、户外体感互动机、IPAD 移动终端等，将极大地提升客户体验。可先试点打造标杆示范性智能网点，同时对全辖网点进行摸查和重新分类，明确各类网点智能元素配置标准，在标杆示范性智能网点投入使用并运行正常后，逐步推进智能网点建设。具体来讲，如在商业集中、人流量大的网点外墙安装户外体感互动机或智能互动屏吸引人流进入网点；在理财中心、财富中心、私人银行等中高端客户服务场所配置多点触控互动桌，与客户进行互动营销；在位于城区商业旺区、大型楼盘的网点配备 VTM 等。

2. 网点功能布局、装修设计方面注重客户体验。建立以客户维度为主的多维度网点分类标准。根据各类网点的渠道特点和客户类型，以客户为中心重新进行网点功能布局和装修设计。网点功能设计中重点突出功能分区及视觉效果，注重客户体验，增加低柜和营销服务区域的配置，压缩现金柜数量，通过设置自助渠道进行业务分流。在功能布局上，设置理财经理专门的工作区域，以确保与客户沟通的便利性；在大堂经理工作台附近设立客户填单台，以及时为客户提供帮助；同时可以在大厅内设置背景墙，改进网点内关于个人金融产品、服务的营销宣传的展示，加大宣传效应。

3. 重视财富中心、私人银行等高端客户服务场所的建设和管理。根据中高端人群的年龄层次、性格特点确定私人银行和财富中心的建设风格，如适合本土成功人士的现代中式风格等。可借助智能互动屏、多点触控互动桌等智能设备，一方面进一步提升财富管理业务的专业性及服务的一致性，另一方面改善目前商业银行对客户行为分析数据缺失的问题，同时也弥补了对客户经理工作的过程管理无法量化考核的不足。管理模式上，可采用“1 +1 + N”团队建设模式，实现“网点人员 + 私人银行客户经理 + 投资顾问团队”三位一体，为中高端客户提供私人定制服务，真正诠释“以客户为中心”的核心理念。

二、虚拟渠道策略

中小银行的电子银行板块，应定位于成为使用安全、功能全面、贴近生活、方便创新的银行金融产品销售端、金融服务提供端、服务市民便利端。电子银行板块将成为中小银行重要的渠道支撑，应致力于打造全功能金融服务的直销银行和网上银行（主要渠道)、关注生活便利性创新的手机银行和微信银行（主要渠道）与主打无网络状态下的自助语音电话银行（补充渠道)。目前，中小银行电子银行首先需解决的问题是在规划期内提高电子银行交易替代率。中小银行将以满足人民群众生活便利性为基础，结合移动互联网的便携性及用户碎片化时间应用需求，有效构建稳健的虚拟渠道。

打造 O2O 移动生活圈将是中小银行发展的重中之重，通过物理网点（小型、轻型）和虚拟平台的有机结合，将线上、线下的服务打通，打造全方位、全天候的移动生活圈。

2.3.4 服务策略

在以客户为中心的金融时代下，当前商业银行应积极推出注重客户体验的服务模式，并主张实施更加灵活的运作模式，让客户需求得到最大化的满足，最大限度地提升用户体验。如果能很好地将其作为近几年发展的主线，银行在与互联网企业的竞争中势必能走在前面。与传统金融相比，互联网金融的服务方式发生了深刻的变化，应对诸多变化，传统金融亟须全新的服务策略。

1. 由线下向线上转移。互联网金融最大的特点就是利用互联网媒介、采用互联网思维，对金融产品进行全新包装。接受互联网金融服务、购买互联网金融产品的大前提是接入互联网，即线上，这与传统银行以网点作为与客户的主接触点截然不同。线上服务给客户带来了不同的体验，方便、快捷，不受地域限制，不受时间限制，更容易获得客户好感。

2. 缩短单笔服务时长，提升效率。互联网金融产品采用全新的模式设计，利用先进的信息科技系统及风控技术，大大缩短了服务时长。从与客户接触，到客户选择、产品运作，各环节均有效缩短了服务时间。当大爷大妈早上六点就去银行门口排队买国债时，互联网金融客户只需点一点鼠标，一分钟即可购买余额宝产品；当个体工商户将所有贷款资料备齐、提交后，等待一周还没有放款时，互联网金融客户利用 P2P 平台，一天之内就借到了款项。以上案例将互联网金融服务时效性的优势体现得淋漓尽致。

3. 直接金融服务转变为生活导入。传统银行拓展客户的手段较直接，目的明确，就是为了满足客户的金融需求，而互联网金融更多的是以客户生活服务为切入点，帮其发现其金融需求。仍以余额宝为例，很多余额宝客户作为店铺掌柜，支付宝里有大量流动资金，其实这部分资金他们本身也没有想过要将其利用起来，而余额宝的出现，使掌柜们这部分资金既能获得较高收益，又能随时提现，满足高流动性要求，这些客户由生活导入的金融需求即被挖掘了出来，效果颇佳。

4. 综合化金融服务转变为单一特色服务。传统金融机构总试图挖掘客户存款、贷款、中间业务的全套金融需求，并为之服务，而互联网金融服务简单、产品单一，指向更加明确，只满足客户特定金融需求，这样可以更好地将精力投入较少的几款产品中，并提供优质服务。

5. 注重服务营销传播。互联网产品基于互联网运作，其产品宣传、购买、客户反馈及服务均在线上，故一旦获得了良好的口碑，传播速度将极快，可在短时间内形成一定规模。中小银行应构建更快速、更高效的传播渠道，将新产品和新服务更好、更快地展示在客户面前。

2.3.5 营销策略

在互联网金融的冲击下，传统商业银行要以客户为中心，充分利用社会化营销的各类手段。

1. 集群式营销。互联网思维要求必须将原有的个体营销方式升级为集群式营销方式，可以对某一特定群体中已有客户进行拓展，采取一定激励方式使其成为“产品宣传员”，以“体验+口碑”方式吸引群体内人员；也可组织针对特定客户群的活动，开展集群式批量营销。

2. 互动式营销。商业银行不能满足于传统单向营销，在互联网时代下，必须加快网上银行、手机银行等渠道的建设步伐，不断创新电子银行营销模式，为客户提供智能交互式服务，以增强客户黏性，在良好的互动下，借助电子渠道端直接销售金融产品。

3. 品牌营销。品牌能有效地增加产品的附加值，为银行带来更高的市场份额和持续的利润来源①，尤其在互联网时代下，品牌价值将越来越重要。商业银行需尽快打造出自身的一级品牌（企业品牌）、二级品牌（条线品牌）、三级品牌（产品品牌），借助自身品牌来塑造个性，扩大知名度，增强识别性和客户的认同感。

① 马蔚华：《我国商业银行营销现状与发展趋势》，载《中国金融》，2003（4）。

3　互联网金融主要模式的发展及对银行的影响

2013 年被称为“互联网金融元年”，互联网金融在中国得以高速发展，主要有以下三方面原因。第一，与互联网相关的信息技术在中国发展迅速，移动互联网、大数据、云计算等技术的快速发展都为互联网金融提供了有力的技术支持。第二，中国金融业几乎由银行主导并垄断，金融机构的创新能力及服务意识较弱，导致中小客户的需求无法有效满足，因此互联网企业有机会凭借其卓越的创新能力迎合“长尾”市场需求。第三，监管环境相对宽松，对互联网企业进行金融创新和尝试容忍度较高，为互联网金融的发展预留了空间。

基于以上三方面原因，近几年第三方支付、移动支付、P2P 网络借贷、众筹融资、互联网理财、互联网金融门户、虚拟货币等互联网金融形态陆续出现并迅猛发展，并对商业银行的传统业务造成了较大的冲击和影响。

3.1　第三方支付、移动支付

3.1.1　第三方支付及移动支付定义

第三方支付指通过互联网在客户、第三方支付公司和银行之间建立连接，帮助客户快速实现货币支付、资金结算等功能，同时起到信用担保和技术保障等作用的交易平台[①]。第三方支付的产生，使得客户不用直接与银行建立联系也能完成支付清算，第三方支付公司借此可以沉淀大量的客户交易数据，对后期分析客户交易习惯具有重大意义。

移动支付主要指通过移动终端（通常指手机）对所要购买的商品或服务进行支付的交易行为。移动支付存在的基础是移动终端的普及和移动互联网的发展，可移动性是其最大的特色。随着移动终端普及率的提高，在未来，移动支付完全有可能替代现金和银行卡[②]，手机钱包将能满足人们出

---

① 梁丽萍：《互联网金融的发展现状与趋势分析》，载《电子制作》，2014（22）。

② 刘海二：《手机银行、技术推动与金融形态》，西南财经大学，2013。

行的各种支付需求。移动支付主要分为近场支付和远程支付两种。近场支付，是指通过具备 NFC、RFID 射频或蓝牙红外线等近距离无线通信功能的移动终端实现信息交互，进行货币资金转移的支付方式。简单地说，它是一种终端之间的直接互动，而不通过中介来实现支付服务①。远程支付，是指通过手机进行大小额消费、跨行转账、公共事业缴费、账单支付、信用卡还款、商旅服务付费等交易时，利用手机端安装的支付客户端软件、内嵌的支付插件或手机刷卡器等完成支付的交易行为。微信支付、手机银行支付、短信支付、扫描二维码支付、语音支付、支付宝支付等都属于移动支付的远程支付范畴。表 3.1 列示了远程支付和近场支付在技术、应用场景等方面的区别。

表 3.1 远程支付与近场支付的区别

	远程支付	近场支付
依托技术	信息通信技术和移动互联网技术	近距离无线通信技术
支付场景	线上交易	线下支付
支付金额	无额度限制，由资金来源账户的余额和规定时间内限额决定	额度较小，国内目前相关产品对其账户余额均设有上限，最高 1 000 元
硬件安全级别要求	无特别要求，可使用移动网络本身的 SIM 卡授权	要求较高，需金融机构进行授权
资金账户	话费、银行账户和支付运营商提供的专门支付账户	使用支付运营商提供的专门支付账户居多，也使用银行账户
应用场景	电子化程度高、购买过程简单的产品和服务	价格较低、购买行为频繁的产品和服务

3.1.2 第三方支付及移动支付发展情况

如图 3.1 所示，自 2013 年第二季度以来，第三方互联网支付一直维持在较高的增长速度，同比增速持续扩大，2014 年第二季度稍有回落。2014 年第二季度，环比增速有所放缓，这可能是因为受到余额宝等互联网理财产品收益率下降以及移动支付分流的影响。

自 2013 年第二季度以来，第三方移动支付也保持较快增长速度（见图 3.2），一是因为很多互联网企业逐渐丰富了移动支付应用场景（例如微信支付等），另外一个原因是消费者已逐渐养成移动端支付的习惯。2014 年第二季

① 《移动支付：商业银行新的机遇和挑战》，载《中国金融电脑》，2013（6）。

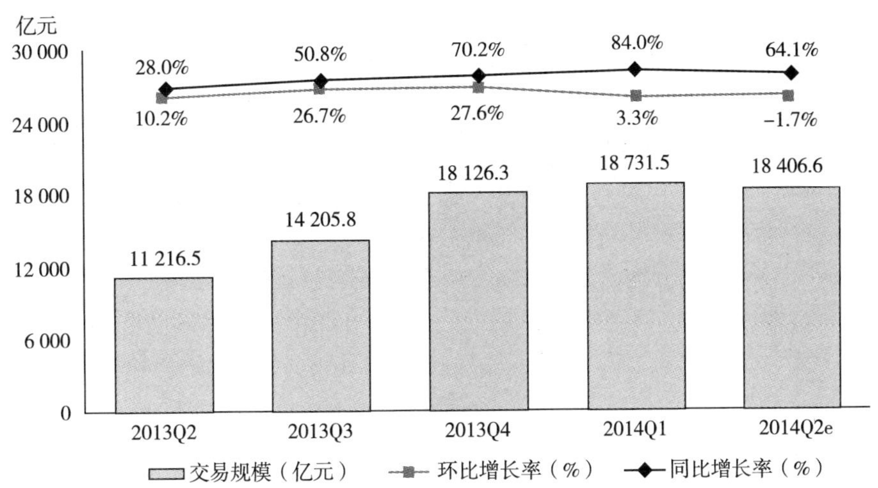

资料来源：艾瑞咨询。

图 3.1　2013Q2—2014Q2 中国第三方互联网支付交易规模及增长率

度，第三方移动支付交易规模稍有回落。

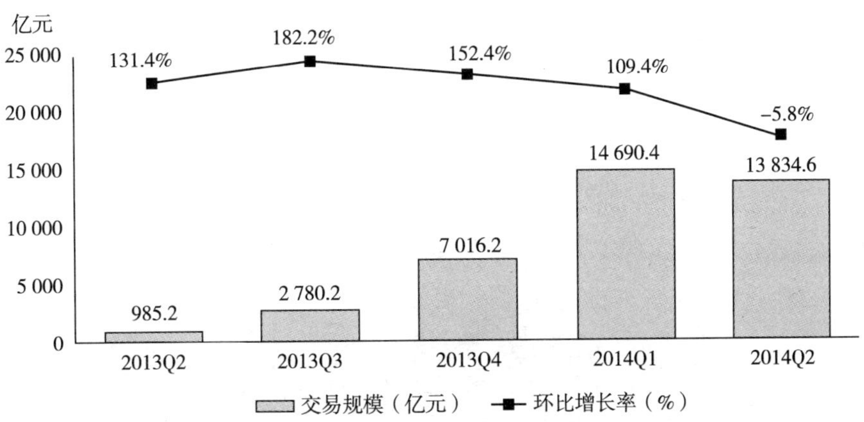

资料来源：艾瑞咨询。

图 3.2　2013Q2—2014Q2 中国第三方移动支付交易规模及增长率

从图 3.3 可知，2014 年第二季度中国第三方互联网支付交易规模市场份额中，支付宝排名第一，占比为 48.8%，财付通排名第二，占比为 19.8%，银商排名第三，占比 11.4%，快钱占比 6.6%，汇付天下占比 5.4%，易宝支付和环迅支付分列第六和第七位，占比分别为 3.2% 和 2.7%①。

① 蔡恺：《谋 8 亿用户 财付通拟借 QQ 钱包打翻身仗》，载《证券时报》，2014 - 11 - 06（A6）。

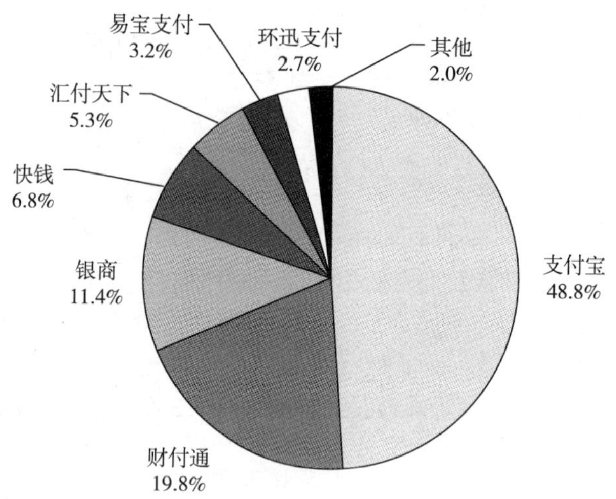

资料来源：艾瑞咨询。

图 3.3 2014 年第二季度中国第三方互联网支付交易规模市场份额

2014 年第二季度中国第三方移动支付交易规模市场份额中，支付宝排名第一，占比为 79.9%，财付通排名第二，占比为 8.9%，拉卡拉排名第三，占比为 6.5%，其他企业占比均小于 1%，具体见图 3.4。

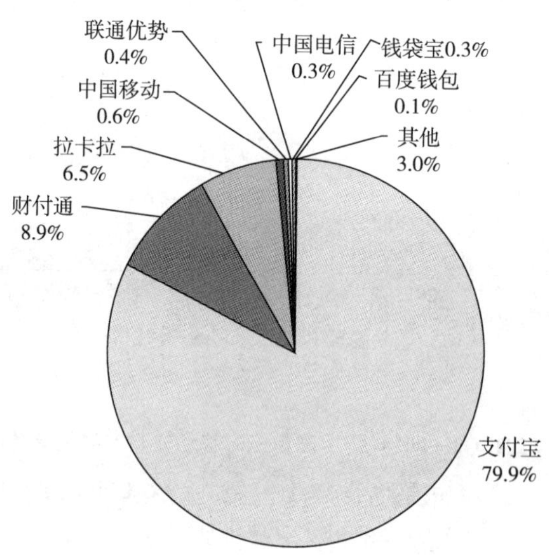

资料来源：艾瑞咨询。

图 3.4 2014 年第二季度中国第三方移动支付交易规模市场份额

中国人民银行《2014 年第三季度支付体系运行总体情况》报告显示，2014

年第三季度，全国银行机构共处理电子支付（包括网上支付、电话支付和移动支付）业务 84.00 亿笔，金额 373.32 万亿元，同比分别增长 26.06% 和 31.92%。其中，网上支付业务 70.83 亿笔，金额 365.59 万亿元，同比分别增长 16.61% 和 31.05%；电话支付业务 0.33 亿笔，金额 1.57 万亿元，笔数同比下降 63.72%，金额同比增长 38.23%；移动支付业务 12.84 亿笔，金额 6.16 万亿元，同比分别增长 157.81% 和 112.70%。支付机构处理网络支付（包括互联网支付、移动电话支付、固定电话支付和数字电视支付）业务 95.67 亿笔，金额 6.33 万亿元，同比分别增长 97.71% 和 131.02%。

3.1.3　第三方支付及移动支付高速发展对银行业的影响

所谓“得入口者得用户”，拥有了用户便拥有了价值变现的可能。互联网公司通过布局第三方支付和移动支付，抢占了大量入口，获得了海量用户，获得海量用户后再利用用户的支付数据，了解用户的消费偏好、消费能力和消费种类，以此为基础进行精准营销。银行由于被第三方支付公司隔绝，很难再获得用户的交易数据，原有客户的一些支付结算需求也会由于第三方支付的介入而受到影响，由于无法看到客户的底层交易数据，银行将距离客户实际需求越来越远，部分客户很可能会转向使用客户体验更好的第三方支付和移动支付。

3.1.4　第三方支付与移动支付相结合案例：北京友谊医院试水支付宝挂号付费①

挂号时间久、排队时间长、缴费重复排队这些就诊难题困扰医患多年，不少医院正在通过搭建移动互联网平台完成患者的自助就诊流程。2014 年 9 月，北京友谊医院推出支付宝挂号缴费就医新方式，患者只需将在医院内办理的就诊卡登记号与支付宝账号绑定，就可通过手机服务进行预约挂号、交费、查看化验报告等。

患者使用手机“支付宝钱包”APP，在“添加服务窗”一栏中搜索“北京友谊医院”并关注后，就可将在医院内办理的就诊卡登记号与支付宝账号绑定，通过手机服务进行预约挂号、交费，享受候诊提示等服务。在挂号服务中，患者可选择“预约”和“当天”两种方式，目前除儿科、急诊科外，其余所有科室和医生均在可预约之列。预约完成后，患者将在本人的支付宝钱包中收到交费提醒，点击付款即可完成挂号交费。在就诊当日，患者只需在约定时间内到医院候诊就诊即可。在就诊中，患者的医药费、化验费也将以支付宝账单的形式进行支付，同时，还可以通过手机在化验报告出来后第一时间进行查阅，并

① 该案例引自北青网。

对医生进行综合评价。

3.2 P2P 网络借贷

3.2.1 P2P 网络借贷定义

传统意义上的 P2P 网络借贷指的是个体和个体之间通过网络实现直接借贷。P2P，即 Pear - to - Pear 的缩写，P2P 网络借贷指个人通过第三方平台（P2P 公司）在收取一定服务费用的前提下向其他个人提供小额借贷的金融模式。传统意义上的 P2P 网络借贷实际上属于金融脱媒范畴，但如果 P2P 网络借贷平台利用各种增信措施承担了借贷风险，P2P 网络借贷平台本身就具备了部分金融中介的属性。P2P 网络借贷业务的运作流程如表 3.2 所示。

表 3.2 P2P 网络借贷业务运作流程

步骤	投资者	P2P 网络借贷平台	筹资者
第一步	用户注册、认证	开发优质融资需求 开发优质投资人	用户注册、认证
第二步	甄选符合自己需求的投资意向并投资	审核信用 发布需求	发布贷款需求 提交信用审核资料
第三步	签订电子合同	筹资满额后放贷 寻求小贷公司担保 持续关注项目进展 监控风险	收到贷款
第四步	到期收回投资 支付相关费用	项目成功：单/双向收取费用 项目违约：追偿债务，按约定赔付	到期偿还

P2P 网络借贷平台主要为 P2P 网络借贷的双方提供信息以及信息价值认定和其他促成交易完成的服务，但不作为借贷资金的债权债务方。具体服务形式包括但不限于借贷信息公布、信用审核、法律手续、投资咨询、逾期贷款追偿以及其他增值服务等。有些 P2P 网络借贷平台事实上还提供了资金中间托管结算服务，但没有逾越“非债权债务方”的边界。中国的 P2P 网络借贷①，受刚性兑付等潜在行业规则影响，往往还需要 P2P 网络借贷平台通过担保公司提供

① 李钧：《P2P 借贷：性质、风险与监管》，载《金融发展评论》，2013（3）。

担保、保险公司进行履约保障或收取风险准备金等方式对借款进行增信。国内开创了诸多P2P网络借贷平台运作模式，本研究归纳了比较主流的几种模式，见表3.3。

表3.3 国内几种主流P2P网络借贷平台运作模式比较

业务模式	简介	优点	缺点
金融机构信用+担保机构担保模式	平台本身有金融机构背书，由金融机构旗下的担保公司进行担保，一旦借款人违约，提供全额代偿，对于投资人来说，资金安全程度较高[①]。	出于金融机构强大的背景，投资人会比较信任，这在一定程度上是种隐性担保；金融机构成熟的风控体系在审查借款人方面也会更加严格，有效杜绝虚假标的[②]。	有金融机构背书的P2P网络借贷平台通过与旗下资产管理公司的业务合作，可使平台本身充当资金转移的中介。对于只想进行P2P投资的投资人来说，在挑选理财产品时，要仔细甄别。
FICO评分+小额贷款担保模式	平台本身并不参与借款项目的开发，只承担项目销售平台的角色。将全部项目的开发与初级审核全部外包给合作的小额贷款机构，一旦借款人违约，由小额贷款机构及担保公司直接进行代偿[③]。	小额贷款机构及担保公司连带担保，可以有效保障投资人的资金安全；为了防止小额贷款机构违约，对小额贷款机构收取保证金来保障投资人利益。[④]	借款项目的初级审核由小额贷款机构负责，平台对借款人的质量并没有直接把控，完全依靠小额贷款机构的方式会使逾期率升高[⑤]。
平台保证模式	平台本身不参与借款交易，但对VIP级的投资人提供本金担保。如借款人出现违约，逾期30天后由平台垫付本金还款，债权转让为平台所有；或者由担保人垫付本息还款，债权转让为担保人所有。	平台本身主要以服务小微企业为主，借款额度一般较大，通过要求借款人引入担保人，可以在平台垫付的基础上，进一步保证资金安全。	服务小微企业的平台，单笔成交量一般以亿元为单位，据网贷之家2014年3月统计，以红岭创投为例的一个单项目在3个小时筹资近1亿元，对平台和担保人的实力要求较高，风险随之升高。

① 叶芬芬：《互联网金融的发展对我国商业银行的影响》，河南大学，2014。

② 叶芬芬：《互联网金融的发展对我国商业银行的影响》，河南大学，2014。

③ 郝立斌、周灿、李文博、王笑东、朱威：《新型P2P融资模式及风险控制控究》，载《时代金融》，2014（32）。

④ 叶芬芬：《互联网金融的发展对我国商业银行的影响》，河南大学，2014。

⑤ 叶芬芬：《互联网金融的发展对我国商业银行的影响》，河南大学，2014。

续表

业务模式	简介	优点	缺点
房产抵押 + 第三方兜底模式	借款人将自己名下的优质房产向投资人提供抵押担保，并经公证处公证。一旦借款人违约，投资人则以该房产实现抵押权，对投资人未被偿还的剩余本金和截止到代偿日的全部应还未还利息与罚息进行全额偿付，从而保障投资人的本息安全。	抵押贷款使得投资人手中握有实实在在的抵押物产权，投资人有能力直接维护自己的权益，对本息安全进行保证；如果第三方合作伙伴，例如拍卖行、资产管理公司等，承诺第一时间对抵押房产快速接盘，可以确保在最短时间内对投资人进行全额偿付。	涉及房产抵押的平台，为了谨慎起见，会要求借贷双方在工作人员的陪同下去公证处和房产交易中心办理手续，因而在一定程度上手续会略有烦琐。
风险备用金模式	平台在每笔借款成交时，提取一定比例的金额放入风险备用金账户，借款出现严重逾期时（即逾期超过30天），根据规则通过风险备用金向投资人垫付此笔借款的剩余出借本金或本息①。	风险备用金是目前大多数P2P网络借贷平台常用的保障手段之一，通过风险备用金优先垫付措施将平台所有投资人的每笔出借资金均包含在保障计划覆盖之内，一旦出现逾期坏账，通过垫付保证投资人的资金安全。	每个月因违约需从风险备用金中支付的款项的上限限定为当月风险备用金的收入，这就造成因不能全额覆盖而只能按照一定的比例获得偿付、不能及时兑付等问题。
担保机构担保模式	担保机构通过出具担保函的方式保障投资人的本金安全。一旦借款人违约，由担保机构进行代偿或债权收购，投资人收到担保机构代偿或债权收购资金的金额等于投资人应收未收到的全部投资本息之和②。	担保机构为了保证自身的资金安全，对借款人的审核也会更加严格，这都有利于投资人的本金安全，同时降低违约风险。在涉及债权转让模式时，投资人会更加看重担保函，因为担保公司对一份债权只会出具一份担保函，可以有效规避“一债多转”的情况。	担保是合法的杠杆行业，有1元钱可以为10元钱的借贷提供担保，万一坏账率超过10%，担保公司自身经营就会出现问题。所以，不要想当然地觉得有了担保公司担保的借款就一定是安全的。

3.2.2　P2P网络借贷行业发展现状

网贷之家数据显示，截至2014年第四季度，全国共有P2P网络借贷平台1 600家，贷款余额900亿元，累计成交量900亿元，综合利率16%，呈下降趋

① 叶芬芬：《互联网金融的发展对我国商业银行的影响》，河南大学，2014。
② 罗扬：《我国P2P网络借贷的风险管理体系的构建》，浙江理工大学，2014。

势，平均借款期限 7 个月，有所延长，当期投资人数和当期借款人数分别为 93.38 万人和 33.85 万人，稳步增长，累计问题平台数量已达 256 家，占比 16%。表 3.4 列示了 P2P 网络借贷的行业数据。

表 3.4 P2P 网络借贷行业数据

时间	全年累计成交量（亿元）	运营平台数量（家）	当期问题平台数量（家）	累计问题平台数量（家）	贷款余额（亿元）	综合利率（%）	平均借款期限（月）	当期投资人数（万人）	当期借款人数（万人）
2014 年 Q4（E）	900.00	1 600	60	256	900.00	16.00	7.00	93.38	33.85
2014 年 Q3	729.20	1 438	49	197	646.00	17.46	6.44	76.12	24.79
2014 年 Q2	483.23	1 184	29	148	477.00	19.41	5.28	45.04	11.48
2014 年 Q1	363.37	1 023	27	119	381.00	20.78	4.85	36.46	8.79
2014 年	2 475.80	1 600	165	256	900.00	18.41	5.89	93.38	33.85
2013 年	1 058.00	800	76	92	268.00	21.25	4.73	25.00	15.00
2012 年	212.00	200	6	16	56.00	19.13	5.98	5.10	1.90
2012 年之前	31.00	60	10	10	13.00	18.90	6.90	2.80	0.80

资料来源：网贷之家。

因中小微企业的巨大资金需求，P2P 网络借贷模式在我国蓬勃发展，涌现出红岭创投、人人贷、陆金所等大型网络借贷平台。表 3.5 列示了 2014 年 11 月 24 日至 2014 年 12 月 23 日全国交易量排名前十位的 P2P 网络借贷平台。

表 3.5 2014 年 11 月 24 日至 2014 年 12 月 23 日全国交易量排名前十位的 P2P 网络借贷平台

序号	名称	交易量（万元）	平均利率（%）	投资人数（人）	平均借款期限（月）	借款人数（人）	累计待还款金额（万元）
1	红岭创投	264 079.73	14.46	44 165	4.87	3 844	652 084.26
2	陆金所	172 230.46	8.35	1 177	32.41	29 969	921 918.53
3	PPmoney	85 702.41	13.15	40 369	2.41	2 240	138 766.98
4	温州贷	81 244.45	14.10	6 896	0.70	471	50 026.16
5	鑫合汇	80 708.38	9.72	10 960	0.84	1 397	72 276.99
6	微贷网	80 678.98	15.29	15 009	2.70	10 914	101 266.80
7	有利网	75 232.21	9.94	60 000	10.04	3 301	306 212.30
8	积木盒子	63 242.12	9.60	60 917	5.88	2 960	230 793.79
9	盛融在线	57 637.49	17.37	10 091	1.61	456	83 932.25
10	人人贷	51 840.45	12.12	39 656	28.80	8 555	412 713.64

资料来源：网贷之家。

3.2.3 P2P 网络借贷行业高速发展对银行业的影响

P2P 网络借贷行业高速发展主要从以下三个方面对银行业造成影响：第一，P2P 网络借贷可能导致银行中小理财客户的流失。银行理财产品投资门槛相对较高，收益率也不如 P2P 网络借贷产品，P2P 网络借贷可以更好地满足中小理财客户的闲散资金投资需求。第二，P2P 网络借贷抢占了银行原有的或潜在的部分小微客户。小微客户对于银行来说利润贡献率低，往往很难从银行拿到贷款，尤其是在季末、年末银行存贷比考核较为紧张的关键时点，申请贷款更是难上加难。P2P 网络借贷公司在一定程度上满足了这部分小微客户的融资需求。第三，P2P 理财更加便捷，客户体验更好，因而抢占了平时工作较忙的年轻人市场。购买银行理财产品一般需要到银行网点临柜办理，而 P2P 理财只需要通过网络注册就可以划款投资，大大节省了投资人时间，很好地迎合了一些平时工作较忙的年轻人的投资习惯。

3.2.4 P2P 网络借贷案例：拍拍贷借贷平台案例①

模式：线上获取项目—线上审批项目—线上获取资金

借款人和投资人均来自线上，借款人线上提供借款信息和资信证明，通过

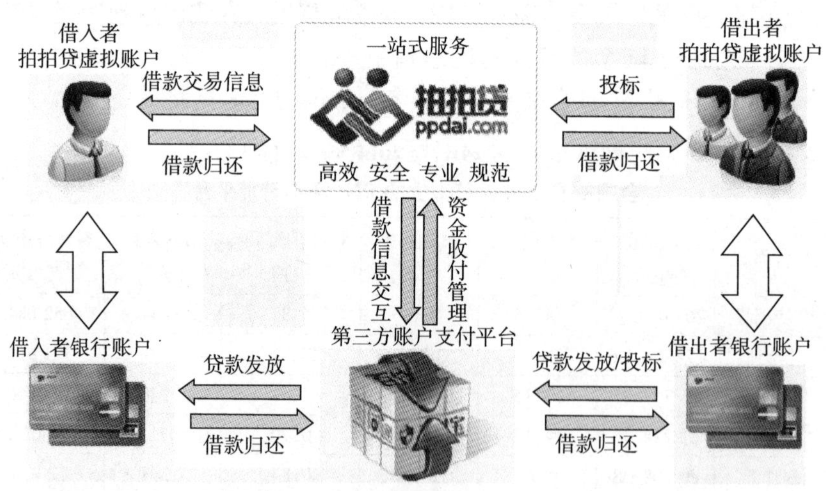

资料来源：拍拍贷网站。

图 3.5 拍拍贷业务流程图

① 该案例引自拍拍贷官方网站信息以及海通证券研究报告。

拍拍贷线上审核，发布借款消息，投资人线上选择项目进行出借投资[①]。拍拍贷收取借款2% ~4%的手续费。

图3.5详细展示了拍拍贷的业务流程，下文对其线上获取项目和线上审批项目这两个核心事项作进一步说明。

线上获取项目资源：拍拍贷官网没有公布详细的数据，从目前网站信息看，线上借款人主要来自在淘宝、慧聪或其他平台上申请消费贷款的商家客户、个人。这些人群易于接受互联网借贷模式，这些平台也易于线上数据获取和审核。

线上审批项目：线上审批项目通常要求借款人上传基本身份信息、征信信息、收入证明、电商平台相关认证等。P2P网络借贷平台据此确定贷款额度、信用评级和利率。线上审批信息仍然主要来自线下，来源主要是征信系统、银行和电商平台[②]。

此外，拍拍贷制订了本金保障计划，即投资者必须成功投资50个以上借款列表，每笔借款的成功借出金额小于5 000元且小于列表借入金额的1/3，才给予保障。这种有条件保障计划，鼓励投资者自主分散投资、控制风险，将P2P网络借贷平台本金保障责任控制在一定程度之下[③]。因为投资者投资分散到一定程度后，损失概率很小，平台可能承担本金保障责任很小，更多的是鼓励投资者自行通过分散投资控制风险。

3.3 众筹融资

3.3.1 众筹融资定义

众筹融资译自Crowdfunding一词，意为大众筹资或群众筹资，指以实物、作品、股权等作为回报形式，通过互联网平台向公众或特定的公众募集项目资金的新兴融资方式。众筹利用互联网和SNS传播的特性，让小企业、艺术家或个人向公众展示他们的创意，争取大家的关注和支持，进而获得所需要的资金援助。相对于传统的融资方式，众筹更为开放，能否获得资金也不再由项目的商业价值作为唯一标准。只要是网友喜欢的项目，都可以通过众筹方式获得项目启动的第一笔资金，为更多小本经营者或创作人提供了无限可能。[④]

目前国内众筹平台按照给投资人的回馈方式可以分为四类：奖励众筹、公

① 徐铮：《互联网金融的若干模式及比较分析》，载《中国发展观察》，2014（2）。

② 徐铮：《互联网金融的若干模式及比较分析》，载《中国发展观察》，2014（2）。

③ 白雪：《中国P2P网络借贷政府监管问题研究》，内蒙古大学，2014。

④ 该定义引自百度百科。

益众筹、股权众筹、债权众筹。奖励众筹指投资者对项目或公司进行投资获得产品或服务（如众筹网、点名时间等）；公益众筹指投资者对项目或公司进行无偿捐赠（如微公益、学贷网的公益助学贷款）；股权众筹指投资者对项目或公司进行投资，获得其一定比例的股权（如天使汇、大家投等）[①]；债权众筹指投资者对项目或公司进行投资，获得其一定比例的债权[②]，未来获取利息收益并收回本金（如 P2P 公司的一对多融资）。从投资者准入门槛的角度，股权众筹平台又可分为两类：一类是以天使汇为代表的专业投资人平台，另一类是面向普通投资者的大家投模式[③]。天使汇对投资者设有较高的门槛，主要面向机构投资者和专业投资者、持续创业者等，大家投则宣称“全民天使”，最低可投资金额为项目融资总额的 2.5%，以目前最低项目融资额为 20 万元来测算，最低 5 000 元即可投资。

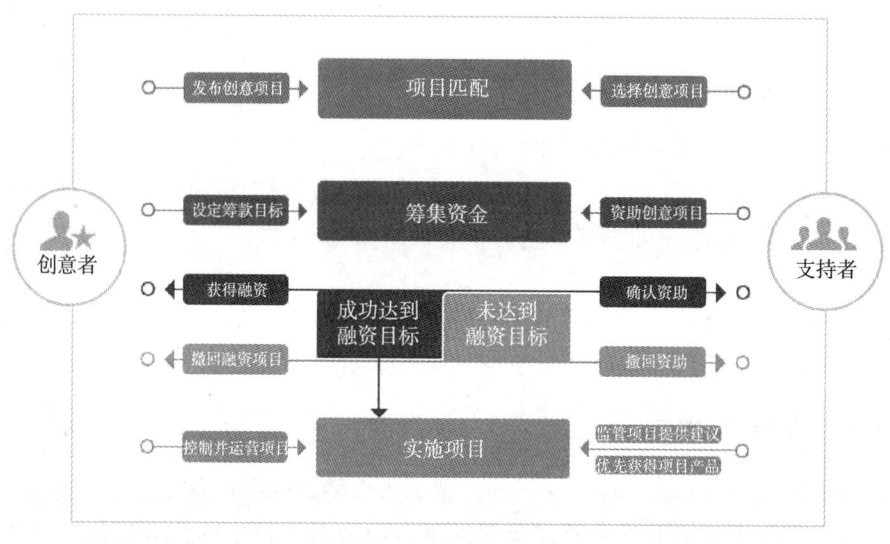

资料来源：news. cecb2b. com。

图 3.6　众筹模式运行流程

众筹流程（以奖励众筹为例）一般如图 3.6 所示：首先由创意者在众筹平台上发布创意项目并设定筹款目标，然后支持者查看项目，对认可的创意项目进行资助。如果在规定限期内成功达到预设的融资目标，则宣告项目成立，创意者获得融资并开始实施项目，支持者监管项目运营，提供建议并享有优先获

① 吴炜：《众筹来袭：改变传统的业态模式》，载《中关村》，2014（5）。

② 吴炜：《众筹来袭：改变传统的业态模式》，载《中关村》，2014（5）。

③ 夏欣：《门槛高、监管苛 股权众筹草案惹争议》，载《中国经营报》，2014－12－29（A6）。

得项目产品的权利作为资助回报。如果限定限期内未达到融资目标，则支持者资助资金退回账户，融资项目撤回。

3.3.2　众筹行业发展现状

截至2014年6月底，国内至少已有60家众筹平台，其中有10家倒闭或已无运营迹象，3家发生业务转型。众筹平台先发优势非常明显，90%的业务基本都集中在早期成立的几家众筹平台上。为保持统计口径一致，下面仅针对业务规模较大的9家众筹平台数据进行分析。表3.6是2014年上半年众筹行业数据统计结果。

表3.6　　2014年上半年众筹行业数据统计

众筹种类		融资事件（起）	已募资金额（万元）	预期融资金额（万元）
一级分类	二级分类			
股权众筹	—	430	15 563.00	203 617
奖励众筹	综合类众筹	708	1 682. 04	2 006.97
	垂直类众筹	285	1 546.03	652.41
总计		1 423	18 791.07	206 276.38

资料来源：私募通。

2014年上半年，9家众筹平台共发生融资事件1 423起，募集总金额18 791.07万元人民币。其中，股权众筹事件430起，募集金额15 563.00万元人民币；奖励众筹事件993起，募集金额3 228.07万元人民币。整体来看，奖励众筹融资事件占比较大，其中综合类众筹融资笔数最多，但从资金募集规模来看，股权众筹募集金额要远高于奖励众筹。

股权众筹平台以原始会、天使汇和大家投三家众筹平台为主，2014年上半年，天使汇发起的项目最多，达277个，原始会募集资金规模最大，募集金额11 182万元，具体情况如表3.7所示。

表3.7　　2014年上半年股权众筹平台数据统计

平台名称	项目个数（个）	已募集金额（万元）	参与投资人数（人）	募集成功率（%）
原始会	113	11 182	295	9. 57
天使汇	277	3 258	333	3. 96
大家投	40	1 123	472	25. 07

资料来源：私募通。

通过对国内3家综合类众筹平台、3家垂直类众筹平台的项目数据进行统计（见表3.8），2014年上半年中国众筹领域奖励众筹共发生993起，其中综合类众筹平台发生708起，垂直类众筹平台发生285起。综合类众筹平台项目数量约为垂直类众筹平台项目数量的2.5倍。综合类众筹平台中，众筹网一家独大；垂直类众筹平台中，点名时间占有绝对优势。

表3.8　2014年上半年奖励众筹平台数据统计

平台分类	平台名称	项目个数（个）	已募资金额（万元）	参与投资人数（人）	募集成功率（%）
综合类	众筹网	455	1 126.38	26 229	123.26
	追梦网	141	104.62	6 384	40.44
	中国梦网	112	451.04	23 100	60.51
垂直类	乐童音乐	114	140.23	14 892	59.86
	淘梦网	33	112.3	455	26.86
	点名时间	138	1 293.51	37 014	100
	总计	993	3 228.07	108 074	

资料来源：私募通。

众筹模式的优势是可以在一定程度上降低融资门槛，满足部分小型或初创企业的融资需求，还可以为一些草根投资者提供投资创业企业取得股权获得超额收益的机会。

众筹行业整体规模偏小，业务模式还有待进一步完善。中国证券业协会于2014年12月18日公布了《私募股权众筹融资管理办法（试行）（征求意见稿）》。该征求意见稿就股权众筹监管的一系列问题进行了初步的界定，包括股权众筹非公开发行的性质、股权众筹平台的定位、投资者的界定和保护、融资者的义务等，并明确规定股权众筹应当采取非公开发行方式，并通过一系列自律管理要求以满足《证券法》第十条对非公开发行的相关规定：一是投资者必须为特定对象，即经股权众筹平台核实的符合征求意见稿中规定条件的实名注册用户；二是投资者累计不得超过200人；三是股权众筹平台只能向实名注册用户推荐项目信息，股权众筹平台和融资者均不得进行公开宣传、推介或劝诱[①]。征求意见稿中涉及的众筹平台主要指的是四类众筹平台中的股权众筹平台。随着征求意见稿的颁布，股权众筹融资将更加规范，证券公司等金融机构将很快参与到股权众筹中来，届时众筹行业或将迎来一次更大的发展。

① 侯捷宁：《股权众筹融资办法征求意见 不得兼营P2P网贷》，载《证券日报》，2014－12－19（A1）。

3.3.3　众筹行业发展对银行业的影响

众筹融资属于真正意义上的金融脱媒范畴，由于目前规模不大，对银行业影响有限。但随着众筹平台运作越来越规范，投资人接受程度越来越高，长远来看，众筹行业将在一定程度上抢占银行的融资客户尤其是小微融资客户。后期逐渐发展壮大的股权众筹平台，也将对银行的投资银行业务、传统信贷业务带来一定影响。

3.3.4　众筹融资案例：3W 咖啡——会籍式众筹①

3 W 咖啡引爆了中国众筹式创业咖啡，在 2012 年流行，当时很多城市都出现了众筹式的 3W 咖啡②。3W 咖啡向社会公众进行资金募集，每人 10 股，每股 6 000 元。3W 咖啡兴起时正值微博火热期，通过微博，3W 咖啡汇集了一大帮知名投资人、创业者、企业高级管理人员，其中就包括沈南鹏、徐小平、曾李青等数百位知名人士。3W 咖啡很快以创业咖啡为契机，将品牌衍生到了创业孵化器等领域。

3W 咖啡强调的是互联网创业和投资圈的顶级圈子，要求股东必须符合一定的条件。3W 咖啡给股东的价值回报在于圈子和人脉价值。如果投资人在 3W 咖啡中找到了一个好项目，将收获许多个 6 万元。同样，创业者花 6 万元就可以认识大批同样优秀的创业者和投资人，既有人脉价值，也有学习价值③。

3.4　互联网理财

3.4.1　互联网理财定义

互联网理财是指投资者通过互联网购买理财产品、服务或通过互联网进行理财信息查询、理财信息分析、个性化理财方案设计等。目前国内可以归纳到互联网理财范畴的主要有各互联网公司推出的各类理财产品、P2P 网络借贷以及互联网公司提供的与理财相关的各项服务。由于 P2P 网络借贷已经在前面章节作了详细阐述，本节将不再介绍。

投资资金有限、对理财产品认识不足、担心本金损失是中小投资者面临的主要问题。自动化、智能化理财恰好可以迎合这部分投资者的需求，帮助中小投资者解决上述问题。随着互联网技术的逐渐成熟，通过互联网开展自动化、智能化

---

① 该案例引自中国 CEO 公会。

② BOB DING：《中国创业者众筹融资的三个案例》，载《沪港经济》，2013（10）。

③ BOB DING：《中国创业者众筹融资的三个案例》，载《沪港经济》，2013（10）。

理财已经成为可能。良好的用户体验和较低的理财门槛是互联网理财的重要特征，根据理财平台提供的核心服务、目标客户以及盈利方式等，可以将在线理财网站大致分为工具型理财网站、交易型理财网站和建议型理财网站三大类。

1. 工具型理财网站：通过各种新型的个人理财工具和服务吸引客户，并通过产品的不断创新以及个性化服务提升客户的忠诚度。如挖财网提供的个人记账理财服务，专注于帮助用户实现个人资产管理的便利化、个人记账理财的移动化、个人财务数据管理的云端化。用户通过挖财网记账软件，先整理出自己的财务数据，然后建立对应的账户和设置期初余额就可以开始记账了。记账时选择正确的收支类别、账户等信息，然后就可以在报表中查看各种分析数据，帮助用户养成良好理财习惯。

2. 交易型理财网站：通过使用计算机算法、大数据等分析方法及工具来评估投资的风险及收益，帮助客户建立个性化、定制的投资组合或向客户提供安全性较高、定位明确的理财产品。阿里巴巴的余额宝、百度的百赚利滚利、腾讯的微信理财通、京东的京东小金库都属于交易型理财类型。

3. 建议型理财网站：只提供理财方面的建议，不向客户兜售金融产品，有些建议是基于对用户的消费和支出等行为的分析而提出的，有些建议是为了培养用户健康、可持续的理财习惯。第三方理财公司成立的初衷正是为客户提供客观的理财建议，只是国内很多第三方理财公司迫于盈利压力，最终往往都沦为了金融产品的代销机构，很难再保持客观中立的立场。但随着互联网金融进程的加快以及人民投资理财需求的日益旺盛，国内一定会有一批专门为投资人提供专业理财建议的客观中立的互联网公司出现。

鉴于工具型理财和建议型理财目前规模较小，下面仅针对交易型理财中占比最高的“宝宝”类产品展开分析。

3.4.2 互联网理财发展现状

融360统计数据显示，截至2014年9月30日，已有56家机构推出“宝宝”类理财产品，产品数量达79个，规模超过1.5万亿元。这些产品虽由不同机构发行，但本质上几乎都是货币基金。受降息等因素影响，“宝宝”类产品收益率有所回落，部分产品收益率已经跌到4%以下。

根据发行机构不同，“宝宝”类产品主要可以分为以下四类：基金公司发行的归入基金系、银行发行的归入银行系、基金代销机构发行的归入代销系、互联网公司通过第三方支付机构发行的归入第三方支付系。根据上述分类，基金系“宝宝”类产品有31个，银行系“宝宝”类产品有25个，代销系“宝宝”类产品8个，第三方支付系“宝宝”类产品14个。各“宝宝”类产品名单如表3.9至表3.12所示。

表 3.9　基金系“宝宝”类产品名单

产品名称	平台	合作基金
中银活期宝	中银基金	中银活期宝货币
国投瑞银货币	国投瑞银基金	国投瑞银货币 A
泰达宏利货币	泰达宏利基金	泰达宏利货币 A
壹诺宝	新华基金	新华壹诺宝货币
天天理财宝	富国基金	富国天时货币 A
长盛添利宝	长盛基金	长盛添利宝货币 A
南方现金宝	南方基金	南方现金增利货币 A
天添宝	中加基金	中加货币 A
诺安现金宝	诺安基金	诺安货币 A
现金袋	申万菱信基金	申万收益宝货币 A
E 钱包	易方达基金	易方达天天理财货币 A
长城工资宝	长城基金	长城货币 A
华泰柏瑞现金宝	华泰基金	华泰柏瑞货币 A
钱袋子	广发基金	广发钱袋子货币
富钱包	富国基金	富国富钱包货币
活期乐	嘉实基金	嘉实货币 A
倍利宝	银河基金	银河银富货币 A
融通现金宝	融通基金	融通易支付货币
汇添富现金宝	汇添富基金	汇添富现金宝货币
活期通	华夏基金	华夏现金增利货币 A
现金快钱	工银瑞信基金	工银货币
现金增利宝	国富基金	国富日日收益货币 A
招财宝	招商基金	招商招财宝货币 A
微钱宝	华安基金	华安日日鑫货币 A
博时现金宝	博时基金	博时现金收益货币 A
增值宝	建信基金	建信货币
大成钱柜	大成基金	大成货币 A
交银现金宝	交银施罗德基金	交银货币 A
万家现金宝	万家基金	万家货币 A
宝盈货币	宝盈基金	宝盈货币 A
e 通宝	中海基金	中海货币 A

资料来源：融 360。

表 3.10　银行系“宝宝”类产品名单

产品名称	平台	合作基金
壹钱包活期宝	平安银行	平安大华日增利货币
鑫元宝	南京银行	鑫元货币 A
慧存钱	广发银行	广发天天红货币
平安盈	平安银行	平安大华日增利货币、南方现金增利货币 A
聚利宝	重庆银行	南方现金增利货币 A
马宝宝	包商银行	南方现金增利货币 A
京喜宝	北京银行	中加货币 A
富利快钱	富滇银行	易方达天天理财货币 A
江渝基金宝	重庆农村商业银行	易方达天天理财货币 A
薪金宝	中信银行	华夏薪金宝货币
掌柜钱包	兴业银行	兴全添利宝
民生如意宝	民生银行	民生加银现金宝货币、汇添富现金宝货币
普发宝	浦发银行	浦银安盛日日盈货币 D、汇添富货币 D
开鑫盈	江苏银行	诺安聚鑫宝货币
快钱宝	上海银行	易方达易理财货币
易发宝	广发银行	易方达易理财货币
智慧金	南洋商业银行	易方达易理财货币
薪金宝	中信银行	信诚薪金宝货币
朝朝盈	招商银行	招商招财宝货币 A
兴业宝	兴业银行	大成现金增利货币 A
添金宝	渤海银行	诺安理财宝
速盈	建设银行	建信现金添利货币
工银薪金宝	工商银行	工银薪金货币 A
智能金	广发银行	易方达货币 A
快溢通	交通银行	嘉实货币 A、博时现金收益货币 A、南方现金增利货币 A、广发货币、华夏现金增利货币 A、农银货币 A、银华货币 A、易方达货币 A、鹏华货币 A、富安达现金通货币 A、交银货币 A

资料来源：融 360。

表 3.11　　代销系“宝宝”类产品名单

产品名称	平台	合作基金
收益宝	同花顺	广发货币、南方现金增利、国泰现金管理货币、银华货币 A、国泰货币、景顺长城货币、博时现金收益货币 A
众禄现金宝	众禄基金	海富通货币 A、银华货币 A
活期盈	和讯	海富通货币 A
数米现金宝	数米基金网	海富通货币 A
活期宝	天天基金网	长城货币 A
储蓄罐	好买基金	工银货币
盈利宝	金融界	鹏华货币 A
凤凰宝	凤凰网	工银货币

资料来源：融 360。

表 3.12　　第三方支付系“宝宝”类产品名单

产品名称	平台	合作基金
美盈宝	国美在线	诺安天天宝 A
佣金宝	腾讯	国金通用金腾通货币
零钱宝	苏宁	广发天天红货币、汇添富现金宝货币
和聚宝	中国移动	汇添富和聚宝
沃百富	中国联通	富国富钱包货币
京东小金库	京东	嘉实活钱包、鹏华增值宝
百度百赚	百度	嘉实活期宝、华夏现金增利
网易现金宝	网易	汇添富现金宝
电信添益宝	中国电信	汇添富现金宝
微财富存钱罐	新浪微财富	汇添富现金宝
微信理财通	腾讯	华夏财富宝、广发天天红、汇添富全额宝、易方达易理财
余额宝	阿里巴巴	天弘增利宝
联通话费宝	中国联通	安信现金管理货币 A
沃慧宝	中国联通	光大货币

资料来源：融 360。

“宝宝”类产品一度引发购买狂潮，但最近因收益率下降等问题渐趋稳定。根据图 3.7 可知，“宝宝”类产品的平均收益率已经从 2014 年年初的 5.68% 下降到 2014 年 10 月的 4.42%，收益率下降幅度比较明显，可能会导致部分投资者的流失。

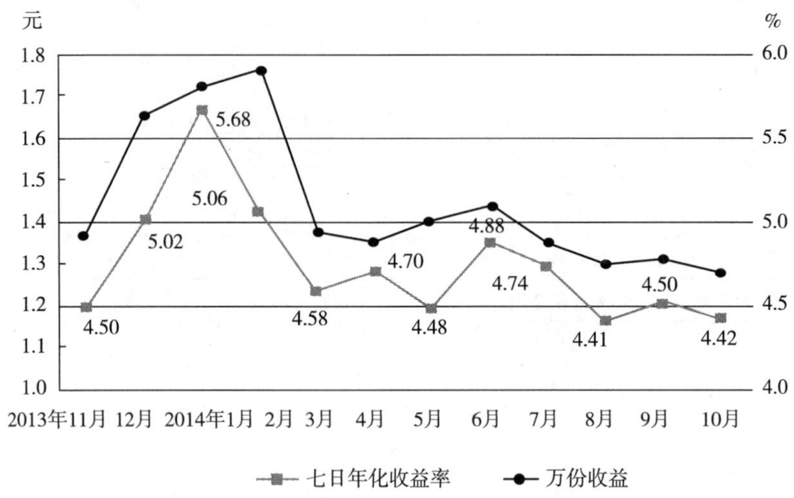

资料来源：融360。

图3.7　“宝宝”类产品平均收益率走势图
（2013年11月至2014年10月）

余额宝和微信理财通最高收益率分别为6.763%和7.902%，最低都跌到了4%附近（见图3.8）。究其原因，“宝宝”类产品的本质还是货币基金，央行采取各种措施向市场释放流动性，资金面相对宽松，使得货币市场收益率整体下降。

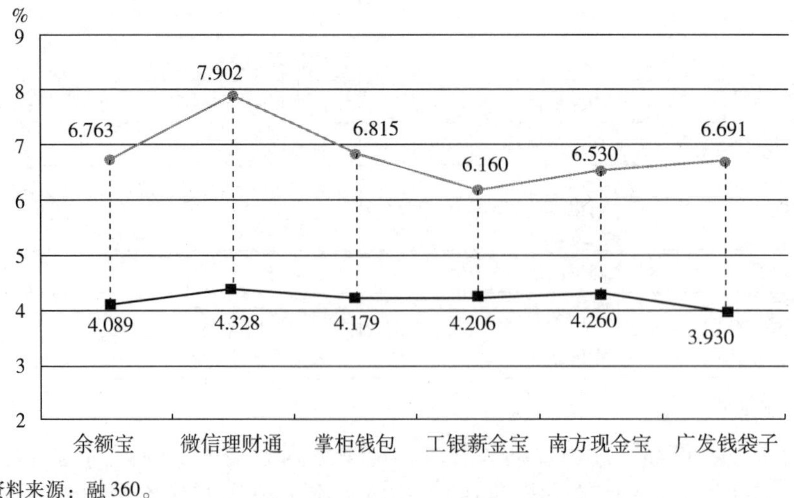

资料来源：融360。

图3.8　典型“宝宝”类产品2014年7日年化收益率最高值与最低值对比图

"宝宝"类产品之所以受到广大投资者的青睐，除了收益率较高以外，还与其较低的投资门槛以及较高的流动性密切相关。据融360统计，"宝宝"类产品的认购门槛主要分0.01元、1元、100元、500元、1 000元五个档次，将近一半的"宝宝"类产品只需1分钱即可投资。所有"宝宝"类产品都可以实现T+0取现，总体来讲，基金系和银行系的"宝宝"类产品到账时间更快，代销系和第三方支付系"宝宝"类产品由于中间环节较多，到账时间稍慢，但一般都可以实现T+0当天到账。此外，多数"宝宝"类产品都对提现额度有限制，一般分为5万元、10万元、20万元、30万元、50万元、100万元、500万元几个档位，提取金额上限为5万元的"宝宝"类产品居多，此项规定主要是为了便于货币基金管理人对基金进行流动性管理，防止短期内大面积赎回造成产品收益率不稳定。

3.4.3 互联网理财对银行业的影响

互联网理财的出现最直接影响的就是商业银行存款，各大互联网公司和电商平台推出的"宝宝"类产品显示出强大的吸金效应，使传统银行业应对不及。为了防止大量存款从银行搬离，各大银行采取限额措施的同时，也纷纷推出自己专属的"宝宝"类产品与互联网公司和电商平台竞争。虽然经过半年多的努力，银行系"宝宝"类产品在数量和收益率上基本都超过了由互联网公司和电商平台发起的第三方支付系"宝宝"类产品，但银行的资金成本也随之大幅上升，银行已经很难再拉到成本较低的存款，加上利率市场化进程加速，银行的利差收入将逐步降低。

3.4.4 互联网理财案例：百度"百发有戏"①

"百发有戏"是百度金融联合中信信托、中影股份、德恒律师事务所联合推出的电影类消费金融项目。通过"百发有戏"，每个喜欢电影的人都可以成为电影制片人参与到电影制作和宣传中，还能获得票房带来的回报，享受前所未有的"消费+金融"新体验。"百发有戏"将成为未来主流的电影消费方式，让电影消费由花钱变成赚钱。

百度金融一直致力于通过创新金融产品设计为用户提供优质、安全的互联网金融产品。此次推出消费金融类产品，就是采用最新的"消费+金融"创新模式，让人们的消费行为既能参与到产品生产过程中，又能拥有金融属性。用户实名制参与百度金融"百发有戏"，网民成为影视文化的消费者和参与者，每个人都可以创作和支持自己喜欢的作品。在业务模式上，每个项

① 该案例引自百度金融官方网站。

目的资金将与百度固有资金进行完全隔离，使项目风险实际可控，并纳入金融监管的体系中，是在现行金融监管制度规范和原则精神的框架下，传统产业与金融和互联网的跨界融合，是互联网金融在中国发展的又一里程碑事件。

3.5 互联网金融门户

3.5.1 互联网金融门户定义

互联网金融门户是指利用互联网为广大用户提供金融产品和金融服务信息，汇聚、搜索、比较金融产品，并为金融产品的销售提供第三方服务的平台。根据相关互联网金融门户平台服务内容及服务方式的不同，互联网金融门户大致可分为第三方资讯平台、垂直搜索平台以及在线金融超市三大类。第三方资讯平台是为客户提供全面、权威的金融行业数据及行业资讯的门户网站，典型代表有网贷之家、和讯网、金融界以及网贷天眼等①；垂直搜索平台是聚焦相关金融产品的垂直搜索门户，客户在该类门户上可以快速地搜索到相关的金融产品信息，典型代表有融360、好贷网、安贷客、大家保等；在线金融超市汇聚了大量的金融产品，在利用互联网进行金融产品销售的基础上，还提供与之相关的第三方专业中介服务，典型代表有大童网、格上理财、91金融超市、好买基金网、众禄基金等。从产业链角度分析，第三方资讯平台充当的是外围服务提供商角色，垂直搜索平台充当的是媒介角色，二者在产业链中所处的位置相同，前者提供的是行业资讯和相关数据，后者提供的是产品信息。在线金融超市居于二者上游，在产业链中充当的是代理商角色。三者均为产业链下游客户服务，而处于三者上游的企业便是金融机构。

此外，互联网金融门户根据汇集的金融产品、金融信息种类的不同，还可细分为P2P网络借贷类门户、信贷类门户、保险类门户、理财类门户以及综合类门户五个子类。其中，前四类互联网金融门户主要聚焦单一类别的金融产品及信息，而第五类互联网金融门户则致力于金融产品、信息的多元化，汇聚不同种类的金融产品和信息。

在盈利方面，现阶段互联网金融门户的主要收入来源有佣金、推荐费、广告费、培训费以及咨询费等。总体来看，无论是佣金、广告费还是推荐费，互联网金融门户盈利的核心都在于流量以及转化率。与吸引流量相比，更为重要的是在流量基础上提高转化率，因为互联网金融门户处理信息的成本在短期内

① 向思遇：《互联网金融业态现状及发展趋势研究》。

很难降低，所以在流量固定的假设条件下，互联网金融门户的转化率越高，收益也就越高。

3.5.2 互联网金融门户发展趋势[①]

从2013年至今，互联网金融门户的商业模式获得了投资机构的认可，市场空间广阔，总体上呈现出了良好的发展态势，未来可能朝着以下几个方向发展。

1. 门户发展渠道化。未来，互联网金融门户将成为集资讯、在线销售以及相关增值服务于一体的金融产品销售渠道。通过结构化的垂直搜索方式，搭建一个产业联盟平台，聚集产业链上下游企业。互联网金融门户不仅为产业链增加了技术协助，还为供需双方实现信息交流、业务对接以及利益共赢提供了良好的平台。

2. 产品类别多元化。在经营产品类别方面，以垂直搜索平台为核心定位的互联网金融门户未来必将呈现产品类别多元化的发展趋势，即门户将汇聚不同种类的金融产品，从单一金融产品的垂直搜索平台转化为汇聚不同种类金融产品的综合类垂直搜索平台。

3. 业务模式多样化。未来，互联网金融门户不会仅局限于当前的B2C模式，随着其所依托的大数据、云计算等互联网金融核心技术的不断发展深化，互联网金融门户将通过对客户搜索习惯和行为特征进行有效记录和智能分析，从而协助金融机构为客户量身设计金融产品，通过自主定制产品的方式加强客户在交易过程中的自我成就感，提升用户体验，逐步形成互联网金融领域的C2B模式。

4. 营销方式移动化。结合移动互联网的发展趋势，未来互联网金融门户势必会涌现出一批像铜板街以及挖财等手机APP，便于客户随时随地进行搜索比价。通过PC端到移动端的全方位布局，互联网金融门户将使其产品信息的传播更加及时，业务流程更加便捷，从而更好地聚拢客户资源，充分发挥其渠道优势。

互联网金融门户未来将会在自身发展的特点之上，向着门户发展渠道化、产品类别多元化、业务模式多样化以及营销方式移动化的方向发展，更好地将金融产品与金融服务信息进行汇聚、搜索、比较，为金融产品销售提供更好的服务。

---

① 本部分内容部分引自北京软件和信息服务交易所罗明雄的观点。

3.5.3 互联网金融门户发展对银行业的影响

互联网金融门户最大的价值就在于其开拓了新的融资渠道。对于资金的需求方来说，只要能在规定时间和可承受成本范围内获得资金即可，资金来源于哪里并不重要。随着互联网金融门户的进一步发展，金融搜索技术和在线投资咨询服务都将得到进一步完善，届时融资方和投资人在相应的互联网金融门户很快就可以找到合适的投融资解决方案。得入口者得用户，互联网入口引领着金融产品销售的风向标。随着互联网金融门户的逐步发展壮大和用户的持续增长，银行的部分客户很可能被互联网金融门户隔绝，银行将难以获取这部分客户的交易信息，同时也将损失一部分产品销售费用。

3.5.4 互联网金融门户案例：91 金融超市①

91 金融超市成立于 2011 年 9 月，是一个面向消费者的在线金融产品购买和服务平台，为小微企业和个人消费者提供专业的贷款、信用卡及理财在线搜索和申请服务②。

该公司 2011 年获得经纬创投天使投资，2013 年又得到宽带资本、经纬创投等 A 轮 6 000 万元人民币融资。2013 年团队成员有 50 人左右，主要来自农业银行、浙商银行、新浪、百度等公司。

截至 2013 年 9 月，91 金融超市已经与工商银行、渣打银行、阳光保险、大地保险等 300 余家金融机构合作，日贷款交易额超过 3 亿元人民币，每天的保险交易量超过 2 000 笔，累计服务金融产品消费者数十万人次③。

91 金融超市的运作模式是：将潜在消费者的个人信息、需求及资质证明等数据匹配给相应的金融机构，金融机构根据上述数据为消费者提供个性化服务。这种模式使得传统线下金融中介服务朝互联网化转型④。

91 金融超市的营收模式主要有信息导航、佣金以及展示广告三种。信息导航即流量入口的信息导入带来的收入，占据营收的绝大部分。这种模式采用预收款方式，即金融机构预先付款给 91 金融超市，91 金融超市通过导入的订单量扣减结算。这种方案获得收入的依据是订单量，而不是订单额⑤，主要做流量入口的生意，不利于未来长期发展，并且壁垒不高。

---

① 该案例引自《互联网金融行业 6 大模式发展报告》。

② 王子威：《互联网金融模式总览》，载《首席财务官》，2014（17）。

③ 李阳丹：《91 金融超市的小野心和大未来》，载《中国证券报》，2013－12－14（12）。

④ 卓尚进、张末冬：《在线金融信息服务开辟互联网金融新模式》，载《金融时报》，2013－12－06（3）。

⑤ 王子威：《用创新开拓更广阔的发展空间》，载《中国经济导报》，2014－05－29（B6）。

3.6 虚拟货币

3.6.1 虚拟货币定义

虚拟货币是指由非金融机构发行的，仅在发行者与持有者或少数几个单位之间流通的，能购买现实商品、虚拟财产和电子化服务的充当等价物的近似货币。按照虚拟货币和法定货币有无直接的兑换关系[①]，可以将虚拟货币分为三类：服务币、游戏币、类货币。服务币是仅能用于封闭虚拟社区的货币，这种虚拟货币只能通过用户在互联网上的特定行为获得[②]，无法使用法定货币购买，也不能兑换成法定货币，典型的是百度文库的财富值；游戏币可以通过实体货币来购买，但是购买后不能或者很难兑换回实体货币[③]，Q币、亚马逊币、林登币都属于这一类；类货币与实体货币有兑换汇率，用户既可用实体货币购买，也可将其出售换回实体货币，包括比特币、莱特币、无限币、夸克币等[④]。

除了以上三类虚拟货币，还有一种泛虚拟货币，主要是消费者通过在某些商户持续消费获得的一些积分或优惠，包括航空公司里程积分、银行信用卡积分、电商平台消费积分返券等。这类泛虚拟货币无法兑换成实体货币，也无法用实体货币购买，只能根据商家制定的规则参与一些优惠活动，抵补部分现金，一般需要累积到一定规模才能兑换。该类泛虚拟货币可以理解为商家增强客户黏性的打折促销手段，可不计入虚拟货币范畴。

3.6.2 虚拟货币发展趋势[⑤]

一、将在不同网站间流通

在虚拟货币发展的初期，不同的网站纷纷推出自己的虚拟货币，并各自有一套支付、兑换的运行体系。网站负责维持虚拟货币的价值，一方面，将虚拟货币与虚拟商品、劳务挂钩，增加用户间的互动，并且方便玩家之间交换物品；另一方面，网站必须限制虚拟货币的数量，通过收取手续费等方式，防止虚拟货币炒作，避免虚拟货币的“通胀”。未来这种网站之间的限制将会减弱，各种虚拟货币的隔阂也会消除。为了用户使用方便，降低交易成本成为网站之间建

① 万辉：《虚拟货币交易征税法律制度研究》，郑州大学，2010。

② 雷勤颖：《虚拟货币行业发展现状和趋势探索》，载《商场现代化》，2014（4）。

③ 雷勤颖：《虚拟货币行业发展现状和趋势探索》，载《商场现代化》，2014（4）。

④ 雷勤颖：《虚拟货币行业发展现状和趋势探索》，载《商场现代化》，2014（4）。

⑤ 本节部分内容引自刘贺：《网络虚拟货币的发展现状及其趋势分析》，载《时代金融》，2014（4）。

立联盟的动力。例如，百度币先后与盛大等 24 家公司签订了合作协议，消费者可以用盛大、网易点卡支付百度服务费用，也可以用百度币兑换网易等公司的虚拟卡。这种网站间虚拟货币互通的问题将会得到解决，通过一定的汇率，虚拟货币之间将可以互相兑换，并出现虚拟货币金融市场①。

二、将带动网络服务产业的迅猛发展

虚拟货币开启了网络支付的新捷径，作为一种高效的支付手段，虚拟货币将对网络信息商品和服务的迅速发展起到至关重要的作用。通过虚拟货币这一媒介，新兴网络信息商品和服务的制造、生产和流通将更加便利并有保障。例如，付费下载、付费虚拟装扮这些网络信息商品和服务将通过虚拟货币实现在线销售。同样，虚拟货币的持续发展将为网络信息商品和服务开辟广阔的市场空间，各类网络信息商品和服务的提供商、开发商不断涌现，形成以提供多样化信息服务为主的规模产业②。

三、得到规范并成为新兴支付手段

虚拟货币不仅是商品，还是一种货币，它的出现填补了我国电子支付系统的空白，在信用卡、现金之外，崛起为高效便捷的支付工具。随着计算机技术、通信技术和网络技术的结合，虚拟货币的应用领域将不断拓宽，促进虚拟货币的进一步发展。国家将逐步形成虚拟货币监管规范，加强虚拟货币交易监管，促进其健康发展。与传统现金、信用卡和转账支付相比，虚拟货币有着强大的优势，不仅在于其虚拟交易的属性，还在于其产生于信息技术、网络技术高度发展的土壤，融合了科学技术进步的力量，具有技术上、经济上的强大优势③。

3.6.3 虚拟货币发展对银行业的影响

传统货币具有价值尺度、支付手段、流通手段和贮藏手段等职能，虚拟货币在价值尺度和流通范围上有所限制，主要职能体现在支付手段上。从长期来看，虚拟货币对银行业的潜在影响主要表现在对商业银行支付服务地位的影响④。网络虚拟支付将使银行支付服务边界有所收缩，支付市场的利益主体和竞争格局将重新调整，虚拟货币的出现及其微支付功能的实现，使银行业在支付领域不再独当一面。若虚拟货币与法定货币相互转换，银行的核心支付功能将可能在局部出现脱媒。如果虚拟货币在虚拟社区能完成各类支付，且又能与法定货币兑换，则银行支付服务就难以渗透到这些区域，在这些区域商业银行将

① 刘贺：《网络虚拟货币的发展现状及其趋势分析》，载《时代金融》，2014（14）。

② 刘贺：《网络虚拟货币的发展现状及其趋势分析》，载《时代金融》，2014（14）。

③ 刘贺：《网络虚拟货币的发展现状及其趋势分析》，载《时代金融》，2014（14）。

④ 包春静：《网络虚拟货币的特性、成因及对银行业的潜在影响》，载《上海金融》，2009（12）。

面临支付脱媒①。

3.6.4 虚拟货币案例：认识比特币②

比特币（Bitcoin）是一种由开源软件的P2P网络产生的电子货币。也有人将比特币意译为“比特金”。虚拟货币比特币的概念最初由中本聪（Satoshi Nakamoto）在2009年的一篇论文中提出，现在比特币也用于指根据中本聪的思路设计发布的开源软件以及建构于其上的P2P网络。与大多数货币不同的是，比特币不依赖特定的中央发行机构，而是使用遍布整个P2P网络节点的分布式数据库来记录货币的交易，并使用密码学的设计来确保货币流通各个环节的安全性。例如，比特币只能被它的真实拥有者使用，而且仅仅一次，支付完成之后原主人即失去对该份额比特币的所有权③。

特征：比特币被设计为允许匿名的所有权与使用权，比特币既可以以计算机文件的形式保存在个人电脑中，也可以储存在第三方托管机构。不管以何种形式保存，比特币都可以通过比特币地址发送给互联网上的任意一个人。P2P的分布式特性与不存在中央管理机制的设计确保了任何机构都不可能操控比特币的价值，或者制造通货膨胀④。

价值：比特币是一种通过互联网进行交易的数字货币，使用者可以直接在网络上进行人与人之间的交易，而不需要通过银行，这种交易方式降低了成本。使用者可以在世界上任何一个地方使用比特币，且账户永远不会被冻结。人人都能制造比特币，比特币难道不会像我们普通货币那样滥发而出现通货膨胀吗？答案是否定的，比特币的设计机制能够保证这一点。它需要依靠计算机的运算能力消耗来获得价值。想要获得比特币就必须不断提高计算机的运算能力。在技术层面上，比特币的供应量是受到控制的，人们不能以印刷钞票的方式来制造更多比特币。在其生成算法中，已经在数学上限制比特币在未来100多年内最大存量为2 100万个⑤。根据现在的运算速度，预计到2030年可以有2 000万个比特币，随后由于计算比特币的运算难度实在太大，比特币将缓慢逼近极限。技术上杜绝了滥发货币，给比特币带来的最直接好处是币值稳定。现实生活中，我们也许会为美元贬值纠结，但不会被冻结、无法跟踪、不用纳税、交易成本

---

① 包春静：《网络虚拟货币的特性、成因及对银行业的潜在影响》，载《上海金融》，2009（12）。

② 该案例引自巴比特官方网站。

③ 本刊编辑部：《疯狂的货币——比特币》，载《计算机光盘软件与应用》，2013（22）。

④ 张超：《新型虚拟货币比特币的发展现状及其对现实经济和金融影响的研究》，载《时代金融》，2013（14）。

⑤ 姚余栋：《关于建立“新布雷顿森林体系”的初步建议》，载《第一财经日报》，2013－05－06（A5）。

极低的比特币却给人们带来另一种光景。于是有人用它网购——买虚拟的装备或现实生活中的物品，如书籍、歌曲、游戏、服务。一些淘宝商店也开始支持比特币兑换美元、欧元等实体货币及支付等业务，淘宝一个卖家表示，开店半个多月，销量已经接近50万元人民币。毫无疑问，比特币已经成为真正的流通货币，而非腾讯Q币那样成为商家获利手段①。

终极难题：自行生产，自由使用，不受任何国家、金融机构管理……这些给人们不仅带去谈资，更引发了人们的深入思考——比特币是否会对现实货币秩序造成冲击。分析人士认为，如果网络游戏用户之间自行将虚拟货币兑换为现实货币，也只是现实货币的转手，不改变经济体系中的货币总量，不会对货币秩序造成冲击。然而，比特币的创始者似乎更加野心勃勃，他们是要建立一个完全独立的虚拟货币制度。换句话说，如果有足够多的人决定使用比特币，理论上它就可以取代现有货币系统。

3.7 其他

除了上面提到的六类主要互联网金融模式外，还有基于大数据征信的网络贷款（阿里小贷、京东供应链金融）、京东白条、阿里娱乐宝、阿里招财宝等创新型互联网金融模式或产品。来自互联网的金融创新层出不穷，无法一一列举，下面仅对上述几个产品作简要介绍。

3.7.1 阿里小贷简介

阿里小贷以“封闭流程+大数据”的方式开展金融服务，凭借电子化系统对借款人的信用状况进行核定，发放无抵押的信用贷款及应收账款抵押贷款，单笔金额在5万元以内，与银行的信贷形成了非常好的互补。阿里金融目前只统计、使用自己的数据，并且会对数据进行真伪性识别、虚假信息判断。阿里金融通过其庞大的云计算能力及数十位优秀建模团队的多种模型，为阿里集团的商户、店主实时计算其信用额度及应收账款数量，依托电商平台、支付宝和阿里云，实现客户、资金和信息的封闭运行，一方面有效降低了风险，另一方面真正地做到了一分钟放贷②。

3.7.2 京东供应链金融简介

目前，京东供应链金融主要包括京保贝和银行放贷两个渠道，前者是用京

① 王碧颖：《用比特币赚钱，靠谱吗?》，载《新民周刊》，2013（43）。
② 《互联网金融及其现状》，载《中国总会计师》，2014（2）。

东自有资金给供应商放贷，利率比银行略低；后者是京东将有贷款需求的供应商推荐给合作银行，由银行放贷。供应商与京东签约后，自行决定通过京保贝还是银行进行融资。目前和京东合作的银行包括中国银行、中国工商银行、中国建设银行等多家银行。2014 年 1 月，京东供应链金融贷款规模就高达 10 亿元。京保贝于 2013 年 12 月初上线，这个名字中的“保”是指这块业务放在保理牌照下。京保贝门槛低，效率高。与京东有 3 个月采购合作的企业均可申请京保贝，无须担保和抵押①。放贷时间从申请起只需 3 分钟。京保贝集成处理京东供应链中的采购、销售、财务等数据，审批和风控完全是线上自动化的。京保贝目前只针对京东自营业务供货商，非常稳定可靠，几乎没有坏账。

3.7.3 京东白条简介

京东白条是京东推出的一种“先消费，后付款”的全新支付方式。在京东网站使用白条进行付款，可以享有最多30 天的延后付款期或最多24 期的分期付款②。京东会根据用户以往的交易记录决定用户的白条额度。

3.7.4 阿里娱乐宝简介

娱乐宝是由阿里巴巴数字娱乐事业群联合金融机构打造的增值服务平台，用户在该平台购买保险理财产品即有机会享有娱乐权益。网民出资 100 元即可投资热门影视剧作品，预期年化收益率 7%，并有机会享受剧组探班、明星见面会等娱乐权益③。有别于余额宝的属性，娱乐宝依附于淘宝移动端，通过向消费者发售产品进行融资，所融资金配置为部分信托计划，最终投向阿里娱乐旗下的文化产业④。

3.7.5 阿里招财宝简介

招财宝是一个投资理财与融资交易金融信息服务平台，由蚂蚁金服集团旗下上海招财宝金融信息服务有限公司独立运营。招财宝平台主要有两大投资品种，第一类是中小企业和个人通过本平台发布的借款产品，并由银行、保险公司等金融机构或大型担保机构提供本息保障；第二类是由各类金融机构或已获得金融监管机构认可的机构通过本平台发布的理财产品，投资人可以通过本平台向融资人直接出借资金或购买理财产品，以获得收益回报。

---

① 《电商小贷创新与发展情况》，载《互联网天地》，2014（10）。

② 丁宁：《电商付款还能更“任性”》，载《中国证券报》，2015 - 01 - 10（12）。

③ 柳进军：《“由乐而生”的创新创业》，载《中关村》，2014（7）。

④ 孙翼飞：《阿里 O2O“诺曼底”》，载《新金融观察》，2014 - 04 - 07（14）。

4 银行互联网金融主要创新实践

从目前看来，互联网企业主导的互联网金融更多是基于客户流量的销售，通过分销标准化的金融产品特别是理财产品（如货币基金、票据理财等），来实现客户流量价值的变现。而其他涉及银行传统业务的创新，如 P2P 网络借贷、虚拟信用卡等，由于牌照准入、风控技术、人才储备、流程制度建设等基础因素的限制，越来越转向银行为主导。虽然很多互联网企业开展网络贷款等业务，但其业务团队、风控技术几乎都是来自商业银行。

因此，对于商业银行来说，利用互联网思维及技术，将传统存款、贷款、汇款业务进行融合，搭建虚拟平台用于业务及客户流量拓展，就可以形成基于银行主导的互联网金融创新。这也将会成为未来一段时间内银行发展互联网金融的主要模式。

4.1 直销银行

4.1.1 直销银行定义

直销银行比较普遍的定义是：没有营业网点，客户主要通过电脑、电子邮件、手机、电话等远程渠道获取银行的产品和服务①。直销银行与传统的电子银行的区别是一般电子银行主要是对银行物理网点的补充渠道，针对的客户是银行的存量客户；而直销银行不依赖实体网点，是脱离了传统银行具有独立法人资格的组织②，针对的是增量用户。直销银行构建的是一种独立的、全新的业务模式，即从产品设计、系统建设、组织架构、营销模式等各个层面全面流程再造，同时负责旗下客户全部生命周期的维护，而电子银行只负责客户部分生命周期的维护。

4.1.2 直销银行发展现状

随着互联网的进一步普及和国内金融改革的推进，直销银行已经在我国渐渐崭露头角。2013 年 9 月，北京银行与荷兰 ING 集团合作推出直销银行服务模

---

① 聂国春：《传统银行竞打“直销”牌》，载《中国消费者报》，2014 - 09 - 01（B02）。

② 赵明月、贾雪：《直销银行，传统银行的互联网利器》，载《决策探索（上半月）》，2013（11）。

式，成立了中国市场上第一家直销银行[①]。北京银行直销银行采用的是“互联网平台+直销门店”的方式，提供线上和线下融合、互通的渠道服务。线上由互联网综合营销平台、网上银行、手机银行、视频对话等多种电子化服务构成；线下采用全新理念建设便民直销门店，其中布放智能银行机、自动柜员机、自动存取款机、自助缴费终端等各种自助设备，配以网上银行、电话银行等多种自助操作渠道。目前，北京银行已在北京、西安、济南等地建立了多家直销门店，拟上线一批简单、便捷、优惠的专属金融产品[②]。2013 年 9 月，民生银行与阿里巴巴合作开展直销银行业务。2014 年 2 月 28 日，民生银行直销银行正式上线。民生银行直销银行主要通过互联网渠道拓展客户，具有客户群清晰、产品简单、渠道便捷等特点。在客户拓展上，民生银行直销银行精准定位“忙、潮、精”的客户群，产品设计上突出简单、实惠。首期主打两款产品，一是“随心存”储蓄产品，确保客户利息收益最大化[③]；二是“如意宝”余额理财产品，对接货币基金，具有购买门槛低、实时支取、日日复利的特点。渠道建设上，充分尊重互联网用户习惯，提供操作便捷的网站、手机银行和微信银行等多渠道互联网金融服务[④]。截至 2014 年 5 月 31 日，上线仅三个月的民生银行直销银行客户总量已达 47 万户，“如意宝”产品申购额超过 470 亿元，保有量 141 亿元[⑤]。目前，民生银行直销银行还只是传统银行在线上业务的一次新的尝试，现阶段也仅是通过“如意宝”之类产品的高收益吸引客户，但是其最终目标是走在传统银行之前，抢占线上客户。从客户特征来看，民生银行直销银行与 ING Direct USA 的客户定位较为接近，都是为具有一些明显特征的客户群体提供服务，提高客户的同质性，降低营业成本。所有这些都基本符合直销银行的特征。当然，民生银行直销银行也还不是完全意义上的直销银行，一个重要的表现就是目前民生银行直销银行还只是作为电子银行部下属的二级部门[⑥]，尽管按照独立银行体系设置，但仍然不是独立的法人机构。2013 年 9 月，上海浦东发展银行与腾讯公司签署了战略合作协议，双方将以共建互联网金融生态圈为核心，以提升用户服务体验价值为诉求，在互联网金融等领域开展互利共赢的多元化全面战略合作。2014 年 1 月，平安集团和百度公司也签署了类似的合作协议[⑦]。2014 年 3 月 27 日，兴业银行也推出了直销银行业务。

① 王雅娟：《直销银行来了：给谁便利 给谁压力》，载《上海证券报》，2013 - 10 - 29（A03）。
② 王雅娟：《直销银行来了：给谁便利 给谁压力》，载《上海证券报》，2013 - 10 - 29（A03）。
③ 何虹：《国外直销银行发展经验及对我国的启示》，载《农村金融研究》，2014（8）。
④ 何虹：《国外直销银行发展经验及对我国的启示》，载《农村金融研究》，2014（8）。
⑤ 《民生银行直销银行抢占市场先机》，载《卓越理财》，2014（6）。
⑥ 赵明月、贾雪：《直销银行，传统银行的互联网利器》，载《决策探索（上半月）》，2013（11）。
⑦ 王雅娟：《直销银行来了：给谁便利 给谁压力》，载《上海证券报》，2013 - 10 - 29（A03）。

未来，在互联网与金融业务日趋融合的背景下，传统银行将会越来越多地选择开设直销银行。随着银行业向民营资本的进一步放开，这种低成本、高效率的商业模式也将受到民营银行的青睐[①]。

不同银行直销银行智能存款业务略有不同，见表4.1。

表4.1　已上线的直销银行情况一览表

直销银行名称	上线时间	业务类型和特点	发展情况
民生银行直销银行	2014年2月28日	主推“如意宝”“随心存”“轻松汇”三款以货币基金、1年期定期存款以及汇款转账为特色的产品[②]。“如意宝”是其发展重点，民生银行高层表示直销银行以后条件成熟将成为独立法人。	2015年5月民生银行直销银行客户超过180万户，如意宝申购超过4 000亿元。
兴业银行直销银行	2014年3月28日	注重直销银行平台建设，主打银行理财、基金代销、定期存款等，技术方面注重用户的体验，主打一键购。	
华润银行直销银行	2014年3月	围绕华润集团自身和上下游展开服务。	
北京银行直销银行	2013年9月18日	在服务渠道上，可提供线上和线下融合、互通的渠道服务。线上渠道由互联网综合营销平台、网上银行、手机银行等多种电子化服务渠道构成，目前主打“更惠存”“更会贷”“更慧赚”“更汇付”四款产品。	
包商银行小马bank	2014年6月18日	涵盖直销银行、智能理财、众筹等主流互联网金融模式[③]。	
上海银行上行快线	2014年7月	类似民生银行直销银行模式，侧重移动端，手机下载软件进行投资。主打“智能存”“惠理财”“安心保”“快线宝”四款产品。	
江苏银行直销银行	2014年8月10日	集支付、中介、销售和生活于一体，只需要在智能手机终端上下载APP，一次注册后，就可以通用“惠多存”“开鑫盈”“放心汇”等多款产品和“容易付”“社区帮”等应用，轻松体验纯线上银行服务。	

① 王雅娟：《直销银行来了：给谁便利 给谁压力》，载《上海证券报》，2013－10－29（A03）。

② 聂国春：《传统银行竞打“直销”牌》，载《中国消费者报》，2014－09－01（B02）。

③ 王雅娟：《直销银行来了：给谁便利 给谁压力》，载《上海证券报》，2013－10－29（A03）。

续表

直销银行名称	上线时间	业务类型和特点	发展情况
平安银行橙子银行	2014年8月7日	橙子银行共有四款主打产品，包括收益灵活的智能存款产品“定活通”、货币基金产品“平安盈”、银行理财产品及依托综合金融优势的新型投资理财产品。	
南京银行你好银行	2014年6月30日	已推出鑫元货币基金产品，还针对具有大额闲置资金短期投资需求的客户推出了专享财富产品季安享、双季盈等中长期理财产品。	
宁波银行直销银行	2014年8月	分为“我要理财”和“我要借款”两大板块。其中，“我要理财”又细分为“稳盈系列”和“直投系列”，分别对接优质货币基金和优选投资项目。	
重庆银行直销银行	2014年7月24日	推出了“乐惠存”、“聚利宝”、“DIY贷”三大产品。其中，前两款都是余额理财或余额增值产品。	
华夏银行直销银行	2014年9月19日	目前主要推出了普惠基金宝、普惠理财宝、普惠多利宝和普惠添利宝四款产品。	
恒丰银行一贯银行	2014年12月1日	该平台基于移动互联网，旨在为客户提供便捷、高效、安全的互联网金融服务。据了解，“一贯”金融平台的第一款产品基于银票质押融资，投资门槛仅为1 000元①。	
南粤银行南粤e+	2014年9月16日	以事业部制运营，相当于一个线上的独立经营单元，与其他分行享有一样的资源分配权。产品类型包括智能存款、互联网货币基金②。	
浙商银行直销银行	2014年11月	主打理财、“如e存”、“新e付”、电子存折、支付e卡五类产品。	
浦发银行直销银行	2014年10月	主要包括理财、基金、存款、商旅、信用卡、实物金几大板块，旨在构建网上金融产品超市。	
富滇银行直销银行	2014年8月	主打“富利快线”产品，“富利快线”对接易方达天天理财货币基金。	

① 董潇：《恒丰银行“试水”直销银行》，载《中华工商时报》，2014-12-03（6）。

② 钟辉：《南粤银行试水直销银行 主打票据理财》，载《21世纪经济报道》，2014-09-23（10）。

目前，民生银行直销银行“随心存”业务系统会自动生成期限 1 年的账户，在此期限内根据存款期限最大化结转利息。平安银行橙子银行的“定活通”业务期限最长为 5 年，投资者可享受到的最高年化利率为 5.225%。

此外，高收益的货币基金产品也成为直销银行的新卖点。在现有的直销银行中，超过一半的直销银行都与第三方基金公司合作，推出了 7 日年化收益率超过 4.0% 的货币基金产品，直接叫板余额宝等互联网“宝宝”类产品。此外，恒丰银行一贯银行则主打票据业务。不难看出，直销银行之战已逐渐进入高潮，竞争将越来越激烈，而不少银行也进入拓宽产品线的阶段。2014 年 12 月，兴业银行直销银行新推“兴业票”，主打以银行承兑汇票为投资标的的票据理财产品，产品购买不设任何门槛，1 元起投，投资周期一般为 1～6 个月，无须手续费，投资者购买当日即起息，参考年化收益率约 5.2%①。同时，江苏银行直销银行与网贷平台开鑫贷达成合作，探索“直销银行 + 多元理财 + 网贷平台”的业务模式，在原有的“惠多存”、“开鑫盈”余额理财产品基础上，新增了开鑫贷的网贷产品。

4.1.3 直销银行案例

富滇银行股份有限公司成立于 2007 年，是云南省省级地方性股份制商业银行。截至 2013 年末，富滇银行本外币资产总额 1 203.36 亿元，实现净利润 12.23 亿元。近年来，电子银行业务发展迅速，截至 2014 年 6 月末，全行电子银行业务交易量达 1 674 亿元，交易替代率为 35.83%。电子银行各项业务指标虽增长速度较快，但有效客户数量占比较低，与先进行相比，仍存在差距。

为推动富滇银行从传统电子银行经营模式向互联网金融经营模式转变，该行积极进行新渠道及产品研发，并于 2014 年初启动直销银行的建设工作。

富滇银行属于区域性城市商业银行，金融市场的竞争异常激烈，在服务模式及产品的建设上更应该提前布局。直销银行因其低运营成本、低人力需求，依赖科技手段可以快速部署，尤其适合中小银行开发新市场。结合国内外直销银行的发展经验分析，该行发展直销银行的模式借鉴和综合了国内外的发展经验，直销银行作为电子银行业务的延伸，采用“互联网平台 + 社区银行”的方式，线上渠道由互联网直销银行综合营销平台、网上银行、手机银行等多种电子化服务渠道构成，线下渠道采用全新理念建设社区银行②，可为客户提供更多的金融产品和服务。

---

① 梁朋涛：《兴业银行直销银行新品迭出“兴业票”上线》，载《经济视点报》，2014－12－18（7）。

② 王雅娟：《直销银行来了：给谁便利 给谁压力》，载《上海证券报》，2013－10－29（A03）。

直销银行通过虚拟网络和线下网点的结合，实现对本行、他行客户不间断的金融服务。业务拓展不以柜台为基础，主要通过互联网、移动终端、自助设备等电子媒介工具，有效突破传统服务限制，将客户引入、业务办理等各银行环节全部囊括在内，形成一种可以覆盖客户全生命周期的新服务模式①，业务逻辑图见图 4. 1。

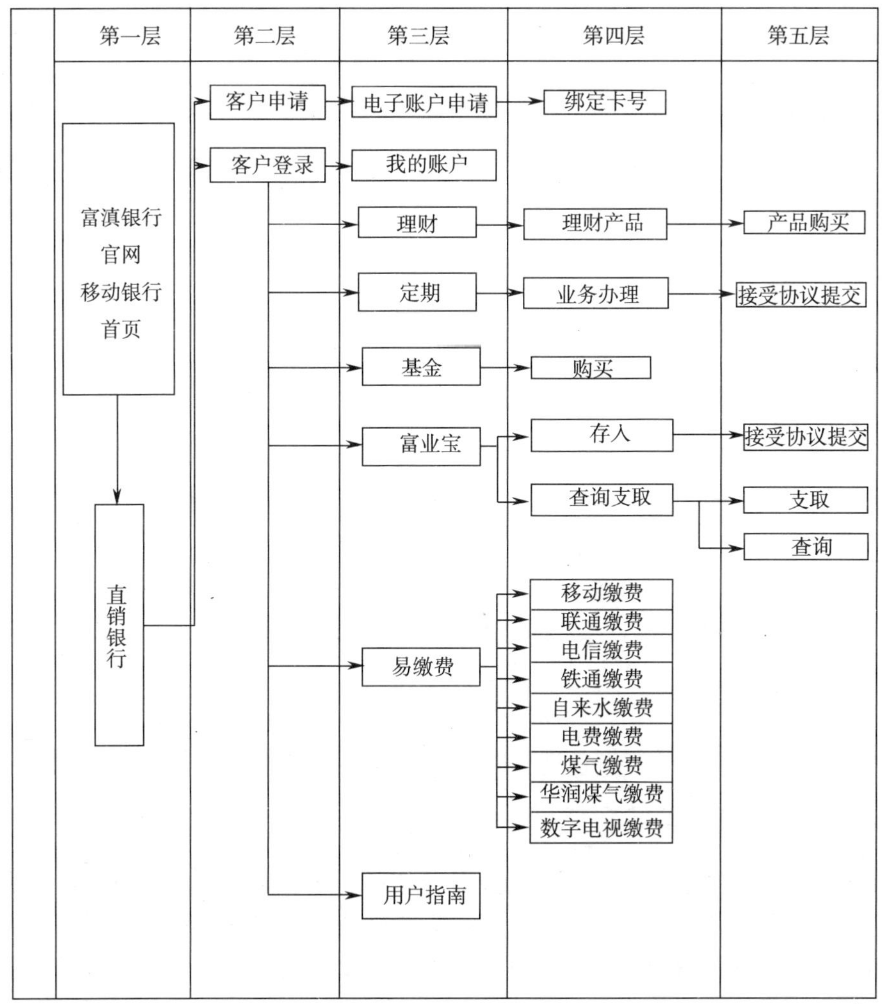

资料来源：富滇银行。

图 4. 1　富滇银行直销银行业务逻辑图

① 闫冰竹：《中国直销银行发展探析》，载《中国金融》，2014（2）。

为积极应对利率市场化和互联网金融的挑战，富滇银行推出货币基金 T+0 产品——“富利快线”。“富利快线”是富滇银行自主研发的投向货币基金的T+0 产品，是一款类余额宝产品，起点低至 1 元钱，收益较活期存款高，客户可通过富滇银行柜台、网上银行、手机银行、直销银行进行申购和赎回，赎回款7×24 小时实时到账，资金转入转出不收取任何手续费，帮助客户实现轻松理财。机构客户的闲置资金也可以享受“富利快线”的便捷理财服务。

“富利快线”是富滇银行推出的首款理财产品，它填补了该行暂无开放式理财产品的空白，也为下一步推出智能理财业务创造了必要条件。该行是全国城市商业银行中正在推进货币基金 T+0 产品的为数不多的银行之一，在西南区域同业市场也具有一定的领先优势，“富利快线”的推出，将有利于提高该行的市场影响力和“富银理财”品牌美誉度。

4.2 手机银行

4.2.1 手机银行定义

手机银行也称为移动银行，指利用手机、PAD 和其他移动设备等实现客户与银行的对接，为客户办理相关银行业务或提供金融服务。手机银行既是产品，又是渠道，属于电子银行的范畴。

从理论上讲，除了现金业务，银行的柜台业务都可以搬到手机银行上来。手机银行的功能可分为标配功能和拓展功能。查询、转账、汇款、缴费、临时挂失等属于标配功能。拓展功能就是在标配功能的基础上发展的基金理财、商业支付、网购等功能。拓展功能的提供，离不开银行后台的支持①。中小银行的这些拓展功能普遍比较薄弱，远远落后于国有银行和全国性股份制商业银行。

4.2.2 手机银行发展现状

国内银行中已经推出手机银行业务的包括：工行、农行、中行、建行、交行等大型银行、全国性股份制商业银行、部分城市商业银行和农村商业银行以及极少数农村合作银行、新型农村金融机构和农村信用社。区域性银行的手机银行基本是网络银行的手机化②。有特色且与中国农村金融相关的手机银行包括无卡取现、农户小额贷款、按址汇款和手机金融等。

---

① 茅斌：《江苏农行手机银行业务营销发展对策研究》，南京农业大学，2012。

② 刘海二、刘利红、易新福：《信息化时代农村金融的困境与出路：手机银行》，载《西南金融》，2013（2）。

手机银行无卡取现首先由交通银行推出，此后广发银行、工商银行等也推出了类似业务。持卡人先要通过手机银行预约 ATM 取款。预约后，凭预约手机号码、预约号及预约银行卡的取款密码，即可实现无卡取款，既无须向 ATM 插入银行卡①。持卡人不仅可以在本人忘记带卡（或银行卡遗失）时应急取现，还可以为远方急需现金的亲友提供便利的取款服务②。并且这项服务使持卡人免于受到不法分子在 ATM 上设置盗卡装置等带来的潜在安全威胁。但无卡取现需要有 ATM 配合，目前主要在城市应用，农村推广得比较少。

手机银行农户小额贷款由农业银行推出，目前仅针对广西、河南惠农卡客户提供专项服务。手机银行农户小额贷款提供自助借款、自助还款、还款试算、合约信息查询、贷款信息查询、还款明细查询等六项基本功能③。这项服务有多赢效果：农民足不出户就能实现贷款，农业银行在降低交易成本的同时拓展了农村市场，政府则解决了金融包容问题。

手机银行按址汇款由邮储银行推出。通过此功能，农户可以按汇款人提供的收款人名址等信息，以投递取款通知单的方式完成汇款。这项服务的意义在于，有些偏远地区的农民没有银行卡，但按址汇款是适用的。

手机银行还可以融合其他金融服务。比如重庆农村商业银行的手机银行将基础金融服务、多领域移动支付应用以及跨行业移动支付运用高度整合。

根据《2014 手机银行市场调查报告》（调查日期为 2014 年 9 月 5 日至 2014 年 10 月 29 日），我们可以看出 2014 年中国手机银行市场的一些关键数据，如图 4.2 所示。

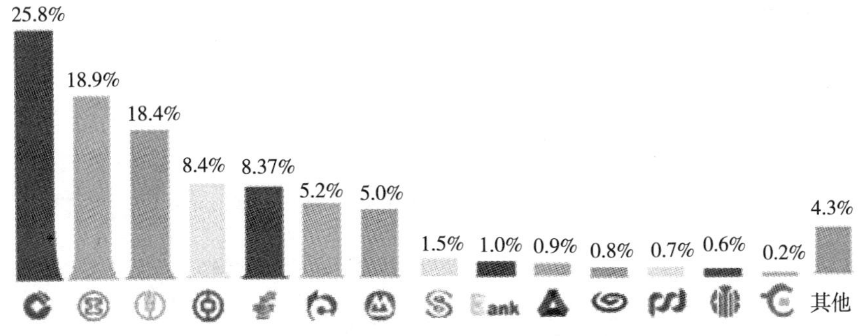

资料来源：《2014 手机银行市场调查报告》。

图 4.2 各银行手机银行用户量对比图

① 刘海二、刘利红、易新福：《信息化时代农村金融的困境与出路：手机银行》，载《西南金融》，2013（2）。

② 李欣悦：《浦发银行哈尔滨分行个人理财营销策略研究》，哈尔滨工程大学，2010。

③ 刘海二、刘利红、易新福：《信息化时代农村金融的困境与出路：手机银行》，载《西南金融》，2013（2）。

建设银行手机银行用户量最高，排名靠前的几乎都是国有银行和股份制商业银行。

36.30%的用户是在营业厅经过银行工作人员推荐认识手机银行的（见图4.3），由此可见，银行工作人员推荐是用户了解手机银行比较有效的渠道。

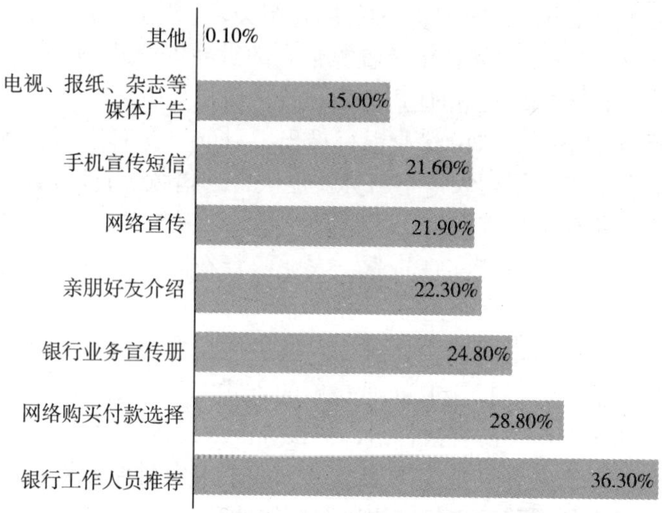

图 4.3 用户认识手机银行渠道对比图

在手机银行众多功能中，用户最常使用的是手机银行的账户查询功能，占比达72.29%，其次是转账汇款和费用充值功能，分别为69.85%和67.92%，见图4.4。

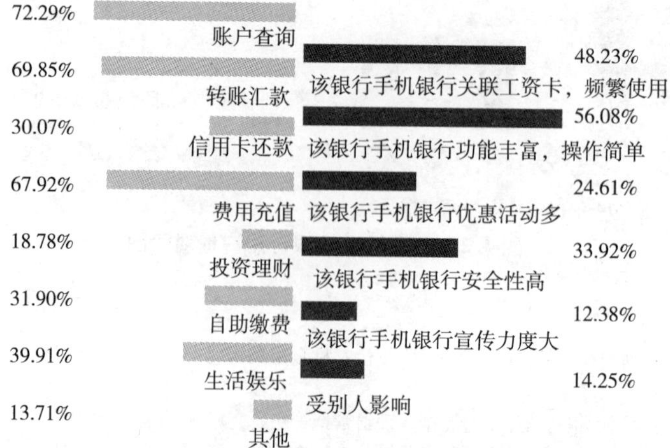

图 4.4 手机银行业务使用状况分析

从图4.5可知，手机银行用户以年轻人群为主，主要集中在20～40岁，大约占七成。与2013年6月的调查结果相比，20～30岁用户的比例显著下降。同时，30～40岁、40～50岁用户的数量显著增加[①]。

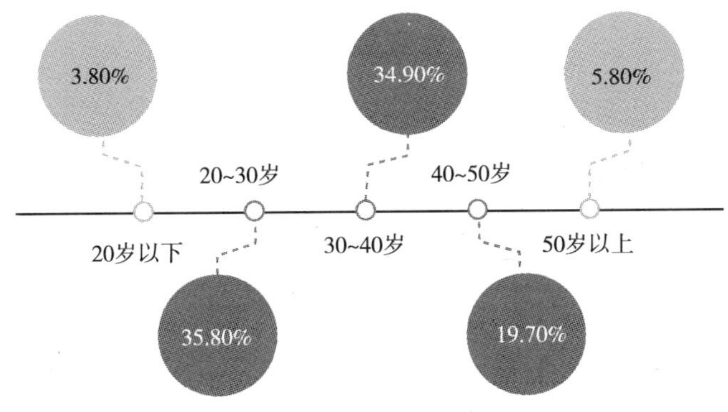

图4.5 手机银行用户年龄状况

从图4.6可知，手机银行用户中本科及以上学历人群占到了64%。数据表明，学历高的用户更容易接受新事物，能够更好地适应新技术、新服务。

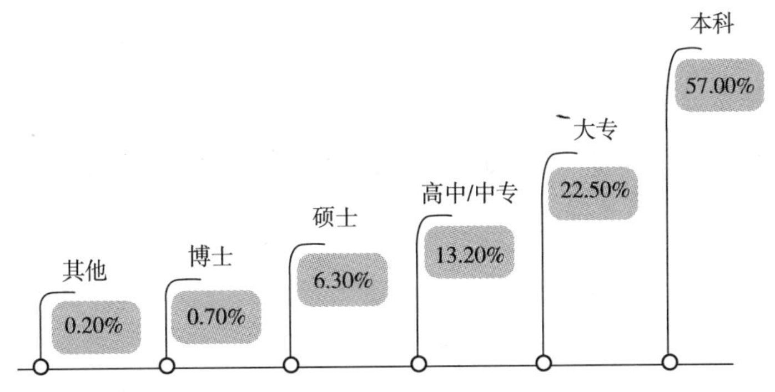

图4.6 手机银行用户学历情况

调查数据显示，2014年手机银行业务在手机网民中的使用率为59.7%，较2013年的51.9%有所提升。同时，手机银行业务正显著地向收入高、购买力强的中年人群扩散。与2013年6月的调查结果相比，30岁以下用户的比例显著下降。同时，30～40岁用户的数量显著增加，2014年比例为34.90%，较2013年（24.3%）上升了10.6个百分点。手机银行用户的成熟和用户结构的优化，预

① 史堃：《手机银行个人客户忠诚度影响因素研究》，西北农林科技大学，2014。

示着此业务良好的发展前景①。

现阶段，平均规模小、人手紧张是中小银行面临的普遍问题，其根本原因就是生产效率较低。很难想象3～5年以后，规模、业务量持续扩张甚至翻番，中小银行将如何应对。因此，发展电子银行将是中小银行的不二选择。电子银行替代率是衡量银行电子银行发展水平的最有力指标。国外的先进银行电子银行替代率普遍超过80%，有的达到90%，国内银行平均在44%，中小银行平均不足30%②。手机银行随时随地的特点是其他任何电子银行产品所不具有的独特优势，具有广阔的发展前景。大力发展手机银行，有利于缩小这方面的差距，提高电子银行替代率，为银行的战略扩张保驾护航。

4.3 电商平台

4.3.1 电商定义③

电商，即电子商务的简称，是指在互联网（Internet）、企业内部网（Intranet）和增值网（Value Added Network，VAN）上以电子交易方式进行交易活动和相关服务活动，是传统商业活动各环节的电子化、网络化④。具体指在因特网开放的网络环境下，基于浏览器/服务器应用方式，买卖双方不谋面地进行各种商贸活动，实现消费者的网上购物、商户之间的网上交易和在线电子支付以及各种商务活动、交易活动、金融活动和相关的综合服务活动的一种新型的商业运营模式⑤。

电子商务包括B2B、B2C、C2C、B2M、M2C、O2O等模式。

4.3.2 电商平台发展现状

目前，一些银行都在自建电商平台，从银行的角度来说，电商的核心价值在于增加用户黏性，积累真实可信的用户数据，从而可以依靠自身数据去发掘用户的需求⑥。伴随着2013年互联网金融发展，电商平台将银行与客户支付进

---

① 薛强：《2014手机银行使用情况调查》，载《金融博览·财富》，2014（2）。

② 张怡：《手机银行业务发展浅析》，载《银行家》，2013（5）。

③ 电商定义来自百度百科。

④ 代晓静：《对电子商务环境下税收问题的探讨》，载《时代经贸（下旬刊）》，2008（3）。

⑤ 陈祖英、姬雪萍：《大学出版社数字出版的问题与对策》，载《电脑知识与技术（学术交流）》，2007（20）。

⑥ 陈明昭：《互联网金融的主要模式及对商业银行发展的影响分析》，载《经济研究导刊》，2013（31）。

行了两端分离，中间支付过程信息沉淀在电商平台，促使银行加速了在电商领域的布局。建设银行推出的“善融商务”、交通银行推出的“交博汇”、工商银行推出的“融 e 购”、农业银行推出的“E 商管家”、中国银行推出的“中银易商”等金融服务平台都是银行信息化的有力体现。是什么驱动着没有互联网基因的传统银行纷纷推广电商平台？在经营模式上，传统的银行贷款是流程化、固定化的，银行从节约成本和风险控制的角度更倾向于针对大型机构进行服务。然而信息技术可以缓解甚至解决信息不对称的问题，为银行和中小企业直接的合作搭建了平台，增强了金融机构为实体经济服务的职能。更为重要的是，银行通过建设电商平台，积极打通银行内各部门数据孤岛，能够形成一个“网银 + 金融超市 + 电商”的三位一体的互联网平台，以应对互联网金融的浪潮及挑战①。

目前，五大国有银行已经齐聚电商领域，并且大部分均遵循了“平台 + 融资”的电商模式。目前来看，五大国有银行推出电商平台主要包括三种模式：第一类是打造“B2B + B2C”平台，并在平台上嵌入融资、理财等金融服务，代表银行有建设银行、交通银行；第二类是仅做 B2B 平台或仅做 B2C 平台，例如农业银行和工商银行；第三类则是中国银行提出的“金融生态圈”概念，推出移动金融应用商店服务。

建设银行最早涉足银行系电商，其“善融商务”上线了 B2B 的企业商城、B2C 的个人商城和房 e 通。目前，建设银行在“善融商务”企业商城的融资中心，已经有 7 款融资服务产品，从纯线上借贷到抵押、担保贷款产品均有涉及。“善融商务”个人商城中还设金融超市，提供理财、基金、贵金属等理财产品。房 e 通则是可申请购房贷款的平台。2012 年，“善融商务”平台交易额突破 35 亿元，每日成交额达 1 700 万元，入驻商户超过 10 000 户。2013 年末，其实现交易额 277. 82 亿元。相较建设银行而言，其他大行如交通银行的“交博汇”，以企业馆、商品馆、金融馆和生活馆为名，分别推出面向 B2B、B2C、金融和生活的服务平台，在企业馆、商品馆、金融馆中提供相应的融资服务和理财服务。“交博汇”2012 年吸引近 5 000 户商户入驻，商户总存款已近 500 亿元人民币。截至 2013 年末，其用户数达 22 000 人，交易额达到 9 665. 91 亿元，比上年增加 94. 22%。农业银行“E 商管家”仅提供 B2B 的平台，为核心企业及其下游经销商提供交易平台，截至 2013 年末，“E 商管家”商户数达到 8 212 家，交易额达到 8 280 亿元，其中农企过半。工商银行的“融 e 购”则仅提供 B2C 服务，“融 e 购”上线半年已经超过了知名电商发展速度，注册客户达 550 万人，签约商户

① 陈明昭：《互联网金融的主要模式及对商业银行发展的影响分析》，载《经济研究导刊》，2013 (31)。

1 600 余户，累计交易额 155 亿元，日均交易额 7 000 万元。2013 年中国银行也推出“中银易商”网络商务平台，包括在线产业链金融、在线微金融、在线商城等，为客户提供在线信息服务、在线撮合、在线交易、在线融资、跨境服务等①。表 4.2 整理归纳了五大国有银行电商平台的情况。

表 4.2　五家大型银行电商平台一览表

电商名称	上线时间	主要产品	业务规模
建设银行“善融商务”	2012 年 6 月	企业商城（B2B）、个人商城（B2C）和房 e 通，涵盖商品批发、商品零售和房屋交易等领域。	2012 年，“善融商务”平台交易额突破 35 亿元，每日成交额达 1 700 万元，入驻商户超过 10 000 户。2013 年末，其实现交易额 277.82 亿元。
交通银行“交博汇”	2012 年 8 月	商品馆、企业馆、生活馆、金融馆，通过四馆的业务联动，覆盖企业及个人电子商务的综合需求②。	“交博汇”2012 年吸引近 5 000 户商户入驻，商户总存款已近 500 亿元人民币。截至 2013 年末，其用户数达 22 000 人，交易额达到 9 665.91 亿元，比上年增加 94.22%。
农业银行“E 商管家”	2013 年 4 月	包括多渠道支付、财务管理、销售管理、订单管理、物流管理、客户管理和统计分析等功能。	截至 2013 年末，“E 商管家”商户数达到 8 212 家，交易额达到 8 280 亿元，其中农企过半。
中国银行“中银易商”	2013 年 9 月	包括易金融、泛金融、非金融、自金融四个维度。以金融应用接入、金融应用商店、虚拟开发测试平台为主体的一揽子互联网金融方案。	—
工商银行“融 e 购”	2014 年 1 月	定位是打造消费和采购平台、销售和推广平台、支付融资一体化的金融服务平台。	上线半年已经超过了知名电商发展速度，注册客户达 550 万人，签约商户 1 600 余户，累计交易额 155 亿元，日均交易额 7 000 万元。

除了五大国有银行单独成立电商平台外，股份制商业银行和城市商业银行、农村商业银行多以银行网上商城和信用卡商城的形式运作，一方面可以积分兑

① 黎重阳：《升级改版新网银 城商行角力新金融》，载《杭州金融研修学院学报》，2014（2）。

② 杜金：《打造“智慧银行”：抢占未来竞争的战略制高点》，载《金融时报》，2013－09－12（5）。

换礼品，另一方面可以分期购物。在传统的网上商城模式中，各家银行的选择基本相同，其功能除了针对本行客户的B2C销售，实现客户购物，也有主推信用卡分期销售的B2C模式，使用本行信用卡可以选择分期付款[①]。股份制商业银行中的民生银行单独成立了民生电商（自身也有民生商城），招商银行推出了“非常e购”，浦发银行推出网上商城，兴业银行推出兴业商城，中信银行、招商银行、平安银行、光大银行、华夏银行、广发银行等都在以信用卡商城形式构建自己的B2C模式。农村商业银行更是异军突起，电商做得比股份制商业银行还要轰轰烈烈。北京、天津、上海、深圳等多家农村商业银行纷纷成立了独立电商。其中，上海农村商业银行2013年10月28日上线的“鑫e购”采取自营商户和联营商户相结合的经营模式，粮食、生鲜、茶叶等均有涉及。天津农村商业银行上线不久的“优乐农选”也是主要销售生鲜蔬果、绿色食品、杂粮干货、地方特产等农副产品。目前，大多数农商系电商都以农副产品为主要卖点，但包括北京农村商业银行、深圳农村商业银行在内的多家旗下电商都向综合类电商发展，各种百货都有。

目前，银行系电商普遍不能盈利。那么，银行拼命贴钱做电商，究竟意义何在？答案离不开银行的主业，就是金融。银行做电商的目的有三个。第一，银行希望借电商吸引更多客户，获得更多客户数据。银行就是用便宜的商品吸引客户。银行此前靠物理网点吸引客户，现在通过电商把客户链条吸引到银行里，这就是银行开电商的价值。此外，银行如今普遍信奉大数据，电商则是获取客户数据的绝佳平台。通过交易信息，可以获知一个人的网上消费行为习惯，从而判断其收入水平，利用大数据进行授信额度分析。阿里为什么如今不断强调自己的数据挖掘能力，甚至开始向征信行业进军，就是因为淘宝和天猫积累了无数珍贵数据。第二，银行希望借此发展供应链金融。和阿里金融、京东金融类似，银行希望通过做销售和购买的交易平台，给上下游供货企业和客户提供贷款。目前，阿里和京东的供应链金融都来势汹汹，体量巨大。其中，阿里已经摆脱了银行，依靠蚂蚁金融（前阿里金融）旗下的三家小贷公司提供资金。而京东目前依旧和银行合作，银行依赖京东提供客户源，发放贷款。但京东目前已经推出自己的信贷产品京保贝，逐渐试图脱离银行。银行看到，依赖电商企业获得客户是很被动的，自己做电商也是变被动为主动的方法。第三，银行希望将现在的百货电商发展为网上金融超市。最终银行还是希望利用这个平台销售银行的金融产品，未来希望在这个平台上办信用卡、理财、做P2P、发放贷款一体化。电商的客户很活跃，以工商银行“融e购”为例，半年吸引550万

① 杜金：《打造“智慧银行”：抢占未来竞争的战略制高点》，载《金融时报》，2013-09-12（5）。

用户，这是物理网点不可能做到的。有了如此活跃的平台，未来就可以在网上开展金融产品销售，一定程度类似直销银行。

4.4　P2P 网络借贷

P2P 网络借贷定义已经在前面章节作过介绍，本节将主要介绍一下国内商业银行 P2P 网络借贷业务的开展情况。

4.4.1　P2P 网络借贷发展现状

利率市场化的推进，让银行开始偏向小微来获得更高的信贷定价，P2P 网络借贷业务成为银行锁定的一大互联网化方向。招商银行于 2013 年 4 月正式推出了面向小企业服务的“小企业 e 家”，其设置的投融资板块与目前 P2P 网络借贷操作模式无异，被认为是银行试水 P2P 网络借贷的先例。银行之所以纷纷试水 P2P 网络借贷，主要的目的在于探索小微企业融资渠道的拓展，增加客户对银行的黏性。同时，银行在风险管理等方面也具有相应的优势。但由于 P2P 网络借贷监管细则还未出台，政策风险依然是银行涉足 P2P 网络借贷所考量的因素之一。

目前银行系 P2P 网络借贷平台有三种模式：一是银行自建 P2P 网络借贷平台，如招商银行“小企业 e 家”；二是由子公司投资入股新建独立的 P2P 网络借贷公司，如国开金融设立的“开鑫贷”；三是银行所在集团设立的独立 P2P 网络借贷公司，如平安集团陆金所①。

进入 2014 年下半年，银行系 P2P 网络借贷平台上线速度明显加快。截至 2014 年 11 月底，银行系 P2P 网络借贷平台至少已有 10 个，分别是平安集团的陆金所、招商银行推出的“小企业 E 家”、国家开发银行参与投资设立的“开鑫贷”和“金开贷”、民生银行旗下的民生电商推出的民生易贷、包商银行的小马 bank、兰州银行的“e 融 e 贷”、青岛银行的“财富 e 屋”、宁波银行直销银行的投融资平台、齐商银行的“齐乐融融 E”、江苏银行直销银行的“融 e 信”。对于银行系进入 P2P 网络借贷行业的冲动，业内人士认为，这只是开始，未来将有更多的银行会加入 P2P 网络借贷阵营。据了解，2015 年预计将有超过 30 家银行进入 P2P 网络借贷行业。

---

① 刘飞：《银行系 P2P 悄然崛起》，载《华夏时报》，2014－06－26（13）。

表 4.3 **2014 年银行系 P2P 网络借贷平台运行情况**

月份	成交量（亿元）	月环比增长（%）	运营平台数量（家）	月环比增长（%）	当月问题平台数量（家）	累计问题平台数量（家）	贷款余额（亿元）	综合利率（%）	平均借款期限（月）	当月投资人数（万人）	当月借款人数（万人）
1	6.45	14	3	-100	0	0	35.21	8.21	31	1.35	0.19
2	4.20	-35	3	0	0	0	40.21	8.26	31	0.94	0.11
3	6.89	64	3	0	0	0	45.31	8.29	30	1.32	0.19
4	5.38	-22	3	0	0	0	48.57	8.21	30	1.09	0.16
5	5.39	0	4	33	0	0	54.26	8.37	29	1.13	0.17
6	6.72	25	5	25	0	0	55.21	8.32	29	1.26	0.28
7	8.21	22	6	20	0	0	57.38	8.38	27	1.55	0.34
8	16.45	100	7	17	0	0	65.21	8.32	27	3.45	0.60
9	16.59	1	7	0	0	0	72.27	8.36	26	4.22	0.56
10	15.51	-7	7	0	0	0	88.92	8.53	26	3.73	0.61
11	22.45	45	10	29	0	0	106.31	8.11	25	5.80	0.97

资料来源：网贷之家。

表 4.4 **2014 年 11 月各类 P2P 网络借贷平台运行情况**

类型	成交量（亿元）	月环比增长（%）	运营平台数量（家）	月环比增长（%）	当月问题平台数量（家）	累计问题平台数量（家）	贷款余额（亿元）	综合利率（%）	平均借款期限（月）	当月投资人数（万人）	当月借款人数（万人）
银行系	22.45	45	10	29	0	0	106.31	8.11	24.56	5.80	0.97
国资系	6.28	36	14	17	0	0	23.23	9.73	5.29	1.62	0.27
上市公司系	10.31	43	15	67	0	0	23.54	10.45	8.59	2.66	0.45
风投系	51.25	13	26	13	0	0	154.10	13.04	10.75	13.24	2.22
民营系	222.95	893	1 475	6	40	275	589.23	18.33	4.32	57.58	9.64

资料来源：网贷之家。

比较表 4.3 和表 4.4 可知，2014 年初，银行系 P2P 网络借贷平台只有 3 家，到了 2014 年底已经发展到 10 家。银行系 P2P 网络借贷平台暂未出现问题平台，综合利率维持在 8% 以上，相比其他类型 P2P 网络借贷平台，综合利率偏低。平均借款期限在 24 个月以上，要远远长于其他类型 P2P 网络借贷平台。贷款余额和成交量要低于民营系和风投系 P2P 网络借贷平台，但民营系 P2P 网络借贷平台成立较早，且数量众多，银行系 P2P 网络借贷平台的单一平台交易规模要远高于其他各类 P2P 网络借贷平台。

银行开展 P2P 网络借贷业务具有以下优势。首先，相对于草根 P2P 网络借贷平台而言，银行系 P2P 网络借贷平台风险非常低，它们的后台银行从事信贷业务更专业、更可靠，投资者完全不用像投资草根 P2P 网络借贷平台一样，担心平台跑路。其次，在客户数量和标的供应量上，银行系 P2P 网络借贷平台更有优势。银行客户群庞大，几乎不用担心客户资源和标的的问题①。草根 P2P 网络借贷平台则需要以很高的年化收益率来吸引投资者。几乎所有草根 P2P 网络借贷平台都背离了其平台的中介属性，靠高年化收益率吸引投资，然后搞资金池自己发放贷款，一旦借款人不足，就很容易形成金融风险，导致跑路。银行系 P2P 网络借贷平台不用担心此类问题。最后，银行系 P2P 网络借贷平台在技术上也很有优势。在金融安全方面经过多年的经营，银行具备了强大的防黑客及网络流氓等风险的能力，而且由于工作人员素质相对较高，内部后台管理员风险能够控制在相对较低的范围。

银行涉足 P2P 网络借贷也只不过在试水阶段，还有很多难题没有解决。首先，银行复杂的贷款审核体系制约着 P2P 网络借贷业务的开展。由于银行复杂的体系，在贷款的审核上，必然存在程序复杂、进度缓慢的问题，可能导致急需资金的借款人另觅他方。而 P2P 网络借贷平台的高效、便捷等特性是其受到广大投资者青睐的重要原因之一，也恰恰是银行系 P2P 网络借贷平台不易解决的难题。其次，设置产品的投资门槛高低也是个难题。如果银行系 P2P 网络借贷平台不设定投资门槛或者仅仅设定一个较低的门槛，那么，对其传统的存款业务会造成相当大的冲击甚至冲突，无异于自断手臂；而如果设定一个较高的门槛，则会流失许多 P2P 网络借贷的投资小户。草根 P2P 网络借贷平台的优势是基本不设金额门槛或者只是象征性地设定一个非常低的金额门槛，以此吸纳了许多小户投资。最后，年化收益率设定的问题。如果年化收益率设定跟草根 P2P 网络借贷平台持平，达到 14%，甚至 20% 以上，那么就会对银行线下固有的存款业务造成致命的冲击；如果年化收益率跟线下柜台的存款业务持平，那么又吸引不了投资。从招商银行和民生银行已有的类似项目来看，年化收益率在 6% ~8%，只是略高于银行理财产品和余额宝等“宝宝”类产品，与草根 P2P 网络借贷平台收益差距较大。

4.4.2 招商银行搭建 P2P 网络借贷平台案例

2013 年 9 月，招商银行的小企业融资平台“小企业 e 家”上线，名为“e +

① 毛宇舟：《银行系 P2P 产品中秋销售遇冷 民生易贷“如意 13 号”一天仅卖一万元》，载《证券日报，2014 - 09 - 09（B02）。

稳健融资项目”的投融资平台上线。这个平台与常见的 P2P 网络借贷平台设计类似，境内法人或其他组织可以在这里进行注册并投融资，最小投资单位 1 万元[①]。招商银行做这样的平台，可以拓宽中小企业的融资渠道，也可以顺应目前互联网金融的发展势头，是一个比较大的尝试[②]。项目金额最小的 58 万元，最大的 5 000 万元，融资期限 177 ~ 182 天，预期收益率在 6.1% ~6.3%。截至 2013 年 10 月，已经完成 6 期项目发行、融资，融资 1.29 亿元。但到 2013 年 11 月，该业务平台突然被暂停。曾经有一位业内人士透露，招商银行 P2P 网络借贷平台业务被暂停的主要原因是平台担保问题，不过该信息一直未得到招商银行证实[③]。2014 年 2 月上旬，此 P2P 网络借贷平台高调重启，平台上推出的产品很快被抢购一空。

该平台虽然未见大肆宣传，但是从投标记录可以看出，满标速度非常快，这些项目都会经过招商银行方面的筛选，并不是每天都会有项目发出。这个平台增加了小企业的融资渠道，也是一种新型的融资方式。

2013 年 9 月该平台刚推出融资项目时，所有项目信用认证均标注“本息安全”，即通过安全对接银行兑付凭证保证投资人一定比例的资金兑付。招商银行对银行兑付凭证的解释是“由银行兑付凭证有效支持融资方按时归还本金、利息，即银行兑付凭证到期后，投资人将得到由银行兑付的确定资金。”不过暂停之后，上述“本息安全”标注已经消失。招商银行曾回应称不存在被叫停的情况，而是试运营告一段落，招商银行是在根据试运行有关情况对投融资平台的技术架构、业务流程、用户体验等方面进行优化和升级[④]。

从投资人的角度看，大部分投资人是冲着招商银行的金字招牌来的，因此才能接受招商银行 P2P 网络借贷比行业平均水平低得多的收益率（7% 左右）[⑤]。但招商银行在项目融资方和投资者之间只是提供平台以及相对有限的前期审核和风险控制，在融资方未如期还款时不承担任何责任。而且平台上只能找到对投资项目的介绍，简单显示融资方所属行业，而对融资方的资质、费用等情况却无从得知。投资者也没法了解招商银行对融资方是否像银行贷款一样做贷后

---

① 游寰臻：《传统银行竞相涉水 P2P 网贷 野蛮疯长亟须监管跟进》，载《通信信息报》，2013－10－23（B03）。

② 游寰臻：《传统银行竞相涉水 P2P 网贷 野蛮疯长亟须监管跟进》，载《通信信息报》，2013－10－23（B03）。

③ 钟辉、李洁雪：《或因“银行兑付凭证”涉平台担保 招行 P2P 平台被暂停》，载《21 世纪经济报道》，2014－01－14（10）。

④ 钟辉、李洁雪：《或因“银行兑付凭证”涉平台担保 招行 P2P 平台被暂停》，载《21 世纪经济报道》，2014－01－14（10）。

⑤ 张苧月：《招行版 P2P 重启“冷”思考：缺乏新意与透明》，载《上海证券报》，2014－02－26（A07）。

跟踪，以保证资金的实际用途以及控制未来的还款风险。业内专家认为，招商银行 P2P 网络借贷项目的信息透明度较低或是因为其消化的大多是招商银行的线下存量客户①。

从融资人的角度看，招商银行 P2P 网络借贷的融资成本不高，但从融资金额、经营模式、融资期限和担保物等方面看，这个模式不适用于大部分中小企业。真正意义上的 P2P 网络借贷平台，是通过互联网最大限度地减少信息不对称，让融资服务更加透明，来降低融资者的成本、降低融资的门槛。而招商银行的 P2P 网络借贷，从其发布的投资标的金额来看，最少的融资金额 96 万元，更多的几百万元到一千万元；从已经融资成功的标的看，融资期限多在 3 个月左右，且都是以应付账款作担保，借贷资金多是用做企业短期流转。招商银行 P2P 网络借贷平台更多的还是依靠线下，利用互联网整合线下融资方，相当于把传统的信贷业务搬到互联网上，并未体现互联网金融的真正意义，也无法解决更多小微企业的资金需求②。

4.5 移动支付

移动支付定义已经在前面章节作过介绍，本节将主要介绍一下国内商业银行移动支付业务的开展情况。

根据《2014 年第三季度支付体系运行总体情况》，2014 年第三季度银行共发生移动支付业务 12.84 亿笔，金额 6.16 万亿元，同比分别增长 157.81% 和 112.70% 。银行移动支付业务主要是各商业银行的手机银行业务，包括话费充值、公共事业缴费、跨行转账、信用卡还款、游戏充值、彩票购买、电影票购买、机票预订、银行手机商城购物等，跨行转账占据了大部分份额。

通过手机银行进行跨行转账只是将原本在银行柜台或网上银行办理的业务转移到手机端办理，对银行贡献不大。我们要讨论的银行移动支付，主要指银行客户通过手机进行消费，银行可以获取客户的交易数据的支付种类。上述话费充值、公共事业缴费、游戏充值、彩票购买、电影票购买、机票预订、银行手机商城购物都属于我们要讨论的范畴。

目前移动支付主要分为远程支付和近场支付两类，由于几大互联网公司已经打造了足够丰富的互联网消费场景，所以远程支付几乎都被几大互联网公司

---

① 张苧月：《招行版 P2P 重启“冷”思考：缺乏新意与透明》，载《上海证券报》，2014－02－26（A07）。

② 张苧月：《招行版 P2P 重启“冷”思考：缺乏新意与透明》，载《上海证券报》，2014－02－26（A07）。

旗下的第三方支付公司垄断，银行很难再使客户通过银行的远程支付进行网络购物。近场支付由于技术尚不完善，仍处在蓝海地带，银行尚有时间进行布局。目前浦发银行、招商银行、平安银行、光大银行、中国银行、建设银行、中信银行、农业银行、青岛银行、广发银行、民生银行、交通银行、浙江省农村信用社、北京银行、上海银行、宁波银行、兰州银行、南充市商业银行、江苏银行、徽商银行、南昌银行、黄河农村商业银行、常熟农村商业银行、苏州银行、泉州银行、西安银行、云南省农村信用社联社等都已与中国移动、中国联通、中国电信等运营商开展了 NFC 近场支付方面的合作。

2014 年 3 月人民银行下发了《中国人民银行关于手机支付业务发展的指导意见》征求意见稿，这是央行首次下发关于手机支付业务的指导意见稿。意见指出，支付机构不得为付款人和实体特约商户的交易提供网络支付服务。目前银行卡、预付卡在线下实体特约商户的使用与受理安全标准严密、业务规则完整①。这意味着刚萌芽的二维码线下支付可能被扼杀②。如果指导意见最终落实，将打压支付宝、财付通等第三方支付机构的 O2O，这对银行参与到 O2O 之中具有正面意义，如果第三方支付不允许参与线下移动支付，那么银行在近场支付方面将占有绝对优势。

根据以上分析，建议商业银行从以下两个方面入手开展移动支付业务：第一，丰富远程支付应用场景，完善手机银行功能，添加更多可以促进银行客户在手机端消费的功能和产品；第二，大力发展近场支付业务，通过近场支付使银行成为 O2O 生态圈中的一环，通过大数据分析技术分析客户海量交易数据，创造新的商业价值。

4.6 其他

商业银行还在其他很多方面进行了互联网金融创新，下面仅对影响较为广泛的几个创新产品作简要介绍。

1. 中信银行虚拟信用卡。2014 年 3 月，中信银行分别与阿里和腾讯合作，推出虚拟信用卡业务。一是做到了 1 分钟完成信用卡审批，即时可用；二是利用了大数据技术进行风险评级，确定授信额度；三是引入了众安保险作为合作方，首次在信用卡领域引入保险模式，以降低客户信用风险及银行资产风险。

---

① 支玉香：《央行“狠招”继续 第三方支付机构遭“围剿”》，载《21 世纪经济报道》，2014-03-17（9）。

② 支玉香：《央行“狠招”继续 第三方支付机构遭“围剿”》，载《21 世纪经济报道》，2014-03-17（9）。

消费者在支付宝钱包内关注中信银行公众号，通过公众号在线申请，即时审批，申请获准后，将所获得卡号在线开通支付宝快捷支付，即可进行网购、移动支付等各种消费①。

2. 招商银行“一闪通”。2014 年 12 月 10 日，招商银行在北京宣布其移动金融产品“一闪通”正式上市。“一闪通”首次实现了手机与银行卡真正意义上的合二为一，客户不仅能够通过手机进行大额、小额安全支付，还能够通过手机办理 ATM 存取款和网点业务等，也是全球首款基于手机的涵盖线上、线下、大额、小额等各种应用场景的全功能移动金融产品②。首批支持华为荣耀 6 Plus、OPPO N3、OPPO N1 mini 和三星 Galaxy Note4。“一闪通”突破了移动支付的范畴，将银行卡的所有功能集成到手机中，客户只需要掏出手机，就可以闪电般轻松办理所有银行业务③，“万千金融事，招行一闪通”。如果说招商银行“一卡通”吹响了中国金融电子化的号角，“一网通”全面开启了中国银行业的互联网时代，“一闪通”则将开启银行无卡化时代，再次领跑移动金融行业。

3. 平安“壹钱包”。它是中国平安旗下平安付推出的移动支付客户端。使用“壹钱包”可以在线上和线下丰富的应用场景中消费支付，获得中国最大通用平台万里通的积分，还可以用“活钱宝”实现现金增值管理，平安集团客户可以用“借钱宝”获得消费额度。“壹钱包”还有社交支付功能，可以和好友聊天、转账、召集群活动、AA 制等。“壹钱包”致力于给用户带来简单、安全、便捷、有趣的移动社交支付体验。

4. 中信银行“薪金宝”。它是由中信银行联合基金公司于 2014 年 7 月 23 日推出的，目的是在第二代货币基金基础上全面升级，开启货币基金 3.0 时代。“薪金宝”的特色在于申购赎回全自动模式及支付取现功能。客户申办中信银行借记卡后，再设定一个不低于 1 000 元的银行活期存款保底余额，系统便可以自动申赎“薪金宝”货币基金。当账户余额超出设定的最低金额时，超出部分将自动转化为货币基金，赚取收益；同时客户无须进行赎回操作，可通过刷卡消费和 ATM 取款、转账功能自动赎回。

---

① 《阿里和腾讯推网络信用卡 各计划首批发放 100 万张》，载《金卡工程》，2014（3）。

② 《招商银行》，载《时代金融》，2015（1）。

③ 《城乡月报》，载《新城乡》，2015（1）。

5 中小银行互联网金融的创新策略

5.1 中小银行互联网金融创新条件分析

中国现有金融体制体系的特点，决定了中国比西方发达市场国家互联网金融跨界侵蚀传统金融领域的积极性更高、服务增值效果更好。对平台用户而言，由于金融抑制，广大中小微企业和社会公众获得的金融服务仍非常有限，融资难、融资贵、投资渠道少等问题一直比较突出，社会上存在着巨大的金融需求。对平台企业而言，由于金融管制，金融领域还存在着诱人的盈利空间，平台有着较大的跨界动力。在金融牌照管理和监管滞后的情形下，跨界金融成为水到渠成的经济行为和市场选择①。

银行也不缺乏信息技术应用的基因。纵观中国金融业的发展，从 20 世纪 80 年代起，伴随着金融电子化的进程，计算机已经在金融业广泛运用；90 年代后期，利用现代通信技术和互联网，电子银行已经起步并逐渐成熟，金融行业对计算机、现代通信技术和互联网的全面广泛应用，都称得上是领先者。

互联网和移动互联技术的广泛应用，深刻地改变着人们的生产方式、生活方式、行为方式和思维方式。银行业的发展，自然也必须要适应互联网相关技术发展所带来的种种变化和影响，信息技术金融领域的应用，实现了业务方面的跨界融合，银行需要以积极的姿态主动面对新的发展环境、迎接新的挑战。

5.1.1 中小银行较互联网公司发展互联网金融的优势对比

互联网金融的优势体现在：服务半径广，打破了时间和空间上的限制，大幅度降低了金融消费者的时间成本；边际成本极低，服务成本的降低使得一直被忽视的“长尾”群体的金融需求得到了满足②，提高了客户覆盖率；极致的客户体验提升了客户的满意度；强大的信息处理能力，互联网将金融主体的金融行为变得更有逻辑和更容易辨别。

互联网金融的实质是金融，互联网只是其载体。互联网金融颠覆的是商业

---

① 曹乾：《互联网企业跨界金融的思考》，载《中国城乡金融报》，2014－10－16（A03）。

② 马蔚华：《互联网时代银行蝶变》，载《上海证券报》，2014－05－27（A01）。

银行的传统运行方式，而不是金融的本质。金融的本质在于提高社会资金配置效率。所以传统银行与互联网金融各有优势①。

相比传统银行，互联网公司在发展互联网金融方面具有以下优势：

1. 支付渠道优势。互联网公司根据不同应用场景，建立了第三方支付结算渠道，割裂了银行与客户间办理资金流转的联系，减少了客户对银行的黏性。

2. 网络资源优势。互联网公司在发展互联网业务过程中积累了动辄就是上万人的网络流量，这是现实物理人群的集合无法比拟的。这也是互联网公司在互联网金融业务上得以快速发展的关键。

3. 拥有大数据优势。互联网公司经过长期的业务信息积累，沉淀了海量数据，在这些杂乱无章的数据集合里，通过数据挖掘分析，对客户的行为习性找出规律，这是传统金融机构无法做到的。在云计算时代可以把杂乱无章的信息收集起来变为有用的数据资源、数据价值、数据金矿，而互联网公司正在有效利用数据资产。

数据技术为银行了解认知客户、识别信用风险提供了新的方法，为银行拓展服务深度和广度提供了可能，包括数据收集、存储、挖掘，为客户提供差异化、个性化、满足其真止所需的服务，同时也对发现潜在客户、培育新客户提供了新的手段。银行不是没有数据，而是没有把数据利用好。银行的组织结构决定了部门间壁垒森严，各个部门间没有数据共享机制，没有有效利用起已有的数据资源。银行在如何获取更加全面、大量的数据，如何在数据中发现、挖掘出更有价值的信息方面，需向互联网公司学习。

4. 满足客户多元化需求。单一的金融产品已经远远无法满足客户的需求，互联网公司正是看重传统银行没有能力服务的客户群体，满足其极致、简单化的金融服务需求，打造了互联网金融的高潮。面对新的形势，银行需充分发挥其不同业务条线、不同产品部门、不同区域分行的整合联动优势，为客户提供支付结算、财富管理、理财投资、信贷融资、现金管理等丰富多元的金融产品和服务，为客户量身定制个性化、综合化的金融服务解决方案②。

5. 系统灵活设计的优势。互联网金融是用互联网的思维规划和建设信息系统，没有传统银行沉重的系统包袱，系统开发建设轻便灵活。开发方法往往选择敏捷型，而摒弃银行通常采用的瀑布型。互联网的创新正快速改变着客户的行为习惯、思维习惯，改变着整个社会。互联网产品开发具有“专注、极致、口碑、快速”的特点，银行信息系统的建议也要适应这种变化，迎合客户不断增长的金融产品需求。

---

① 马蔚华：《互联网时代银行蝶变》，载《上海证券报》，2014－05－27（A01）。

② 《互联网金融与商业银行可共生共荣》，载《上海金融报》，2014－06－17（A07）。

互联网能够提供海量的数据，却不能解决人和人之间的信任问题，有效的信息、人性化的渠道和现实的信任，正是网络时代最需要的。银行拥有广泛的客户资源，有较受公众认可的信赖感，还有相当完善的物理和电子渠道。凭借这些资源，银行作为信用、支付和渠道媒介的功能将进一步强化①。相比互联网公司，银行在经历了多年的发展后，也形成了很多难以替代的优势，具体体现在：

1. 银行牌照优势。银行依据规章制度的要求，具有各种经营牌照许可，是金融领域的正规军，有法律地位，同时更容易赢得客户的信赖。另外，以五家大型商业银行为首的商业银行具有国家信用隐性担保，在凭借存款安全性吸引储户方面具有其他金融机构不可比拟的优势。

2. 客户基础优势。银行从传统物理网点发展而来，客户自然成为银行发展的基础，在银行业务发展过程中积累了金融产品消费客户群体。中国的金融体系长期以间接金融为主，银行一家独大。在长期的发展过程中，银行积累了大量的优质客户资源和客户信息，并且通过商业活动、业务指导与客户共生共荣。稳定的商业关系是银行的核心竞争力。

3. 服务网络优势。互联网金融是互联网与金融共生、竞合的生态，深刻地改变了银行业发展格局，但其本质仍然是金融，单纯的互联网无法满足所有客户特别是高端客户的专业化、复杂化、更为特性化的金融需求②。银行相较于互联网公司，拥有物理网点服务的网络优势，通过互联网线上与线下相结合的服务模式，更能对不同的客户群体提供差异化金融服务。

4. 资金供给优势。银行的立行之本是存款，因此其资金供给很充沛。银行业可以利用资本、批发客户资源、信用和风控能力等优势，一旦能够充分利用其互联网平台，将已有的经验与新兴技术更有效地结合，就会获得新的发展机会和腾飞的机遇③。目前看来，中国互联网金融体量尚不及全部金融体量的1%，不及银行金融体量的2%。相比银行百万亿元计的资产，互联网金融的规模微乎其微。

5. 风险管控优势。商业银行是承担风险并通过管理风险获得收益的企业④，银行在经营货币业务过程中，发展始终与风险并存。银行的经营活动必须在确定的风险偏好指导下进行，这个过程既是风险管理过程，也是风险收益创造的过程。银行的发展也为其在控制风险上积累了丰富的经验，这也是互联网公司

① 李克：《深度融合网络金融手段 打造中国最佳零售银行——访广发银行股份有限公司网络金融部总经理方琦》，载《中国金融电脑》，2013（12）。

② 姜欣欣：《中小银行需主动应对互联网金融挑战》，载《金融时报》，2014－03－10（11）。

③ 姜欣欣：《中小银行需主动应对互联网金融挑战》，载《金融时报》，2014－03－10（11）。

④ 宋文峰：《商业银行信用风险压力测试系统设计和实现》，山东大学，2012。

所欠缺的。

6. 产品组合优势。银行的发展伴随着各种金融产品的创新，从最基本的存款、贷款业务到金融衍生产品的开发，都是银行的专业领域，相比互联网公司跨界经营金融产品，银行具有先天优势。

5.1.2 中小银行较大银行发展互联网金融的优势对比

与大银行相比，中小银行规模较小，资本实力和技术力量薄弱，经营地域、范围和业务品种受限，目标客户定位比较集中，资产结构相对比较单一。而且不少中小银行还存在资本金不足、管理水平低下等问题。受这些条件所限，中小银行的发展一直面临着重重困难①。

在发展互联网金融方面，大银行相比中小银行具有以下优势：

1. 专业人才优势。互联网金融的发展离不开专业人才的支持，大型银行经过多年的发展，培养了一大批优秀的金融专业人才，并且形成了人才的流动、培养机制，而且大型银行开展业务全面，拥有不同行业领域的专业人才，大银行比中小银行在人才吸引方面也更有优势，所以在发展互联网金融过程中在专业团队建设方面大银行更有优势。

2. 信息系统优势。在系统设计上，大银行在信息系统建设前期就有一个清晰的整体业务发展规划，不同系统间的数据规范标准都有明确定义，在后期系统建设实施过程中，避免了数据信息的不统一，提高了数据质量，为数据分析挖掘提供了必要的基础条件；同时系统间的接口规范明确，提高了项目的实施进度，而且系统间信息交互流畅，业务流程明确，提升了客户使用金融产品的体验度。在技术力量上，中小银行的信息系统大多采用外包方式，自身的技术人员实力不足，而且各类系统在开发上没有统一标准的规范，运行维护成本高，不利于系统的快速开发，适应不了产品创新的进度要求。

3. 客户资源优势。大银行拥有丰富的客户群资源，在发展互联网金融上能保证稳定的客户流量，同时也能保证有充足的线上项目或商户，有可靠的来源。另外，借款客户在寻找资金的过程中会发生逆向选择，导致优质客户、优质项目流向声誉高、安全性好的大银行，而风险高、收益差的项目和企业都堆积在了较小的金融机构内。

4. 资金投入优势。中小银行在传统业务发展上与大银行的业务全面性还存在较大的差距，现阶段还在着眼于完善传统业务功能。相比大银行，中小银行在互联网金融创新的资金投入上明显捉襟见肘，资金投入方面的限制加大了中小银行在互联网金融浪潮中实现弯道超车的难度。

---

① 毛有碧、金宇：《中小银行应选择差异化路径》，载《金融时报》，2014-04-21（7）。

5. 产品创新优势。大银行拥有全业务金融品种和专业化人才队伍，更能快速创新互联网金融产品，适应市场需求。而中小银行在研发能力上存在不足，往往是模仿跟随大银行的产品，或是更多需要外部力量的支持。

虽然与大银行相比，中小银行在发展互联网金融上存在不足，但中小银行也有自身独特的优势：

1. 拥有本地资源优势。中小银行大都从地方发展起来，多多少少拥有与地方政府的关系背景，在争取地方政府的支持方面有着一定的优势，在当地城市网点的覆盖比较集中。中小银行长期以来立足于区域发展，比较容易与当地的客户之间建立起投融资关系，这保证了中小银行具有较强的地区竞争优势①，在依托互联网打造线上与线下的金融生态圈时具有比较优势。

2. 决策机制灵活优势。中小银行机构设置不像大银行按行政区划进行分级管理，层级设置较多，它们按市场管理层级设置，层次较少，在决策上机制灵活，所以在发展互联网金融时能及时决策，快速运营，抢占先发优势。

3. 打造差异化服务优势。大银行在业务上大而全，主要的客户群体一般定位于大公司、大企业，相反，那些中小企业和个体消费者却没有得到大银行相对平等的对待，也没有得到相对较好的服务。中小银行在业务发展上精而细，对于中小银行来说，中小企业和个体消费者就成了它们主要的客户群体，而互联网金融所产生的影响主要也是通过中小企业和个体消费者来体现的。中小银行能充分利用自身地域特点，结合客户需求，充分了解当地客户的资产信用状况，降低贷款违约风险，较好地解决信息不对称带来的逆向选择和道德风险问题；再者，中小银行的组织结构简单灵活，能够根据经营环境的变化及时调整业务以及营销战略，避免不必要的风险。面对来自互联网金融的冲击，中小银行完全可以依托自身条件和特点，找准定位，扬长避短，通过采取差异化的服务应对措施，在转型与创新发展中寻找突围机会和生存之道②。

5.2　中小银行互联网金融创新的思路

5.2.1　现有金融移动化、互联网化

由互联网平台跨界到金融领域，符合平台法则的商业逻辑，是顺势而为；而由金融被动地转向生活领域，是逆向而动。传统中小银行应当保持足够的清醒和认识，不能本末倒置，不能为了跨界而跨界，不能为了多元化而多元化，

① 毛有碧、金宇：《中小银行应选择差异化路径》，载《金融时报》，2014－04－21（7）。

② 毛有碧、金宇：《中小银行应选择差异化路径》，载《金融时报》，2014－04－21（7）。

一定要找准切入点和切入路径，打通客户服务链和价值链。

以电商平台为例，传统电商行业具有比较复杂的供应链，需要专业的经营管理能力。银行发展电商平台目的不在于与阿里、京东等在电商领域竞争，其更为看重的应是平台沉淀的交易数据、供应链数据和挖掘到的金融需求。但是，由于平台法则赢家通吃的效应，当不具备构建生态型平台实力的时候，传统金融机构特别是中小银行也许更应考虑怎样利用现有的平台，与现有的领先平台合作。

中小银行应当围绕金融需求，专注金融主业，在金融专业垂直领域精耕细作，保持自己的核心优势，致力于为客户提供专业化、综合性的金融服务解决方案。同时，做好金融产品和服务创新，为客户提供方便快捷、友好高效的服务。金融的互联网化本质是改善体验、提高效率①。中小银行更应当围绕银行核心优势和业务联动，跟着客户走，不断满足客户多方需求，把一次性的金融交易变成持续性的交互运营，在延伸领域构建丰富服务场景和生态圈，提高客户黏性。中小银行应该清晰地认识到银行客户基数较为庞大，业务范围涵盖社会生活方方面面，具备开展社会化经营和圈群化客户关系管理、成为社会生活多方需求整合商的天然优势，其信用中介的身份也契合这种整合的需求。特别是，随着金融IC卡的逐步推广，在银行芯片上加载医保卡、交通卡等行业卡的生活信息，提前布局金融服务深度嵌入和渠道延伸，应进入中小银行的战略视野②。

在互联网金融领域，中小银行应不断加强电子银行建设，通过强化线上、线下渠道的获客和经营能力，打造一体化综合服务优势；积极拓展供应链金融，解决中小企业融资难问题；面向小微和个人融资需求，试水P2P网络借贷业务；展开与电商、互联网企业、电信运营商等的多元化战略合作，增强金融综合服务能力③。

目前大部分中小银行已基本建成由网上银行、手机银行、电话银行、电视银行、微信银行等构成的全方位电子银行服务体系④，在该体系下，应当不断融入互联网金融的基因，大力完善改进电子银行，提升电子银行的客户满意度。

以电子银行为代表的渠道增强服务相较传统金融服务的优势主要体现在：

1. 电子银行作为一种与技术结合最为紧密的服务渠道，不仅使银行突破了时间的限制，而且还突破了空间的限制，通过网络极大地扩展了服务领域，成为技术创新、产品创新的良好平台。更重要的是，电子银行具有相对于柜面网点的独特优势，最适宜打造优势产品，能较好地满足客户实现资金管理价值最

① 曹乾：《互联网企业跨界金融的思考》，载《中国城乡金融报》，2014-10-16（A03）。

② 曹乾：《互联网企业跨界金融的思考》，载《中国城乡金融报》，2014-10-16（A03）。

③ 王好强：《互联网金融对银行业影响走向深化》，载《金融时报》，2014-07-04（5）。

④ 王好强：《互联网金融对银行业影响走向深化》，载《金融时报》，2014-07-04（5）。

大化等深层次服务需求[①]。

2. 电子银行能降低经营成本、培育新的利润增长点。电子银行已经从初期较为单一的业务品种发展成为一个多渠道、一体化的电子银行服务体系，涵盖了企业网上银行、个人网上银行、电话银行、手机银行、自助银行、微信银行、多媒体自助终端、自动柜员机等多个系列[②]。电子银行业务减轻了柜面的压力，节约了经营成本，积极促进了业务的转型发展。同时，电子银行业务增加了账面收入，培育出新的利润增长点。

3. 电子银行体现出渠道整合服务的优势。长期以来，传统商业银行经营管理的核心是建立在网点渠道这一单一服务渠道基础上的，对物理网点产生了严重的依赖性，逐渐暴露出柜面压力大、低端客户驱逐高端客户等问题[③]，于是商业银行纷纷开始尝试网点转型，试图改变并完善物理网点服务渠道的功能。而商业银行核心竞争力的打造必须是以更为完善的多渠道服务为依托的，电子银行以其自助服务的特点，在分流柜面压力、提升服务质量方面具有无法替代的优势[④]。一是可分流业务内容丰富，将低效高耗的业务转移至电子渠道，减轻柜面压力。二是可替代柜台办理业务量小的业务，这类业务的特点是显著增加经营成本又占用柜台资源，电子渠道的替代作用可提高柜面的综合利润率[⑤]。

大力发展电子银行，促进网点职能实现真正的转型，而不是简单地物理分区，使网点可以集中更多的资源为高净值客户提供个性化的金融服务[⑥]，实现网点由单一交易型向综合性的营销型、交易型、服务型转变[⑦]。电子渠道更可以向客户营销一揽子打包产品，促进银行开展交叉销售，网点和电子银行渠道的合理分工、相辅相成，可以强化“机构 + 鼠标”的经营模式，极大地提高金融服务的效率和水平，充分展现核心竞争力[⑧]。

5. 2. 2 借鉴互联网金融的模式创新

互联网金融的实质不是以互联网技术实现金融业务的发展，而是以互联网的思维提升金融服务。互联网金融所具备的快捷、便利带来完全不同的客户体验，银行需进一步与互联网技术实现融合，在服务理念、服务方式与服务渠道

① 周浩羽：《大力发展电子银行 增强核心竞争能力》，载《卓越理财》，2006（12）。
② 周浩羽：《大力发展电子银行 增强核心竞争能力》，载《卓越理财》，2006（12）
③ 周浩羽：《大力发展电子银行 增强核心竞争能力》，载《卓越理财》，2006（12）。
④ 张琼华：《浅谈我国商业银行代收费业务的现状及发展》，北京邮电大学，2007。
⑤ 蒋伟：《中国银行福建省分行个人理财业务营销策略分析》，厦门大学，2008。
⑥ 张琼华：《浅谈我国商业银行代收费业务的现状及发展》，北京邮电大学，2007。
⑦ 周浩羽：《大力发展电子银行 增强核心竞争能力》，载《卓越理财》，2006（12）。
⑧ 周浩羽：《大力发展电子银行 增强核心竞争能力》，载《卓越理财》，2006（12）。

上实现智能化[①]，突破旧有的思维定式，充分利用互联网思维，积极探索新的服务模式，创造最佳客户体验。

1. 打造智能化银行，提升线下服务品质。银行通过信息技术与金融服务的深度融合，利用互联网服务便捷、极致体验、快速迭代的思维，使线下服务也能够化繁为简，做到“一点接入、全程响应”，随时随地满足客户的金融服务需求。平安银行在全国建设了第一家智能银行旗舰店，在业界率先将高智能科技元素广泛应用到实际经营网点中，打造其品牌形象，综合运用了激光电子大屏、生命周期墙、智能理财规划桌灯等多种尖端的科技手段，给客户带来简便、快捷而直观的体验，凸显“简单到家”的理念，旨在为客户提供全新的金融体验，打造客户想“逛”的银行[②]。

2. 通过大数据分析挖掘技术，打造线上渠道服务能力。在互联网金融时代，传统电子银行渠道从简单替代、分流柜面服务向着实现人性化、智慧化、扁平化的互联网精神与传统网银的结合模式转变，以大数据分析挖掘客户需求，有目的性地满足客户需求，改善客户体验，打造一站式移动金融基础服务平台；银行通过渠道协同，实现线上线下的打通与互动，致力于一致的客户体验。

互联网信息技术的快速发展，特别是大数据技术的应用升级，深刻改变着当前的金融生态和金融格局[③]，数据分析挖掘的范围得到了极大的扩充，不局限于业务的分析，还包括对客户购买行为的预测、潜在客户的分析、客户流失的预警等。比如，在招商银行网银专业版 7.0 中出现了针对每一个接触点或客户交互系统的应用规则，在应用现有数据积累和技术的基础上，建立起一套智慧化网银的客户识别体系，以实现更加个性化的客户服务[④]。

3. 通过支付技术应用创新，形成线上线下业务闭环。线下移动支付技术包括近场支付 NFC、二维码支付，以及声波支付和蓝牙支付等。商业银行一直努力尝试打通线下支付，以形成线上线下业务的闭环。工商银行在二维码支付业务上表现得较为突出，二维码扫描已经列入了其新版手机银行的主菜单，客户可以扫描商户生成的二维码商品信息[⑤]，也可以扫描网上生成的工商银行订单中的二维码信息，然后通过手机银行进行资金的支付。

4. 充分挖掘移动互联的价值。移动互联革新了行业的商业模式和个人的消

---

① 徐维强：《反击互联网金融第二波：银行争相“智能化”》，载《上海证券报》，2014-03-25 (A05)。

② 徐维强：《反击互联网金融第二波：银行争相“智能化”》，载《上海证券报》，2014-03-25 (A05)。

③ 金苹苹：《大数据运用 实现轻银行体验》，载《现代物流报》，2014-06-23 (9)。

④ 薛亮：《“轻型银行”战略再度深化》，载《金融时报》，2014-06-18 (3)。

⑤ 郭奎涛：《银行密集布局二维码支付》，载《中国企业报》，2014-06-03 (5)。

费行为，未来金融产品的开发、销售及与客户需求全生命周期的互动均可利用移动互联平台来实现，移动互联的价值还需要充分挖掘。把移动金融纳入银行战略，在这个战略下推行产品人性化、应用产品化、传播社交化的服务理念，打造出移动银行、移动支付、移动社区、移动生活和移动营销五位一体的移动金融服务体系，以服务广大小微客户。

5.3 中小银行互联网金融创新的主要对策

金融基于数据和技术而生，是一种特殊的消费行为，天然具备与互联网结合的基因。未来，互联网金融实践将广泛出现在有大数据、大流量的入口中，其形态呈现不同方式，不仅仅包括传统的银行、保险、基金、证券等，而且包括诸如支付结算、存贷汇、信用卡、资产管理、资产托管等金融业态的混合，真正服务于大众生活。

互联网金融会使金融进一步去中心化，传统金融机构的中介地位也被削弱，中小银行没有大银行规模、资本和客户资源上的优势，但对中小银行而言，立足自身，拥抱互联网，加强互联网金融创新将是必由之路。不少中小银行已经开始主动适应这一变化，相继推出自己的直销银行、P2P 网络借贷平台。总体而言，商业银行互联网金融创新模式主要存在以下几个维度。

5.3.1 基于产品维度的创新

选择适合与互联网深度结合的单一产品进行创新，如“宝宝”类产品、虚拟信用卡、在线贷款等，这类创新主要呈现以下特征。

1. 单一产品与互联网应用场景相结合，为场景量身设计。如余额宝就是一个非常典型的对传统产品进行场景化改造的创新，是面向淘宝和天猫海量的客户群体和支付行为创造出的会赚钱的支付工具。此外，支付宝的虚拟信用卡、京东的京东白条等，都是基于基本的消费信贷业务的场景衍化。

2. 组合式创新和碎片式创新。以某一项或几项传统产品为基础进行改造，改造方法呈现碎片式和组合式特征，将产品的某些要素抽离和优化，使传统产品产生新的价值。非常典型的如银行的各“宝宝”类产品，就是将银行的基金代销或直销等基本业务在结算上进行了优化，才有了可以媲美现金的魅力。民生银行直销银行定活宝就是对银行传统产品重新组合，进而产生新的价值。

5.3.2 基于渠道维度的创新

基于渠道维度的创新，主要指传统的运营渠道从线下搬到了线上，从营业厅变为互联网，营销方式从面对面变为不见面，客户也从具体的对象变成抽象的互联网海量用户。互联网渠道已是兵家必争、大势所趋，如直销银行采取不依托线下业务的独立平台实现渠道贯通。基于渠道维度的创新要关注以下几点。

1. 互联网渠道的产品要定位准确，具备比较优势。中小银行地域性、特色性强，在了解自己的客户群体和业务能力的基础上打造有特色的互联网金融渠道极有必要，比如：有主攻投资理财的以民生银行直销银行为代表有 P2P 网络借贷或债权转让方向的，以平安陆金所、包商银行小马 bank、江苏银行开鑫贷为代表，特别是民生银行直销银行推出市场上独一无二的定活宝、民生金、称心贷等业务品种，独具特色，因此发展势头也好于其他直销银行，目前客户数量超过 100 万人，金融资产突破 200 亿元。

2. 优先发展移动互联网。如果说 2013 年是“互联网金融元年”，那么 2014 年就是“移动互联网金融元年”。随着智能手机、4G 网络等的普及和平民化，移动互联网必将成为渠道创新的最大风口，使用移动互联网的人群早在 2013 年就超过了 PC 互联网人群，因此中小金融机构在互联网金融的渠道创新方面要优先考虑移动端，手机 APP 和微信公众号已成为必备载体。

3. 注重适合互联网客户的用户体验，体验至上。年轻化、移动化、碎片化、视觉化是互联网用户的特征，中小银行产品开发应针对这些方面来完善用户体验，从产品组合、UI 交互设计、支付便捷等各个方面优化体验。

5.3.3 基于业务维度的创新

此类创新是以客户为中心，对金融服务模式的重构和整合，目前正在实践的业务模式创新主要有以下两个方面。

1. 创新业务模式，在传统银行体系内部围绕一类客户群体，重构存贷汇等各项基础业务，实现服务价值链的重构，更好地满足客户需求，现有案例有民生银行围绕社区金融服务而开展的“小区金融 O2O”，郑州银行也正在实践互联网链式金融体系，整合银行的存贷汇业务。

2. 创新商业模式，较典型的如 P2P 网络借贷模式，超越了银行现有的商业模式，现有平安集团陆金所、招商银行“小企业 E 家”等。

5.3.4 基于营销维度的创新

1. 在互联网获客方面不断找寻新入口，找到流量聚集的优质入口，加强与大流量入口的合作。民生银行直销银行之所以成功，在不到一年的时间里获客达 100 多万人，是因为开展了与优质第三方机构的广泛合作。它与中国电信翼支付合作的添翼宝和与盛大游戏合作的盛付宝获客总数超过 50 万人。一般来说，智能手机、智能电视、可穿戴设备等，都有可能成为重要的流量入口，因此中小银行从业者要密切关注业态变化。

2. 注重移动端营销的社交性和游戏性。微信红包是一次非常成功的营销推广活动，它将传统民俗的能量与社交魅力充分激活，为微信带来近 1 000 万的绑卡客户，为其拓展微信支付、电商、理财等业务奠定了雄厚基础。事实上，优质金融机构已将新媒体作为营销主战场，社交和游戏是两大方向。民生银行直销银行开展的“果园除草送大礼”活动即以游戏推动社交的模式。

5.3.5　基于跨业合作维度的创新

跨业合作创新是未来重要的创新方式。随着越来越多的企业互联网化以及各类智能技术的开发，开展跨业合作，在非金融行业加载金融服务，实现跨业整合，可帮助拓宽金融服务的外延。

具体案例如余额宝和民生银行称心贷，前者采取了电商结合基金的方式，后者采用了互联网公司和信用贷款方合作的方式。

5.4　中小银行互联网金融创新的着力点

5.4.1　支付业务

支付业务本身并不是银行的核心盈利业务，随着互联网及移动互联网经济的发展，支付业务作为双边市场商户和消费者账户的入口，可能转变为商业银行的核心业务。支付业务之所以有可能成为银行核心业务，主要基于以下两点：一是互联网金融使金融服务的门槛降低，越来越多的金融业态（如 P2P 网络借贷、供应链金融）会随着支付媒介的拓展而出现；二是存款是银行生存的根本，支付渠道的掌控程度将决定银行对于存款争夺力量的大小，比如余额宝理财的出现就对银行存款业务产生了影响。

大量第三方支付机构使用自己的虚拟支付网关而不是商业银行的网关，可以直接获得客户相关信息、交易相关信息，这些信息逐渐从银行体系里消失，不再被商业银行所掌握。第三方支付账户本质上隔离了银行跟客户间的关系，有实力的第三方支付公司开始把原本局限于 C2C 的市场逐步拓展到 B2B 市场，与商业银行争夺大客户，成为一种必然的趋势。

银行必须开阔思路，主动到互联网、移动互联网跑道上参与竞争，商业银行支付中介的地位决定了其支付业务是没有选择的，是必须主动争夺的业务领域。中国人民银行 2014 年 3 月发布《支付机构网络支付业务管理办法》征求意见稿，限制第三方支付的部分功能，致力于还原第三方支付小额支付、通道型支付的设计初衷，这对于建设虚拟账户体系的第三方支付公司的打击是很大的。商业银行应抓住契机，发挥自身优势，加紧在支付业务领域的争夺。

银行的优势首先体现在支付快捷性和安全性的统一方面。银行的优势在于安全，但在快捷性上处于劣势，由于远离市场，在客户体验上处于劣势。但第三方支付账户在小额支付领域里安全快捷兼备的优势很难拓展到大额支付领域。银行可以通过信用附加以及免费策略来缩小这个差距。其次，支付宝等第三方支付机构的发展，是支付结算服务外部化的过程，但随着银行对支付结算业务的强势回归，最终会迫使第三方支付机构回到它原来的行业细分、垂直领域中去，从外部化回到内部化去。最后，银行对非银行业务的大胆出击，比如银行做电商、做移动社区，是把自己原有的内部化角色外部化的尝试。商业银行与第三方支付机构双方通过角力，将走向合作大于竞争的状态，中小银行也会在这场竞争中逐步占据有利地位。马蔚华说："第三方支付虽然对银行是把利器，但是它也是银行的合作伙伴，它越发达，最后它也是银行的客户，所以两者相辅相成。"

中小银行应当主动出击争夺支付业务领域，自我完善支付业务以挤压第三方支付机构。中小银行可以根据自身所处地区商业环境、自身地位和实力，选择性地开展支付业务。如北京、上海、深圳、杭州周边的中小银行可以重点考虑和第三方支付公司开展合作，而中西部地区的中小银行则重点选择支持中小电商和商圈建立支付平台。

1. 主动接入大型第三方支付公司。主动接入支付宝等大型第三方支付平台，接入后虽然会对存款形成一定的分流，但比较其为客户提供支付便利性而完善银行卡的功能，对中小银行来说显然利大于弊。勿论中小银行，各大银行都已经迫不得已接入了支付宝，且随着前文所提及监管政策的规范，支付宝将回归阿里淘宝平台自身的消费支付功能。

主动接入财付通等大型场景支付平台，相对支付宝，财付通只是提供了一个支付场景，并未形成独立的支付账户。

主动接入汇付天下、快钱等行业领先第三方支付渠道，为自己的银行卡客户提供机票订购、基金购买的便捷通道，为企业客户现金管理提供便捷通道。

2. 完善通道，构建多渠道的统一支付网关。建立线上、线下统一的支付网关，并不断地丰富支付渠道。除了主动接入大型第三方支付公司外，也可以考虑在充分评估利弊后有选择性地接入有特色的第三方公司支付渠道，并逐步开展深层次合作。

3. 并购第三方支付机构。第三方支付同质性竞争程度非常高，需要靠规模来取胜，理论上也是比较难生存的一个行业。中小银行研发能力较低，如果有和自己业务互补性较强的第三方支付公司，可以考虑收购，丰富、完善自身业务。

4. 在完善的支付网关基础上积极营销，构建支付双边市场。在完善网关的基础上，积极开展营销，顺应电子商务的趋势；积极营销中小电商平台和商圈，为其提供综合化的支付解决方案，用融入式电商的方式搭建中小银行的虚拟电商平台。

5. 与第三方支付公司开展合作。通过托管第三方支付机构的备付金，开展备付金合作（基础领域）；通过第三方支付机构运营的双边市场提高客户转化率，进而扩大聚集在平台上的营销规模，开展营销合作（重点合作领域）。中小银行与有大型客户网络的第三方支付机构合作，可以达到客户网络、技术创新能力、资金池等多方面的互补，防止大型商业银行发挥资金、技术优势渗透中小微客户群。既有的案例，有招商银行信用卡中心在全国率先在微信上推出公共账号，开展联合营销；也有快钱与建设银行等28家银行开展战略合作，抢占第三方支付市场。

6. 完善账户内容化建设，为账户提供围绕式服务。围绕客户日常生活，开展多项服务，具体如：围绕水、电、煤、通信缴费及交通出行、餐饮、演出、加油等客户频繁涉及的民生项目完善支付渠道；提供小额支付应用场景；提供医疗缴费、个人公共信息查询等特色服务；提供优惠特惠团购商家服务等。

5.4.2 手机银行

手机银行是商业银行电子银行平台中最贴近客户的入口。侧重随时性、可携性、贴身性的手机银行，可以随时随地为客户带来金融服务。各家银行目前基本已经把自己最擅长的业务都搬上了手机银行，如账户查询、转账汇款、自助缴费、投资理财等金融功能。手机银行逐渐成为银行对客户提供金融服务的主要渠道之一，功能在不断丰富。

中小银行发展手机银行应主要重点考虑以下方面：

1. 丰富手机银行的金融服务功能以及生活服务功能。手机银行是为客户提供金融服务的重要渠道之一，在金融服务功能方面，手机银行已经实现了大量的基础服务功能，随着手机智能程度的提升，手机银行衍生出许多附加功能，包括：在客户需要现金时，提供附近ATM位置信息及无卡取现的功能；根据手机定位客户所在位置，提供附近网点信息并按照客户的要求进行柜面服务的预约及排号；随时随地查询大盘行情、贵金属行情等，并按客户的需求将波动情况及时提示客户；等等。为了增加客户在手机银行的交易率和使用率，更增加了围绕客户生活的服务功能，如随时随地买彩票、电影票、飞机票及医院挂号、搜索附近签约优惠商户等。手机银行表现出以用户需求为驱动的针对性的功能设计。

2. 加大手机银行营销力度，培养客户使用习惯。大量客户仍习惯使用传统的现金交易方式，这成为手机银行发展的主要障碍之一。手机银行业务要不断地培育市场，培养客户的使用习惯。要降低客户对于现金交易的依赖度，使客户习惯使用手机银行，商业银行需要加大手机银行的营销力度，既有的营销手段有开通送话费、领取小礼品、赠送积分，同时减免各种手续费、管理费，在手机银行上发布独享的高收益理财产品等。

3. 高度注重手机银行的安全问题。手机银行的安全问题是其应用及发展中面临的主要问题，包括手机信息泄露、欺诈性交易、手机病毒、木马程序等，这些问题的存在使得用户在使用手机银行时存在着很大的顾虑。安全问题不仅是利用何种技术来保障数据完整性、加密性、不可篡改、不可抵赖等技术层面的问题，而更多的是客户的安全意识问题。智能手机普及后，其功能基本与电脑没有本质差异，存在着大量不断成熟和变异的病毒、木马程序，而现在大部分手机用户安全意识不强，没有安装必要的专业安全软件，使得客户在使用手机银行时暴露在各种病毒威胁之下。安全问题已经成为阻碍手机银行快速发展的绊脚石。商业银行应当依据安全技术的发展不断更新手机银行的安全防护措施，如动态密码校验、密码强度控制、反欺诈反钓鱼控制、SSL 安全传输、限额控制、实时交易监控等。另外，银行要加大对自身手机银行安全性的宣传力度，解除用户对于手机银行的疑虑。

5.4.3 直销银行

在互联网与金融相结合创新发展模式中，直销银行借鉴了开放、合作、共赢的互联网思维，目前已有包括民生银行、北京银行、华润银行、上海银行、南京银行等银行上线直销银行，还有更多的中小银行正在筹建，直销银行已经成为目前商业银行发展互联网金融的一种主流模式。

直销银行打破了时间、地域、网点等限制，对于中小银行的业务拓展是极为有利的，弥补了其地域、网点、规模的局限，通过电子渠道提供金融产品和服务，能够为客户提供简单、透明、优惠的产品，具有显著的市场竞争力和广泛的客户吸引力。并且直销银行具有机构少、人员精、成本低等特点①，相比大型银行更适合中小银行大力发展。该模式已在欧美市场获得较好的认可度。

直销银行对于商业银行在销售渠道方面起到了极大的扩展作用。实际上，如果直销银行系统不是单独建设，而是共用银行现有核心系统的话，其系统改造建设本身并不是非常困难，难点在于需要业务流程方面的大力创新，而不是一个网上银行的复制版，需要将创新集中于如何运用互联网技术提升产品的效率以及扩展产品的客户接触渠道等方面；建立开放的用户体系，不要限定为只

① 姜业庆：《联手 ING 北京银行“直销银行”开拔》，载《中国经济时报》，2013－09－19（8）。

服务本单位范围内的客户群体，让普惠金融服务理念深入各类客户群体；以互联网操作简单、体验性好的特点，提升对客户的服务品质。

直销银行的模式为中小银行打开了更多流量的入口，中小银行以互联网开放的入口获取更多客户，利用互联网销售渠道吸引、招揽客户，有效地控制经营成本，客户也可享受到比传统银行更多的便利、更高的产品收益。

中小银行在直销银行领域可选择的发展模式包括纯线上模式以及线上线下相结合模式。

1. 纯线上模式。纯线上模式的直销银行充分利用了互联网思维、互联网手段进行产品设计、渠道建设、客户拓展①。这不是简单的渠道拓展，而是构建一种全新的业务模式。在互联网线上通过实名认证方式进行虚拟电子账户的开户，以货币基金理财类产品作为主打产品，将基础的金融账户功能打包并且线上化，推出存贷汇等互联网化金融产品，即去网点化、抢占移动端口。直销银行不再只局限于服务现有的存量客户，而是以互联网渠道为入口，客户自主注册，相较于传统电子银行渠道服务客户范围更广。立足于客户多样化、个性化的金融需求和商业银行的独特优势，持续不断地推出优质的产品和服务②。

2. 线上线下相结合模式。与完全采取线上服务模式不同的是以北京银行为代表的采取线上线下相结合的直销银行模式，线上和线下的互通打造出“互联网平台 + 直销门店”的服务模式③。线上主要由互联网综合营销平台、网上银行、手机银行等多种电子化服务渠道构成，线下采用全新理念建设便民直销门店，服务更加简单、快捷、多样。“互联网平台 + 直销门店”的方式，更加容易实现立体渠道、多元终端的服务体系，易满足客户不同应用场景下的金融服务需求④。

线上线下相结合模式全方位、立体式服务特点有力地支持了特色金融产品和服务的研发，中小银行可以重点研发符合零售客户目标群体的储蓄、理财等特色产品，特别是针对小微企业需求特点，可以有目的性、有针对性地研发小微企业专属理财、小微企业融资产品和服务⑤。

---

① 姜灿：《直销银行启幕 民生银行“深挖”互联网金融》，载《卓越理财》，2014（3）。

② 谢利：《银行“宝”再次反击余额宝》，载《金融时报》，2014-03-01（6）。

③ 杜冰：《直销银行：互联网金融时代银行的“基因变革”》，载《金融时报》，2013-11-30（1）。

④ 杜冰：《直销银行：互联网金融时代银行的“基因变革”》，载《金融时报》，2013-11-30（1）。

⑤ 杜冰：《直销银行：互联网金融时代银行的“基因变革”》，载《金融时报》，2013-11-30（1）。

5.5　基于合作的亚联超银互联网金融平台模式创新

5.5.1　模式简介

互联网金融应具备互联网的开放性和聚合性，然而单靠各家中小银行独自打造互联网金融平台，不仅建设和运营成本高，而且很难形成规模和品牌效应。如果能够在亚洲金融合作联盟平台上，让各家金融机构通过互联网金融平台进行合作，将能很快形成规模和品牌效应。亚联咨询认为，各家中小银行应将精力放在金融互联网化上，即在不改变银行信用中介地位的前提下，将现有业务互联网化、移动化，而对于狭义的互联网金融，即影响银行信贷中介地位的一些创新模式，如 P2P 网络借贷、众筹等，可以采取联合运营的方式。

基于此，结合亚洲金融合作联盟各中小银行普遍资产规模小、信息化程度不高、互联网金融人才匮乏等实际情况，本着“抱团发展、创造多赢、共同超越”的联盟宗旨，亚联咨询发挥联盟集群优势，打造超银系列互联网金融平台（见图 5.1），帮助中小银行应对互联网金融和利率市场化挑战，增强现有客户的黏性，进一步下沉客户并扩大客户群体。

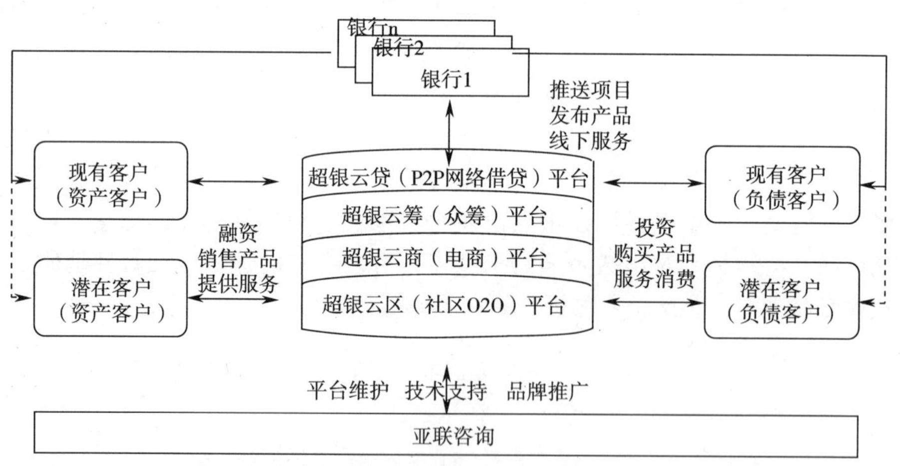

图 5.1　亚联超银系列互联网金融平台

该平台融合了 P2P 网络借贷、众筹、电商、社区 O2O 四大业务模式。在平台中，亚联咨询承担平台运营的角色，各家中小银行可以在平台上“开店”，是平台上的真正“商家”。

1. 亚联超银云贷平台。该平台不同于一般的 P2P 网络借贷平台模式，也区别于一般银行系的网络借贷平台，而是众多银行在平台上开的“网贷商城”。平台作为“市场”只承担信息中介角色，项目的推荐、管理均由“商家”银行负责，有效避免了平台多重角色带来的风险。平台包括 P2P、P2B、B2F 等模式，对小微企业同时提供了银行借款和网络借贷等多种融资通道。同时，网络借贷平台直接和直销银行连接，为直销银行提供贷款和投资产品。

2. 亚联超银众筹平台。2013 年美国 JOBS 法案的通过标志着在奖励众筹和公益众筹之后，股权众筹成为了现实，这一年中国的众筹也如雨后春笋般出现，并逐渐进入大众视野。亚联超银众筹平台同样聚焦联盟成员单位小微企业客户，在信贷资金难以满足客户需求的情况下，借助银行背书，为融资者提供一种全新的融资渠道和方式。

3. 亚联超银云商平台。该平台专注于各联盟成员单位信贷支持的一些垂直细分行业，如有机农业等，既能为信贷企业客户提供全新的产品和服务销售渠道，又能通过社区银行网点，为存款和理财客户提供方便、便捷、具有品质保证的生活服务。同时，平台建立各家银行积分互换规则，可以实现各家成员的积分互通互用，积分均可在电商平台上购物消费。

4. 亚联超银云区平台。该平台是为了将社区银行真正融入社区居民的生活，围绕小区居民的生活和金融需求专门打造的综合线上线下服务平台，既包括小区的各种生活服务，也包括所在小区的社区银行提供的各类金融服务，通过小区 O2O 服务，提高社区银行的客户黏性，使社区银行真正融入社区、服务社区。

5. 亚联超银互联网金融平台模式通过网络借贷、众筹、电商、社区 O2O 平台将银行的信贷客户和存款理财客户有效地联结起来，建立了一套从生产到消费的健康生态系统。

5.5.2 模式特点

亚联超银互联网金融平台模式以小微业务为切入口和信息初始源，将网络借贷、众筹、电商、社区 O2O 有机结合起来。这种结合是亚联咨询自身对中小银行战略转型、组织变革、风险管理和小微业务、社区银行等方面业务的长期积累，与对于近期互联网金融发展的研究有机结合。它具有以下特点：

1. 专注于小微金融。亚联超银互联网金融平台（包括网络借贷、众筹、电商、社区 O2O）专注于小微金融服务和社区银行，倡导普惠金融，核心目标是切实解决小微企业融资难、融资贵的问题，解决社区银行服务最后一公里问题。借助亚联超银互联网金融平台，小微企业既可以通过网络借贷和众筹渠道获得资金支持，也可以借助电商平台、社区 O2O 服务拓宽销售渠道，增加销售量，提升盈利能力。

2. 专业的技术支持。亚联咨询拥有战略与产品设计、人力资源管理、资产与负债管理、风险管理、流程与运营管理的专业管理咨询团队，也拥有 IT 建设与实施的专业技术人员，还有专注于小微与互联网金融的业务团队。在有着充分人才和技术保障的前提下，亚联超银互联网金融平台融合客户之声、IPC 小贷、信贷工厂、风险评级等专业技术，以精准化营销、个性化产品、网络化渠道、标准化流程、专业化团队、科学化风控帮助各中小银行发展互联网金融。

3. 专心服务于银行。亚联超银互联网金融平台不是一家银行的互联网金融平台，而是众多银行参与的互联网金融“商城”，它专门服务于银行，为中小银行快速搭建互联网金融平台提供帮助，帮助中小银行抱团主动迎接互联网金融的挑战，实现主动转型发展。

5.5.3 模式的可行性和必要性分析

2014 年是中国互联网金融蓬勃发展的一年。根据网贷之家的统计，截至 2014 年 11 月底，P2P 网络借贷公司已超过 1 800 家。随着互联网金融的蓬勃发展，银行传统的信贷业务和存款理财业务都受到了一定程度的影响。银行与其被蚕食信贷市场，不如抓住机遇，积极转型，主动拥抱互联网金融，变被动为主动。

与此同时，利率市场化进一步压缩银行利差空间，银行通过 P2P 网络借贷不仅能够更好地服务小微企业，而且能够增加中间业务收入，实现收入结构转型。通过网络借贷把部分信贷业务出表，能够节约资金、资本和信贷规模，优化资源配置和银行资产负债结构。银行通过网络借贷服务小微企业，将客户结构进一步下沉，将过去传统信贷无法覆盖的信贷夹层纳入银行服务体系，增强市场竞争能力。

在这样的背景下，中小银行应当充分发挥自身的品牌、渠道和专业优势，利用已有的电子或网络渠道，进一步发展移动金融工具，开展互联网金融创新实践。同时，综合考虑各城市商业银行和农村商业银行的实际情况以及政策的监管要求，在内部机构运营、关联机构运营和第三方运营三类选择（见表 5.1）中，中小银行发展互联网金融（网络借贷、众筹、电商）应当选择与第三方机构合作的方式。

表 5.1 银行采取不同互联网金融运营模式比较①

模式	内部机构运营	关联机构运营	第三方运营
内容	在银行内部成立专门的运营部门或事业部，负责平台运营。	由银行股东或关键控制人成立专门公司负责运营。	交由独立第三方负责平台的运营，银行作为项目的管理者和资金托管者。
比较	银行需要专门建设平台，并付出较高的运营成本，而且风险隔离程度较差，不符合监管的要求。	虽然和银行有一定隔离，但仍存在一定的利益冲突，而且没有解决平台运营和项目管理不分离问题，甚至可能存在利益输送。	完全由独立第三方负责运营，而且不参与项目推荐，能够较好地解决利益冲突问题，而且运营成本较低。
综合	最差	一般	最优

总而言之，中小银行利用亚联超银互联网金融平台开展互联网金融业务具有以下优势：

（1）节约成本：通过合作，银行不需要投入平台的软硬件建设成本，也无须承担平台运营成本，可以集中精力做好客户管理和风险控制。

（2）符合监管：监管部门要求互联网金融防止混业经营，包括银行、信托等，如果做平台要具备独立法人资格，采取与超银云贷平台合作的方式完全可以做到监管合规。

（3）资源共享：互联网金融的本质是开放和包容，统一在亚联超银云贷平台开展网络借贷业务，能够实现中小银行间客户和资源的共享。

（4）品牌效应：由亚联统一进行平台的营销与推广，能够迅速在市场树立良好的品牌影响力，吸引更多的投资和借款客户。

① 监管部门要求互联网金融防止混业经营，包括银行、信托等，如果做平台要具备独立法人资格，防止平台风险导致银行出现损失。

6 中小银行互联网金融创新中的风险管理

6.1 互联网金融面临的主要风险

6.1.1 信用风险

无论当前互联网金融产品如何虚拟化、技术化，互联网金融产品的核心还是金融，其最终落脚点是金融而不是互联网技术。因此，互联网金融交易同样是对信用的风险定价①。

互联网金融的信用风险是指网络金融交易者在合约到期日未能履行约定契约中的义务而造成经济损失的风险，是融资方不能履行还本付息的责任而使投资人的预期收益与实际收益发生偏离的可能性。传统金融企业在信用风险方面的研究较多，已经形成了比较完善的信用评估体系。虽然互联网的开放性减少了金融交易的信息不对称，也提升了资源配置效率，但在识别参与双方信用水平上并没有比传统金融机构更好的方法。同时，由于互联网本身的特点，互联网金融领域的信用风险较传统金融行业更难控制。当前 P2P 网络借贷平台面临的跑路潮，大部分由借款人信用风险导致。

6.1.2 操作风险

互联网金融业务的操作风险是指由于不同用户使用不同终端引发操作失误，金融服务提供商员工违规操作，内部控制失误，不完善等操作问题而引发潜在损失的风险②。目前，互联网金融行业尚未形成统一、规范的操作流程，行业协会还处于弱势地位，这使得互联网金融服务提供商的业务流程必然存在差异。

从互联网金融的安全系统来看，操作风险涉及互联网金融账户的授权使用、互联网金融的风险管理、互联网金融参与主体信息保护等，这些系统的设计缺陷都有可能引发互联网金融业务的操作风险。从交易主体操作失误来看，如果交易主体不了解互联网金融业务的操作规范和要求，将可能遭受不必要的资金

---

① 易宪容：《当前互联网金融最大风险是信用风险》，载《证券日报》，2014－03－08（B02）。

② 曹玲燕：《基于模糊层次分析法的互联网金融风险评估研究》，中国科学技术大学，2014。

损失[①]，对于互联网金融服务提供商而言，如果在组织交易过程中出现流动性不足，则可能引发支付结算中断等问题。

6.1.3 市场风险

互联网金融业务的市场风险是指互联网金融服务提供商的资产价格因商品价格、利率、股票价格、汇率等市场价格的变动而波动导致可能损失的风险[②]。

市场风险是传统金融体系固有的风险。作为互联网技术与金融领域结合的产物，互联网金融的各种形态同样会受到商品价格、利率、股票价格、汇率等市场价格的影响，因为其本质仍属于金融产品范畴，其收益的实现必然依赖各类金融资产的增值。互联网金融产品由于投资门槛低、收益较高，参与人数众多，市场价格波动导致产品损失时影响范围会更加广泛。

6.1.4 流动性风险

互联网金融业务流动性风险是指互联网金融服务提供商无法提供足额的资金来支持流动性而导致损失的风险。流动性风险广泛地存在于各类企业当中，是在资产和负债的差额与期限不能完全对接时所发生的损失。互联网金融企业的流动性不足会对企业的生产、经营等活动产生不利的影响[③]。

目前基于第三方支付平台的现金管理或财富管理投资标的过于集中，主要是投资于股份制商业银行的协议存款。如果监管部门考虑到目前第三方支付平台财富管理的庞大规模，出于金融稳定的考虑而取消协议存款提前支取不罚息的优惠，或者协议存款单位因为资金压力推迟支付应计利息[④]，都会导致互联网金融企业发生流动性风险。经济下行造成 P2P 网络借贷行业整体违约率提高，P2P 网络借贷平台无法如期兑付投资人收益，也很容易导致流动性风险。

6.1.5 信息技术风险

互联网金融依托发达的计算机网络开展，因此，计算机网络技术等信息技术方面的风险也是互联网金融面临的关键风险[⑤]。

一、系统安全风险

互联网金融依托发达的计算机网络开展，相应的风险控制需由电脑程序和

① 杨群华：《我国互联网金融的特殊风险及防范研究》，载《金融科技时代》，2013（7）。

② 曹玲燕：《基于模糊层次分析法的互联网金融风险评估研究》，中国科学技术大学，2014。

③ 杨群华：《我国互联网金融的特殊风险及防范研究》，载《金融科技时代》，2013（7）。

④ 许荣、刘洋、文武健、徐昭：《互联网金融的潜在风险研究》，载《金融监管研究》，2014（3）。

⑤ 刘超：《对商业银行与电商平台相结合的互联网金融模式的研究》，载《金融理论与实践》，2014（11）。

软件系统完成。因此，计算机网络技术是否安全与互联网金融能否有序运行密切相关①。互联网传输故障、黑客攻击、计算机病毒等因素，都会使互联网金融的 IT 系统面临瘫痪的技术风险②。

常见的系统安全问题主要有以下几个方面：一是密钥管理及加密技术不完善。互联网交易的运行必须依靠计算机来完成，交易资料都存储在计算机内，并通过互联网传递信息。然而，互联网是一个开放式的网络系统，在密钥管理及加密技术不完善的情况下，黑客可以在客户传送数据到服务器的过程中进行攻击，甚至攻击系统终端，给互联网金融的发展造成危害。

二是 TCP/IP 协议的安全性较差。目前互联网采用的传输协议是 TCP/IP 协议，这种协议在数据传输过程中力求简单高效，注重信息沟通通道的畅通，但没有深入考虑安全性问题，导致网上信息加密程度不高，在传输过程中容易被窥探和截获，引起交易主体的资金损失。

三是病毒容易扩散。互联网时代，计算机病毒可通过网络快速扩散与传染。一旦某个程序被病毒感染，则整台计算机甚至整个交易网络都会受到该病毒的威胁，破坏力极大。

在传统金融业务中，安全风险只会带来局部的影响和损失；在互联网金融业务中，安全风险可能导致整个网络的瘫痪，是一种系统性的技术风险。

二、技术选择风险

开展互联网金融业务，必须选择合适的互联网金融技术解决方案，但是技术解决方案中的设计缺陷或操作失误，都将引起互联网金融的技术选择风险。一般而言，技术选择风险有以下几种：

一是信息传输低效。如果从事互联网金融业务的机构选择的技术系统客户终端软件的兼容性差，就可能在客户传输信息的过程中出现传输中断或速度减慢，延误交易时机③。

二是技术陈旧。如果从事互联网金融业务的机构选择了被淘汰的技术方案，或者技术创新与时代脱节，就有可能出现技术相对落后、网络过时的状况，导致客户或从事互联网金融业务的机构错失交易机会。在传统金融业务中，技术选择失误一般只会导致业务流程缓慢，增加业务处理成本；但在互联网金融业务中，信息传输速度对市场参与者能否把握交易机会至关重要，技术选择失误可能导致从事互联网金融业务的机构失去生存的基础④。

---

① 杨群华：《我国互联网金融的特殊风险及防范研究》，载《金融科技时代》，2013（7）。

② 汪彩华、李仁杰：《联网金融产品的法律分析——以“余额宝”为例》，载《法制与社会》，2014（12）。

③ 杨群华：《我国互联网金融的特殊风险及防范研究》，载《金融科技时代》，2013（7）。

④ 杨群华：《我国互联网金融的特殊风险及防范研究》，载《金融科技时代》，2013（7）。

三、技术支持风险

从事互联网金融业务的机构受技术所限，或出于降低运营成本的考虑，往往需要依赖外部的技术支持来解决内部的技术问题或管理难题①，这同时也将提升工作效率。然而，外部技术支持可能无法完全满足要求，甚至可能由于其自身原因而中止提供服务，导致从事互联网金融业务的机构无法为客户提供高质量的虚拟金融服务。

6.1.6 法律合规风险

互联网金融作为一种创新的金融模式，监管体系尚不健全，多数还是按照现有的相关法律法规进行监督和约束。但这些法律已经不能很好地适应发展迅速且模式复杂的互联网金融②。现有的银行法、保险法和证券法都是针对传统金融业务，对于互联网金融不太适合。例如，众筹可能面临非法集资风险以及违规发行证券风险。相应政策的缺乏和监管的滞后，使得无论是投资者还是互联网金融平台都面临着一定程度的政策不确定风险。

6.2 互联网金融风险的主要特征

作为互联网技术和传统金融的结合物，互联网金融同时具有二者的属性。不过互联网金融的核心及本质还是金融，互联网仅仅是手段和方法。正因如此，互联网金融不仅面临着传统金融所具有的风险，而且面临着基于网络技术这个平台特有的风险③。

6.2.1 风险易于扩散

无论是第三方支付还是移动支付，包括 P2P 网络借贷、大数据金融、众筹平台、信息化金融等在内的互联网金融，都建立在具有高科技特点的网络技术基础之上，这使得互联网金融业务能够在最短时间内得到处理。然而，高速数据传输也意味着高速风险传输，一旦互联网金融风险发生，便会很快扩散开来，影响迅速而广泛④。

6.2.2 风险难于监管

互联网金融活动都是在网上进行的，使得金融交易具有了虚拟性，失去了

① 杨群华:《我国互联网金融的特殊风险及防范研究》，载《金融科技时代》，2013（7）。
② 曹玲燕:《基于模糊层次分析法的互联网金融风险评估研究》，中国科学技术大学，2014。
③ 曹玲燕:《基于模糊层次分析法的互联网金融风险评估研究》，中国科学技术大学，2014。
④ 曹玲燕:《基于模糊层次分析法的互联网金融风险评估研究》，中国科学技术大学，2014。

地理和时间方面的限制，整个交易过程变得不够透明，交易对象变得模糊化，这些都使得互联网金融难以被有效监管。

6.2.3 风险善于传播

在传统意义的金融活动中，当意识到有可能会有风险发生时，金融机构可以采取一系列措施将那些可能导致风险的不同源头阻隔开来，一般采取分业经营或者特许经营等方式，尽可能地避免风险相互传染。对于传统金融机构来说，很多风险都在常年的经营中得到了预测和分析，并且在监管部门的量化下，可以明确将这些风险进行分类，从而将其定义为某一类风险而制定相应的控制措施，以防止再次发生①。

在互联网金融活动中，物理隔离的有效性相对减弱。互联网的社交化、网络化特性使得互联网金融各参与主体间密切关联，原来的物理防火墙作用被大大削弱，一旦风险触发，将借道网络绕开防火墙迅速传播。

6.3 互联网金融下中小银行风险管理的应对策略

6.3.1 采用大数据分析的征信

大数据的特征是数据体量庞大、价值密度低、来源广泛、特征多样、增长速度快。目前，大数据技术重点研究的方向分为两个：一是多维度结构化数据的挖掘；二是非结构化数据的使用。目前有效的风险定价模型的变量个数多集中在十几到几十个，也会存在一些模型具有上百个变量。在这样的变量个数范围内现有数据挖掘方法可以很好地发挥作用，建立有效的模型，利用数据背后的价值，得到置信度较高的风险定价结果。但在互联网时代下，有效的变量个数在成倍增长，我们现在可能需要面对几千甚至上万个变量。处理变量个数如此之多的数据，对中小银行提出很大挑战，不管是从计算成本考虑还是从结果的准确性考虑，中小银行都需要开发新的技术去处理这些数据。

基于大数据的征信主要是引入新的资料来源，但在信用评估的具体方法和模型技术上变化不大。直观理解是，传统征信是用自变量 X（企业和个人的特征、属性和历史信息等）来预测因变量 Y（信用评级、违约概率、信用评分等指标），基于大数据的征信则是用新自变量 Z 和 X 一起来预测 Y，但在设定和校准预测函数上两者没有本质差异。

传统金融机构现有的征信大数据主要来源于银行，主要是对已有贷款客户的

---

① 曹玲燕：《基于模糊层次分析法的互联网金融风险评估研究》，中国科学技术大学，2014。

信用记录。互联网企业的大数据则是在开发核心业务的过程中逐渐产生的，这些数据是传统银行所不具备的客户行为数据，而这些数据一定程度上更能反映客户的社会关系和经济行为特征，更能反映客户的贷款需求和信用状况。它们与传统金融机构的大数据库具有明显的互补特征。目前互联网金融企业的资料来源于核心业务，主要是初始的核心业务，但也有一些公司通过客户授权的关联账户取得数据信息。例如，百度主要拥有两种具有优势的大数据：以用户搜索为基础表现出的客户需求数据，以爬虫和阿拉丁为基础获取的公共网络数据；阿里巴巴主要拥有电商交易数据和客户评价的信用数据。中小银行应运用大数据分析手段，结合传统金融机构资料来源及互联网客户行为数据提升自身征信水平。具体做法如下：一是有效拓展数据运用维度，认识到一切数据皆为有用数据，通过对大量潜在信用信息进行收集和分析，更好地评估客户还款意愿和能力、违约风险及维持长期客户关系的可能性等；二是创新数据处理方式，改进和完善现有模型，探索和建立新的模型，在海量数据中挖掘数据之间的内在联系以及预测数据变化趋势，特别是对客户属性、交易记录、评价信息以及商品信息进行合理预测。

6.3.2 运用金融平台数据

金融平台包括两类交易平台：一类是第三方平台，例如第三方支付平台、电商平台等；另一类是核心企业平台，例如企业 ERP 等销售管理平台、产品交易平台、缴费管理平台（水、电、话费）等。通过平台银行能够收集企业的各类信息，例如，通过金融平台对接供应链核心企业、大宗商品（要素市场）和市场商圈管理方等平台客户的财务或销售管理系统，就能收集企业资金流、信息流和物流方面的数据，解决银行与企业之间信息不对称的问题，在数据收集和积累的基础上，开发出相应的风控模型，有效解决“长尾”客户融资需求与缺乏抵质押担保之间的矛盾，实现在风险可控的前提下拓展业务边界。

中小银行目前正在积极介入金融平台，银行应该更多地围绕自己的主业，搭建开放的金融平台，以合作、融合的心态去寻求合作伙伴。如自主研发支付融资系统，借助互联网技术将银行金融服务嵌入企业日常经营全过程，为平台体系内的上下游小微企业提供实时到账、随借随还、循环使用的全流程电子化融资服务；帮助平台客户加快回笼销售资金，优化财务结构，迅速扩大市场份额①。着力于区域特色产业、行业集群、供应链等，自身平台可以有效掌控相关金融数据，通过数据分析来判断客户经营情况从而有效识别风险状况。

---

① 《银行应搭建开放的金融平台》，载《21 世纪经济报道》，2014-10-20（10）。

6.3.3 坚守法律合规底线防范合规风险

作为新兴、富有活力和创造性的业态，互联网金融业务具有小额、快捷、便利的特征，这决定了其显著的包容性，能够解决许多传统金融体系不能很好地解决的问题，与传统金融体系相互渗透、相互促进、相得益彰，共同构成广义的金融体系[①]。然而，互联网金融的创新仍然在各个领域内继续，互联网金融发展远没有达到充分的程度。政府无法施加严格的监管，至少在还没有搞清楚创新的本质是什么的前提下，贸然监管可能会导致创新被扼杀[②]。在这种背景下，必须为互联网金融创新设置底线，并且确定监管机构严格守卫这条底线，即创新不能出现非法集资与非法吸收公众存款等违法行为[③]。银行在开展互联网金融业务时要时刻严守底线思维，合法合规经营。

6.3.4 坚持风险分散定位

互联网金融的优势是通过互联网实现资金信息的对接和交易，资金的供方与需方甚至不需要见面，交易过程只在线上进行，大大降低了交易成本。互联网金融面对的客户基本以分散的个人客户和中小微企业为主，贷款额度小，周期短，风险相对较低，且手续简便[④]。中小银行应该定位于服务区域内中小微客户，结合多种互联网金融产品，通过多样化的投融资服务分散客户信用风险。

中小银行扎根于地方经济，在银行业整体经营环境变革的背景下，需要与大银行差异化经营，无论从自身资源规模、产品组合流程还是风险定价能力来说，中小银行在传统银行批发业务上与大银行相比无比较优势。中小微客户，特别是小微客户的金融服务需求被大银行所忽视，中小银行可以差异化发展，大力开展互联网金融业务，服务小微客户的同时也能达到分散风险的目的。

6.3.5 收益覆盖风险

互联网企业遵循收益覆盖风险原则，用户便利高于安全，在二者冲突时，只要风险可被接受，用户极致体验便是首选。中小银行在开展互联网金融业务时，需要谨慎平衡风险与收益，不能单纯像互联网企业那样仅从客户角度考虑一味追求高收益而忽视风险，从而导致自身声誉受损。银行应该从风险定价角度出发，用高收益去覆盖高风险，可适当提高风险容忍度，运用互联网技术建

---

① 刘士余：《互联网金融不能触碰两条法律红线》，载《商》，2013（23）。

② 白静：《互联网金融创新的法律规制》，河北经贸大学，2014。

③ 白静：《互联网金融创新的法律规制》，河北经贸大学，2014。

④ 杨皋：《规范互联网金融发展与监管的思考》，载《金融会计》，2013（12）。

立风险模型准确定位服务客群。

中小银行开展互联网金融业务某种程度上会放宽客户准入门槛、降低业务担保要求、简化业务审查流程。相较于传统银行风险保障（强调第二还款来源、贷后跟踪管理）而言，互联网金融业务有效风控措施较少，务必采用业务收益去覆盖风险损失，这样才能适度提高风险容忍度。

7　中小银行互联网金融创新中的技术平台建设

7.1　互联网金融技术平台的发展现状

7.1.1　互联网金融技术平台的诞生与发展

1995 年 10 月 18 日，世界上第一家网上银行——安全第一网络银行（Security First Network Bank）在美国诞生，为世界金融史翻开了新的一页。随着互联网在全球的迅猛发展，除银行业外，证券业、保险业、基金业等也纷纷加入互联网浪潮中来，给具有 300 多年历史的传统金融业带来了前所未有的冲击。

对传统金融企业而言，一方面，互联网技术能够为其拓展和延伸金融服务提供极大的便利，使客户享受到超越时空的 AAA 式服务，即在任何时候（Anytime）、任何地方（Anywhere）、以任何方式（Anyhow）为客户提供每年 365 天、每天 24 小时的全天候金融服务①；另一方面，互联网技术又使金融企业能够突破传统的业务和营销模式，并实现以客户为中心，提供全功能、个性化的服务模式。因此，拥抱互联网、发展利用互联网金融技术成为金融企业在网络经济时代的必然选择。

互联网技术在全球金融领域中的应用与发展，大致可以分为三个阶段。第一阶段是传统金融业的触网。这一阶段以网络银行、网络证券、网络保险的出现为标志，并不断拓展基于互联网的金融产品与渠道，同时也带动了互联网金融交易平台技术、互联网安全技术的快速发展。第二阶段是第三方支付平台的崛起。在电子商务从兴起到成熟的过程中，以 PayPal 为首的第三方支付机构迅速成长并不断壮大，带动了分布式计算、NoSQL、数据挖掘、人工智能等技术在互联网金融领域的不断深入与发展。第三阶段是移动互联网金融与大数据时代的到来。随着安装 iOS 和 Android 两大操作系统的智能手机、平板席卷全球，移动金融领域的软硬件产品创新不断，终端技术日新月异，云计算、大数据、虚

① 梁珂、杨维新：《论网络化与我国的金融监管》，载《金融理论与实践》，2003（3）。

拟化等技术也日趋成熟。

我国互联网金融技术平台的发展也大致经历了三个阶段。第一个阶段是交易平台阶段。无论是银行还是券商，在互联网技术应用的第一步都是建立交易平台，通过网上银行系统、在线证券交易系统，实现查询、转账、股票交割等在线交易。第二个阶段是销售平台阶段，尤其以银行最为明显。银行通过不断丰富网上银行系统功能，增加信用卡、缴费、理财、证券、外汇等服务，并为企业客户提供代发工资、信贷管理、国际业务、集团管理等专业化金融服务，互联网技术为银行中间业务的快速发展提供了强劲动力。第三个阶段是创新服务平台阶段。伴随着第三方支付与 P2P 网络借贷、众筹等新兴互联网金融企业的异军突起，互联网金融技术平台呈现出多样化的态势，以用户为中心，推进产品创新和服务创新，成为这一阶段互联网技术平台发展的主旋律。

7.1.2 主流互联网金融技术平台的应用

一、支付类平台应用

支付类平台主要是以互联网为载体，面向开展电子商务业务的网站及商家提供电子商务基础支撑与应用支撑服务，连接用户、商户与银行，实现基于互联网的支付交易功能，并为网络交易双方提供代收代付的中介服务和第三方担保。目前国内的第三方支付平台主要有 PayPal、支付宝、财付通等。

以支付宝为例，其 4.0 架构使用的是数据云，能够实时智能地运营，多维立体地识别和管控，主要表现在面对十亿交易量级、更多数据种类与数据量时，能够快速接入、灵活部署，并且毫秒级地识别响应，实时进行数据计算。

二、理财类平台应用

理财类的互联网金融平台主要包括网上银行理财、手机银行理财、“宝宝”类产品等。

除商业银行外，阿里巴巴、腾讯、百度等互联网巨头都各自建有强大的理财平台。它们更倾向于使用云计算、大数据技术以应对来自用户的海量访问和清算系统的压力，并在安全防范与客户体验之间取得较好的平衡。

三、融资类平台应用

融资类的互联网金融平台主要包括商业银行、大型电商、P2P 网络借贷和众筹几类。

融资类平台将投资方的资金汇集，分配给符合标准的借款人完成借贷交易。大型电商如阿里巴巴、京东等，依托自有的庞大商户群与海量交易数据，能够为客户提供极为快速的融资服务。

P2P 网络借贷平台为数众多，其技术架构以传统的 Web 架构居多。此外，部分具备技术实力的 P2P 网络借贷平台开始采用一些人工智能技术来进行风险控制，如宜信等。

四、综合类平台应用

除了上述互联网金融平台之外，还有直销银行模式的平台。直销银行是互联网时代应运而生的一种新型银行运作模式，是业务拓展不以柜台为基础，打破时间、地域、网点等限制，主要通过电子渠道提供金融产品和服务的银行经营模式和客户开发模式①。它整合了支付、理财和融资等多种功能，是个综合类的互联网金融平台。作为新兴的纯互联网金融平台，其架构倾向于使用性价比更高的 x86 服务器和 LAMP 架构。

7.2　新技术在互联网金融领域中的应用

7.2.1　Hadoop 技术在互联网金融平台中的应用

一、Hadoop 技术②的发展现状

Hadoop 是 Apache 软件基金会旗下的一个开源分布式计算平台。Hadoop 的源头是 Apache Nutch，该项目开始于 2002 年，是 Apache Lucene 的子项目之一。2004 年，谷歌在“操作系统设计与实现”（Operating System Design and Implementation，OSDI）会议上公开发布“MapReduce：Simplified Data Processing on Large Clusters”（MapReduce：简化大规模集群上的数据处理）。Doug Cutting 等人受此启发，尝试实现 MapReduce 计算框架，并将它与 NDFS（Nutch Distributed File System）结合，以支持 Nutch 引擎的主要算法。由于 NDFS 和 MapReduce 在 Nutch 引擎中有着良好的应用，所以它们于 2006 年 2 月被分离出来，成为一套完整而独立的软件，起名 Hadoop。到了 2008 年初，Hadoop 已成为 Apache 的顶级项目，它被包括 Yahoo 在内的很多互联网公司所采用。现在，Hadoop 已经发展成为包含 HDFS、MapReduce、Pig、ZooKeeper 等子项目的集合，用于分布式计算③。

Hadoop 技术目前已经在互联网行业和电子商务行业得到了广泛的应用，它可以实现海量数据的低成本存储、数据的高效计算和数据分析。目前，阿里巴巴集团采用 Hadoop 技术实现了淘宝商品数据存储和交易数据动态分析，为它带来了巨大的利润。采用 Hadoop 技术在大数据时代的优势十分明显，越来越多的企业会采用这种技术解决它们面临的大数据问题。

---

① 《直销银行》，载《中国农村金融》，2014。

② Hadoop 技术主要用于海量数据存储、数据挖掘和数据分析。

③ 张明辉：《基于 Hadoop 的数据挖掘算法的分析与研究》，昆明理工大学，2012。

二、Hadoop 技术在银行业的应用

基于 Hadoop 技术的特点，可以用它来存储银行业的离线数据，并开发相应的算法对这些数据进行挖掘分析，提高银行企业对历史数据的利用价值。

银行业使用 Hadoop 平台技术的基本思路是：保持原来系统架构不变；在核心系统层，增加 Hadoop 平台系统，实现核心系统的历史数据存储备份；对外提供数据查询功能；还可以根据数据存储特点，提供数据挖掘处理功能。

近年来，随着 Hadoop 大数据方案在互联网行业广泛应用并持续创造价值，农业银行开始关注并研究大数据方案在金融领域的应用。2012 年 7 月，农业银行正式引入业内广受关注的 Hadoop 大数据方案，并对相关的软硬件技术及其在银行内应用的可行性进行了充分的研究，明确了大数据方案在农业银行的应用场景。农业银行的大数据方案首先被应用于支撑对历史交易数据的查询与分析，其采用业界流行的 Hadoop 分布式计算框架，具备处理海量结构化和非结构化数据的能力[①]。同一时期，光大银行也在尝试将大数据领域的 Hadoop 技术应用于银行 IT 系统建设。2013 年 10 月底，光大银行首个基于 Hadoop 技术的应用试点项目成功投产上线，成为 Hadoop 技术在银行系统应用的一个重要里程碑。

7.2.2　云计算技术在互联网金融平台中的应用

一、云计算的发展现状

云计算（cloud computing）是分布式计算技术的一种，其最基本的概念，是通过网络将庞大的计算处理程序自动分拆成无数个较小的子程序，再交由多部服务器所组成的庞大系统经搜寻、计算分析之后将处理结果回传给用户。通过这项技术，网络服务提供者可以在数秒之内处理数以千万计甚至亿计的信息，提供和超级计算机同样强大效能的网络服务[②]。

目前，亚马逊、微软、谷歌、IBM、英特尔等公司纷纷提出了“云计划”，例如亚马逊的 AWS（Amazon Web Services）、IBM 和谷歌联合进行的“蓝云计划”等。这对云计算的商业价值给予了巨大的肯定。同时，学术界也纷纷对云计算进行深层次的研究：谷歌同华盛顿大学以及清华大学合作，启动云计算学术合作计划（Academic Cloud Computing Initiative），推动云计算的普及，加紧对云计算的研究。美国卡耐基梅隆大学等提出对数据密集型的超级计算（Data Intensive Super Computing，DISC）进行研究，本质上也是对云计算相关技术开展研究。在各大公司以及学术界的共同推动下，云计算技术将会持续发展[③]。

---

① 王伟：《华为助力农行应战“大数据”》，载《金融电子化》，2013（12）。

② 拓守恒：《云计算与云数据存储技术研究》，载《电脑开发与应用》，2010（9）。

③ 陈全、邓倩妮：《云计算及其关键技术》，载《计算机应用》，2009（9）。

二、云计算关键技术

1. 虚拟化技术。在云计算实现中，计算系统虚拟化是一切建立在“云”上的服务与应用的基础。虚拟化技术主要应用在CPU、操作系统、服务器等多个方面，是提高服务效率的最佳解决方案①。所谓虚拟化技术是指计算元件在虚拟的基础上运行，能够扩大硬件的容量，简化软件的重新配置过程，减少软件虚拟机相关开销，支持更广泛的操作系统。虚拟化技术可实现软件应用与底层硬件相隔离，包括将单个资源划分成多个虚拟资源的裂分模式，也包括将多个资源整合成一个虚拟资源的聚合模式。虚拟化技术根据对象可分成存储虚拟化、计算虚拟化、网络虚拟化等，计算虚拟化又分为系统级虚拟化、应用级虚拟化和桌面虚拟化②。

2. 分布式海量数据存储技术。云计算系统由大量服务器组成，同时为大量用户服务，因此云计算系统采用分布式存储的方式存储数据，用冗余存储的方式（集群计算、数据冗余和分布式存储）保证数据的可靠性。冗余的方式通过任务分解和集群，用低配机器替代超级计算机的性能来保证低成本，这种方式保证分布式数据的高可用性、高可靠性和经济性，即为同一份数据存储多个副本。云计算系统中广泛使用的数据存储系统是谷歌的GFS和Hadoop团队开发的HDFS③。

3. 海量数据管理技术。云计算需要对分布的、海量的数据进行处理、分析，因此，数据管理技术必须能够高效地管理大量的数据。云计算系统中的数据管理技术主要是谷歌的BT sT ~ 10数据管理技术和Hadoop团队开发的开源数据管理模块HBase。由于云数据存储管理形式不同于传统的RDBMS数据管理方式，如何在规模巨大的分布式数据中找到特定的数据，也是云计算数据管理技术必须解决的问题。同时，管理形式的不同造成传统的SQL数据库接口无法直接移植到云管理系统中来，提供RDBMS和SQL的接口，如基于Hadoop子项目的HBase和Hive等。另外，在云数据管理方面，如何保证数据安全性和数据访问高效性也是研究关注的重点问题之一④。

4. 编程模式。云计算提供了分布式的计算模式，客观上要求必须有分布式的编程模式。云计算采用了一种思想简洁的分布式并行编程模型MapReduce。MapReduce是一种编程模型和任务调度模型，主要用于数据集的并行运算和并行任务的调度处理。在该模式下，用户只需要自行编写Map函数和Reduce函数

---

① 李晓伟、沈艳秋：《云计算及其发展进程》，载《科技信息》，2011（15）。
② 段桂英：《浅谈计算机云计算》，载《科技信息》，2010（30）。
③ 詹洪文：《云计算核心技术及其产业化浅析》，载《硅谷》，2011（6）。
④ 李晓伟、沈艳秋：《云计算及其发展进程》，载《科技信息》，2011（15）。

即可进行并行计算。其中，Map 函数中定义各节点上的分块数据的处理方法，而 Reduce 函数中定义中间结果的保存方法以及最终结果的归纳方法①。

5. 云计算平台管理技术。云计算资源规模庞大，服务器数量众多并分布在不同的地点，同时运行着数百种应用，如何有效地管理这些服务器，保证整个系统提供不间断的服务是巨大的挑战。云计算系统的平台管理技术能够使大量的服务器协同工作，方便地进行业务部署和开通，快速发现和恢复系统故障，通过自动化、智能化的手段实现大规模系统的可靠运营②。

三、云计算在金融业的应用

伴随着国内银行业竞争的加剧，云计算技术成为银行增强数据的安全性，加快信息共享的速度，提高服务质量、降低成本和赢得竞争优势的一大选择③。具体而言，应用云计算技术将带来以下优势：

一是云计算与数据挖掘技术的结合，能够增强银行的数据处理能力，使其快速作出商业决策。伴随着金融体制改革的不断深化，银行业务应用范围从单一项目到综合业务服务，业务经营模式从分散处理到逐步进行业务集中管理，从而产生了大量的业务数据。云计算技术可以帮助快速地从海量数据中提取出有价值的信息，为银行的商业决策服务：由云海中成千上万的计算机群提供强大的计算能力，并通过网络将庞大的计算处理程序自动分拆成无数个较小的子程序，在短时间内对银行大量的业务数据进行快速处理，进行海量数据的存储、分析、处理、挖掘，在短时间内为银行业务发展提供科学的决策、预测分析和技术支持④。

二是云计算技术能够增强银行数据的可靠性和存储能力，应对不可抗力事件，如地震和火灾等，为银行存储不断增长的业务数据提供强有力的支撑。对于银行来说，随着业务量的增加，信息和数据量以几何级数增长，使得核心业务信息的管理难度越来越高，对数据存储容量和可靠性提出了更高的要求。目前银行主要采用 NAS⑤ 和 SAN⑥ 两种存储技术⑦，这两种技术有一些负担：NAS 增加网络拥塞，导致 NAS 性能严重受制于网络数据传输能力；SAN 因其所需

---

① 李晓伟、沈艳秋：《云计算及其发展进程》，载《科技信息》，2011（15）。

② 李晓伟、沈艳秋：《云计算及其发展进程》，载《科技信息》，2011（15）。

③ 张建文、汪鑫：《云计算技术在银行中的应用探讨》，载《华南金融电脑》，2009（6）。

④ 张建文、汪鑫：《云计算技术在银行中的应用探讨》，载《华南金融电脑》，2009（6）。

⑤ NAS，Network Attached Storage，即网络接入服务器，基于标准网络协议实现数据传输，为各种不同操作系统的计算机提供文件共享和数据备份。

⑥ SAS，Storage Area Storage，即在计算机与存储系统之间提供数据传输的存储系统。它依托光纤通道（Fibre Channel）为服务器和存储设备之间的连接提供更高的吞吐能力，支持更远的距离和更可靠的连通。

⑦ 张建文、汪鑫：《云计算技术在银行中的应用探讨》，载《华南金融电脑》，2009（6）。

的基础设施庞大，成本高且复杂，在管理和维护上对专业人才要求高，运行总成本大。此外，传统的 SAN 和 NAS 存储架构满足不了大数据和应用的需求，因为这些应用需要捕获源源不断的业务数据和组织管理数据，提供低于 5 秒的读取时间以及确保存储安全。云计算技术正好为这些问题带来了解决办法，在云海中有上百万台服务器，即使某台出现故障，云海中的其他服务器也可以在极短的时间内快速利用克隆技术将这台服务器中的数据完全拷贝到别的服务器上，并启动新的服务器以提供服务。尤其重要的是，云海中众多的服务器提供了强大的存储能力，网络中大量不同类型的存储设备通过应用软件集合起来协同工作，而且能够动态扩展，满足银行业务不断增长带来的庞大数据存储的需要。

三是云计算技术将提高银行数据传输的安全性，防止各种病毒威胁和恶意入侵。网上银行、电子商务、网上交易系统都是通过公开互联网，并且都与银行发生关系，从而不可避免地会遭到入侵者攻击。如果银行采用云计算技术，一旦发现某个应用程序进入计算机，该计算机会把这个应用程序的信息与内容发送到云端服务器，云端服务器同时对云海内所有其他节点上的计算机发出针对该信息的质询请求。质询请求主要是询问其他计算机是否有类似的应用程序的判定方法。如果其他计算机没有处理过这样的程序，那么云端服务器还要把该信息提交给厂商的恶意软件实验室，由实验室给出最终的判断结果。云计算对银行数据增加了多层安全机制进行保护，确保银行数据万无一失。另外，云计算提供商拥有专家人员，提供各种入侵检测和入侵防御服务，针对各种间谍软件、木马、病毒和蠕虫有独到的处理方案，同时使用加密技术对数据加以保护，有效地保障了银行网络安全。同时，银行将服务外包给云计算提供商，由提供商对银行网络进行集中布置，可以有效地避免内部人员由于熟悉内网或勾结外部人员进行犯罪而给银行带来的风险，也可以避免银行技术人员频繁流动造成泄密的隐患①

四是云计算技术也能降低银行的总体拥有成本。总体拥有成本包括设备购置成本、运营成本、电力消耗成本、空调冷却成本、机房空间以及未来扩容成本等方面。随着银行的不断发展，业务逐渐从一个地区扩展到另一个地区，分支机构不断增多，造成银行总体拥有成本不断上升。采用云计算技术意味着银行将节省大量购买和维护昂贵设备的成本，完全将其转移到云计算提供商一边，以提高资源利用效率②。

---

① 张建文、汪鑫：《云计算技术在银行中的应用探讨》，载《华南金融电脑》，2009（6）。

② 张建文、汪鑫：《云计算技术在银行中的应用探讨》，载《华南金融电脑》，2009（6）。

7.2.3 大数据在互联网金融平台中的应用

一、大数据应用场景和主要方向

随着计算机及互联网通信技术的兴起和发展，在过去的几十年间，金融行业在不断改变，有两种互联网金融的表现形式引人注目①。

一种是越来越多的传统金融交易和服务因互联网技术得以升级和替代：从各类大小额不同币种的电子支付系统的逐步使用，发展到电子化证券或货币交易结算系统几乎完全取代了人工场内交易，到现在互联网提供了几乎全部类型的银行信贷、证券交易、保险理财等服务。

另一种是以第三方支付为突破口，互联网企业跻身网络小额信贷等金融领域，比如阿里巴巴利用网络平台和用户数据，为用户提供信贷、支付结算等金融服务，在服务对象和贷款技术等方面取得突破，对传统金融体系形成了挑战，也促使传统金融机构越来越重视互联网的作用。

人们普遍认识到，互联网金融不是互联网和金融的简单加总。在上述两类表现之外，更深层次的变化是一些基于互联网应用的特有技术、商业模式和产品开始出现，金融体系正随之经历着新的变革。但究竟什么才是互联网金融有别于传统金融的重要特征，还未被理论界和实务界广泛讨论。

与传统金融相比，大数据给互联网金融不仅带来了金融服务和产品创新以及用户体验的变化，而且创造了新的业务处理和经营管理模式，对金融服务提供商的组织结构、数据需求与管理、用户特征、产品创新力来源、信用和风险特征等方面产生了重大影响，显著提升了金融体系的多样性，也对金融监管和宏观调控等方面提出了新的挑战。

二、大数据采集和处理

数据的采集是指利用多个数据库接收发自客户端（Web、APP 或者传感器形式等）的数据，并且用户可以通过这些数据库进行简单的查询和处理工作。比如，电商会使用传统的关系型数据库 MySQL 和 Oracle 等来存储每一笔事务数据，除此之外，Redis 和 MongoDB 这样的 NoSQL 数据库也常用于数据的采集②。

大数据采集的主要特点和挑战是并发数高，因为有可能同时会有成千上万的用户进行访问和操作，比如火车票售票网站和淘宝，它们并发的访问量在峰值时达到上百万，所以需要在采集端部署大量数据库提供支撑③，而且还需要深

① 叶纯青：《大数据下的金融创新与跨界融合》，《金融科技时代》，2014（10）。

② 代亮、陈婷、许宏科、钱超、梁殿鹏：《大数据测试技术研究》，载《计算机应用研究》，2014（6）。

③ 吴朱华：《大数据从“小”做起》，载《网络世界》，2012－05－14（36）。

入地思考和设计如何在这些数据库之间进行负载均衡和分片。

虽然采集端本身会有很多数据库，但是如果要对这些海量数据进行有效的分析，还应该将这些来自前端的数据导入一个集中的大型分布式数据库或者分布式存储集群，并且可以在导入基础上作一些简单的清洗和预处理工作。也有一些用户会在导入时使用来自 Twitter 的 Storm 对数据进行流式计算，以满足部分业务的实时计算需求①。

三、大数据存储及管理

很多人把 NoSQL 叫做云数据库，因为其处理数据的模式完全是分布于各种低成本服务器和存储磁盘，可以帮助网页和各种交互性应用快速处理业务过程中的海量数据。它采用分布式技术，同时结合其他一系列技术，可以对海量数据进行实时分析，满足了大数据环境下一部分业务需求。

云计算对关系型数据库的发展将产生巨大的影响，而绝大多数大型业务系统（如银行、证券交易等）、电子商务系统所使用的数据库还是基于关系型的数据库，云计算的大量应用势必对这些系统的构建产生影响，进而影响整个业务系统及电子商务系统的运行模式。

基于关系型数据库服务的云数据库产品将是云数据库的主要发展方向，云数据库具有海量数据的并行处理能力和良好的可伸缩性，同时支持在线分析处理（OLAP）和在线事务处理（OLTP），提供了超强性能的数据库云服务，并成为集群环境和云计算环境的理想平台。它是一个高度可扩展、安全和可容错的软件，客户能通过整合降低 IT 成本，提高所有应用程序的性能和实时性，作出更好的业务决策。

这样的云数据库要能够满足：（1）海量数据处理：对类似搜索引擎和电信运营商的经营分析系统这样大型的应用而言，需要能够处理 PB 级的数据，同时应对百万级的流量。（2）大规模集群管理：分布式应用可以更加简单地部署、应用和管理。（3）低延迟读写速度：快速的响应速度能够极大地提高用户的满意度。（4）低建设及运营成本：云计算应用的基本要求是希望在硬件成本、软件成本以及人力成本方面都有大幅度的降低②。

四、大数据分析及挖掘

统计与分析主要是利用分布式数据库或者分布式计算集群对存储于其内的海量数据进行普通的分析和分类汇总等，以满足大多数常见的分析需求。在这方面，一些实时性需求会用到 EMC 的 GreenPlum、Oracle 的 Exadata，以及基于 MySQL 的列式存储 Infobright 等，而一些批处理或者基于半结构化数据的需求可

① 吴朱华：《大数据从“小”做起》，载《网络世界》，2012－05－14（36）。

② 程莹、张云勇、房秉毅、徐雷：《云计算时代的数据库研究》，载《电信技术》，2011（1）。

以使用 Hadoop①。

与前面统计和分析过程不同的是，数据挖掘一般没有什么预先设定好的主题，主要是在现有数据上进行基于各种算法的计算，从而起到预测（Predict）的作用，实现一些高级别数据分析的需求。比较典型的算法有用于聚类的 K - Means、用于统计学习的 SVM 和用于分类的 Naive Bayes，主要使用的工具有 Hadoop 的 Mahout 等。该过程的特点和挑战主要是用于挖掘的算法很复杂，并且计算涉及的数据量和计算量都很大②。

五、大数据展现与应用

数据一直是信息时代的象征。金融业是大数据的重要产生者，交易、报价、业绩报告、消费者研究报告、官方统计数据公报、调查、新闻报道无一不是资料来源。金融业也高度依赖信息技术，是典型的数据驱动行业。互联网金融环境中，数据作为金融核心资产，将撼动传统客户关系及抵质押品在金融业务中的地位。例如，信用卡消费记录中早就包含消费时的位置信息，这就可以被互联网金融利用。

大数据已经促进了高频交易、社交情绪分析和信贷风险分析三大金融创新。

1. 高频交易（high - frequency trading）来自各方面的统计预测综合显示，2009 年以来，无论是美国证券市场还是期货市场、外汇市场，高频交易所占份额已达 40% ~80%。随着采取这类策略的高频交易越来越多，其负面效应凸显且利润大幅下降。芝加哥 Rosenblatt 证券咨询公司的研究显示，2012 年高频交易公司的利润比 2009 年下降了 74%。

现在的高频交易开始采取战略顺序交易（strategic sequential trading），即通过分析金融大数据，识别出特定市场参与者留下的足迹。例如，如果一只共同基金通常在收盘前一分钟的第一秒执行大额订单，能够识别出这一模式的算法将预判出该基金在其余交易时段的动向，并执行相同的交易。该基金继续执行交易时将付出更高的价格，使用算法的交易商可趁机获利。

2. 通过收集、分析社交媒体上的内容进行社交情绪分析。伴随 Twitter 日发消息超过 5 亿条，Facebook 日均用户超过 10 亿人，社交媒体数据应用已经成为互联网商业模式的重要组成部分。研究者在这方面有不少发现：英国布里斯托尔大学的团队研究了从 2009 年 7 月到 2012 年 1 月由超过 980 万英国人创造的 4.84 亿条 twitter 消息，发现公众的负面情绪变化与财政紧缩及社会压力高度相关。惠普实验室的社交计算研究主管伯纳多·休伯曼在《网页法则》一书里，把人们发布的微博与现实世界发生的事情之间的关系称为“注意力经济学”。他

① 吴朱华：《大数据从“小”做起》，载《网络世界》，2012 - 05 - 14（36）。

② 吴朱华：《大数据从“小”做起》，载《网络世界》，2012 - 05 - 14（36）。

发现可以通过分析人们发布的微博来准确预测电影的票房收入。

金融市场的投资者试图将研究与应用结合起来。大约两年前，对冲基金开始从 Twitter、Facebook、聊天室和博客等社交媒体中提取市场情绪信息，开发交易算法。例如，一旦发现有自然灾害或恐怖袭击等意外信息公布，便立即抛出订单。2008 年，精神病专家理查德·彼得森筹集了 100 万美元在美国加州圣莫尼卡建立了名为 MarketPsy Capital 的对冲基金，通过追踪聊天室、博客、网站和微博，确定市场对不同企业的情绪，再据此确定基金的交易策略。到 2010 年，该基金回报率达 40%。巴黎三位拥有行为金融学背景的交易员经营的 IIBremans，针对法国 CAC40 指数提供情绪分析；位于伦敦的小型对冲基金 DCM 资本从 Facebook 和 Twitter 等社交媒体收集信息，对人们对某个金融工具的情绪进行打分，并向零售客户发布预测，辅助投资者作出投资决定。

3. 加强风险的可审性，支持精细化管理。由于小微企业财务制度的不健全，考虑到信贷安全，金融机构需要收集和分析大量小微企业用户日常交易行为的数据，判断其业务范围、经营状况、信用状况、用户定位、资金需求和行业发展趋势[①]，了解其真实的经营状况。互联网金融模式正好能够在其中发挥作用。如阿里小贷首创了从风险审核到放贷的全程线上模式，向通常无法在传统金融渠道获得贷款的弱势群体批量发放金额小、期限短、随借随还的小额贷款。

首先，通过阿里巴巴 B2B、淘宝、天猫、支付宝等电子商务平台，收集客户积累的信用数据，利用在线视频全方位定性调查客户资信，再加上交易平台上的客户信息（客户评价度数据、货运数据、口碑评价等），并对后两类信息进行量化处理；同时引入海关、税务、电力等外部数据加以匹配，建立数据库模型。[②]

其次，通过交叉检验技术辅以第三方验证确认客户信息的真实性，将客户在电子商务网络平台上的行为数据映射为企业和个人的信用评价，通过沙盘推演技术对地区客户进行评级分层，研发评分卡体系、微贷通用规则决策引擎、风险定量化分析等技术。

最后，在风险监管方面，开发了网络人际爬虫系统，突破地理距离的限制，捕捉和整合相关人际关系信息，并通过逐条规则的设立及其关联性分析得到风险评估结论，结合结论与贷前评级系统进行交叉验证，构成风险控制的双保险。阿里小贷还凭借互联网技术监控贷款的流向：如果该客户是贷款用于扩展经营，

① 谢然：《社交关系与大数据的结合，催生真正的互联网与金融领导者》，载《互联网周刊》，2015（1）。

② 谢然：《社交关系与大数据的结合，催生真正的互联网与金融领导者》，载《互联网周刊》，2015（1）。

阿里小贷将会对其广告投放、店铺装修和销售进行评估和监控。

7.2.4 互联网金融平台的安全技术应用

随着互联网金融的进一步发展以及电子银行和中间业务的广泛开展，银行的网络与互联网、第三方的交互越来越频繁，使原本相对封闭的网络越来越开放，从而将外部网络的风险引入银行内部网络，对银行的安全管理提出了更高的要求。

银行建立健全安全防御体系保障网络和数据安全主要有以下几种技术：网络防护技术、隐私保护技术、安全加密技术和移动安全技术。

一、网络防护技术

自中国各大银行纷纷推出网上银行服务以来，网上交易这个新兴的金融业务形式迅速聚集了大量用户，同时也成为黑客和病毒制作者感兴趣的对象。仅2014 年 1 月就发生多起金融行业遭受黑客攻击的事件。因此，在构建互联网金融平台时，银行要使用相应的网络防护技术加强网络的安全性。网络防护技术主要包括以下三种。

1. 边界防护技术。边界防护技术是指防止外部网络用户未经授权进入内部网络访问内部资源，保护内部网络操作环境的特殊网络互连设备所用的技术。典型的设备有防火墙、入侵检测系统、网闸等。

防火墙的作用是过滤不安全的服务，提供对应用系统的访问控制，实现网络集中安全管理，阻止网络攻击等。

入侵检测系统则是通过网络或系统中的若干关键点收集信息并对其进行分析，从中发现网络或系统中违反安全策略的行为和被攻击的迹象①，在网络和系统受到危害之前进行报警、拦截和响应。

网闸是运用物理隔离网络安全技术设计的安全隔离系统，它既能保证内部网络与不可信网络物理隔断，阻止各种已知、未知的网络层和操作系统层攻击②，又能实现在线实时访问不可信网络所必需的数据交换。不过网闸使用的是自身定义的私有通信协议，因此在通用性方面不如防火墙。正因为产品定位的不同，也不能互相取代。

2. 病毒防范和漏洞扫描技术。操作系统或者数据库的运行会不可避免地出现某些漏洞，从而使信息网络系统遭受严重的威胁。漏洞扫描技术对操作系统、数据库等进行漏洞加固和保护，提高系统的抗攻击能力③，并通过建立病毒检测

---

① 李举达：《基于互联网的财务结算中心的安全管理》，载《经济师》，2003（3）。

② 张惠敏、薛波：《大型企业中计算机网络安全防护体系》，载《商场现代化》，2008（22）。

③ 《保险企业信息安全管理框架体系的构建》，载《中国金融电脑》，2012（8）。

系统对网络及各系统进行实时的检测与扫描，防止木马病毒和蠕虫病毒等的侵入，防范攻击，保护系统内数据的安全。

3. 容灾备份技术。容灾备份系统是指在异地建立和维护一个或多个功能相同的备份应用系统，这些系统相互之间可以进行健康状态监视和功能切换，当一处系统因意外（如火灾、地震等）停止工作时，整个应用系统可以切换到另一处，使得该系统可以继续正常工作①。

二、隐私保护技术

银行是经营货币的行业，会涉及产品、资金的安全，同时也涉及客户隐私。银行业进入大数据时代以后，大数据分析、云计算技术的使用，使银行隐私安全岌岌可危。为防止隐私信息泄露，银行可以通过访问控制技术和身份认证技术明确每个用户的权限，以安全的方式把数据和处理不同任务的程序相互隔离，从而构建安全高墙。

1. 访问控制技术。访问控制技术是在为用户对系统资源提供最大限度共享的基础上，对用户的访问权限进行管理，防止对信息的非授权篡改和滥用。访问控制对合法用户提供所需要的服务，拒绝用户越权的服务请求，保证用户在系统安全策略下有序地操作。

2. 身份认证技术。身份认证技术是指在计算机及网络系统中确认用户身份真实、有效的一个过程。所有系统中，对用户的授权也是对用户身份的授权。常见的身份认证方法有：基于口令的鉴别方法；基于智能卡、令牌的鉴别方法；基于 PKI 数字证书的鉴别方法；基于生物特征的鉴别方法（指纹、掌纹、虹膜、视网膜、面容、语音、签名等）②。

三、安全加密技术

为解决网上支付的安全问题，银行应采用多种安全加密技术结合的方式保证交易安全，如在网上银行系统和 USB Key 中的应用。现行的安全加密技术有以下几类。

1. 数据加密技术。数据加密是把原始的数据（明文）按照加密算法变换成与明文完全不同的数据（密文），使其只能在输入相应的密钥之后才能显示出本来内容（明文），通过这样的途径来达到保护数据不被人非法窃取、阅读的目的。该过程的逆过程为解密③。数据加密是数据保护在技术上最重要的防线。目前，加密技术通常分为两大类，即对称加密和非对称加密。

---

① 冯宝军：《沈阳铁路局客票系统容灾的实现》，载《铁路计算机应用》，2003（11）。

② 周楝淞、杨洁、谭平嶂、庞飞、曾梦岐：《身份认证技术及其发展趋势》，载《通信技术》，2009（10）。

③ 李颖：《基于 J2ME 平台的移动应用系统的研究与实现》，南昌大学，2007。

对称加密就是加密和解密使用同一个密钥。对称加密处理简单，计算量少，加密解密速度快。其中的代表算法 DES 广泛用于银行储户在柜面或 POS 机、ATM 等机具上进行密码支付时使用的加密键盘。

非对称加密即公钥加密，需要两个密钥：公开密钥和私有密钥。它们两个必须配对使用。如果用公开密钥对数据进行加密，只有用对应的私有密钥才能解密[①]；如果用私有密钥对数据进行加密，只有用对应的公开密钥才能解密。公开密钥可在互联网上传送，私有密钥自己保存，不需要往返交换和传递，大大降低了密钥泄露的危险性。在非对称加密中，RSA 算法是目前在理论和实际应用中最为成熟和完善的一种算法，因为它既可用于数据加密，又可用于数字签名。

2. 数字证书和数字签名技术。数字证书是由证书授权中心（Certificate Authority）发行的，用来在互联网通信中标识身份的文件，内含公开密钥、公开密钥所有者信息以及证书授权中心的数字签名等内容。

数字签名是将原文按双方约定的哈希算法计算得到一个数字摘要，并用公钥加密算法进行加密后，和原文一起发送给接收者。一是用来确定消息确实是由发送方签名并发出来的，因为别人假冒不了发送方的签名。二是用来确定消息的完整性，因为接受者可以使用公钥加密算法将数字签名解密，把得出的数字摘要与原文的数字摘要进行对比，若完全一致，说明收到的信息是完整的。

3. 安全通信协议。目前互联网中应用最为广泛的安全通信协议就是 SSL 协议。SSL（安全套接层）协议是一种互联网数据安全协议，它使用上述加密技术，使用户、服务器应用之间的通信不被窃取，保障数据安全。它可以内置于浏览器和 Web 服务器中，用于浏览器与服务器之间的身份认证和加密数据传输。

SSL 协议可用于保护正常运行于 TCP 之上的任何应用协议，如 HTTP、FTP、SMTP 或 Telnet 的通信[②]，最常见的是 HTTPS 协议。HTTPS（超文本传输）协议是以安全为目标的 HTTP 通道，即 HTTP 下加入 SSL 层。由于 SSL 在应用层通信之前就已经完成加密算法、通信密钥的协商，以及服务器认证工作，所以应用层协议所传送的所有数据都被加密。虽然它只能提供交易中用户与服务器间的双方认证，不能实现多方的电子交易[③]，但 SSL 协议实现简单，在电子交易中应用便利。在国内，基于 SSL 的支付系统是网上支付的主流形式。

SET（安全电子交易）协议是基于网上信用卡支付而设计的，但由于过于复

---

① 李晓峰：《PKI 与 IBE——信息安全中的两种认证技术》，载《河南机电高等专科学校学报》，2005（4）。

② 曾建新、刘先锋：《电子商务安全技术综述》，载《计算机安全》，2008（2）。

③ 张玉英、曹江浩、庞国莉、王春洁：《综述网络交易过程中电子支付问题》，载《商场现代化》，2005（18）。

杂，而且使用成本太高，需要在银行网络、商家服务器和用户 PC 上安装相应的软件，所以 SET 协议在国内并未普及。它主要由 MasterCard、Visa 以及其他业界主流厂商设计发布，用来保证公共网络上银行卡支付交易的安全性①。SET 协议本身设计比较严格，安全性高，而且它的服务对象包括消费者、商家、发卡银行、收单银行、支付网关、认证中心，因此可能会在未来替代 SSL 协议。

四、移动安全技术

1. 移动安全技术概述。在银行互联网金融平台的建设过程中，移动金融是不可或缺的一部分。对于银行业来说，移动安全主要包括移动支付安全（即手机银行安全）和移动办公安全两个部分。传统的网络安全技术仍可使用于移动网络安全中，如防火墙、入侵检测、网闸、身份认证、访问控制、数据加密/解密、安全通信协议等。

2. 移动安全技术应用。手机银行主要有两种：WAP/HTTP 手机银行和客户端手机银行。WAP/HTTP 手机银行跟网上银行类似，通过网页提供银行服务，安全性高。而客户端手机银行则需要安装银行提供的客户端软件，通过客户端软件访问银行，实现手机银行的功能。

要强化移动金融的安全环境，银行可以通过开展多样化的安全监测来实现风险防控，有效保障客户利益。例如，对手机银行客户端应用软件或页面进行安全评估，不断升级弥补漏洞。重点是防止恶意窃取代码、二次打包、在运行中植入恶意代码等。还应该开展对手机银行系统的 24 小时监控，一旦发生特殊情况，及时预警。同时，也可通过与正规的第三方支付平台签订支付协议，正确引导用户进行安全支付，给用户提供真实可靠的支付渠道。

7.2.5 主流互联网金融平台技术的应用

一、传统 IOE 架构

所谓 IOE 架构，是指以 IBM、Oracle、EMC 为代表的小型机、集中式数据库和高端存储的技术架构。其中，I 是指 IBM 的 POWER 系列小型机；O 是指 Oracle 数据库，并泛指所有关系型数据库（Relational Database Management System）；E 指 EMC 中高端 SAN 存储。这个架构曾经一度是 IT 企业最喜欢采用的基础架构，也是当前绝大多数银行、证券、保险、基金、信托等传统金融企业正在使用的 IT 基础架构。

1. IBM 小型机。IBM 公司 POWER 系列小型机是目前全球市场上服务器领域当之无愧的王者，其市场占有率远超 Sun、HP 等竞争对手。在国内金融业的 IT 架构中，IBM 小型机的身影几乎无处不在，是银行、券商等金融企业构建 IT 系

① 《SSL 与 SET：谁主风流?》，载《计算机与网络》，1999（22）。

统的重要基石。POWER 是 Power Optimization With Enhanced RISC 的首字母缩写，作为 IBM RISC 架构的一种，POWER 架构也被公认为第二代精简指令集计算机的代表。

IBM POWER 系列小型机的操作系统为 IBM 专有的 AIX 系统，具有完整性好、可管理性强和可用性高的特征，使 IBM 小型机成为功能强大、性能稳定、高可用性、高安全性的企业级服务器。可以预见，在未来相当长的一段时间内，IBM 小型机仍将是承载关键数据处理的最佳选择之一。

2. 关系型数据库。IOE 中的“O”泛指包括 Oracle 在内的各种关系型数据库，也是整个 IOE 架构中最关键的一环。如果不使用关系型数据库，那么“I”和“E”也就不再是无可替代。

所谓关系型数据库，是指建立在关系模型基础上的数据库，借助集合代数等数学概念和方法来处理数据库中的数据。现实世界中的各种实体以及实体之间的各种联系均用关系模型来表示。标准数据查询语言 SQL 是一种基于关系型数据库的语言，这种语言执行对关系型数据库中数据的检索和操作①。

当前主流的关系型数据库有 Oracle、DB2、Microsoft SQL Server、Informix、Sybase、MySQL 等，国内金融业的 IT 系统普遍使用了关系型数据库，相较而言更倾向于使用 Oracle 和 DB2，同时少量使用 Informix 和 Sybase。

3. SAN 存储。IOE 架构中的最后一环是 SAN（Storage Area Storage）存储，并非专指 EMC 公司的产品。SAN 是一种集中式管理的高速网络或子网络，提供计算机与存储系统之间的数据传输，存储设备是指一张或多张用于存储计算机数据的磁盘设备。一个 SAN 网络由负责网络连接的通信结构、负责组织连接的管理层、存储部件以及计算机系统构成，保证数据传输的安全性和力度②。

典型的 SAN 是一个企业整个计算机网络资源的一部分。通常 SAN 与其他计算资源紧密集群来实现远程备份和档案存储过程。SAN 支持磁盘镜像技术、备份与恢复、档案数据的存档和检索、存储设备间的数据迁移以及网络中不同服务器间的数据共享等功能。此外，SAN 还可以用于合并子网和 NAS 系统③。

二、互联网金融平台架构

1. 基于 SaaS 和 SOA 开放式平台架构技术。随着互联网金融的蓬勃发展，与之配套的软件技术发展迅速并日益成熟，SaaS、WEB2.0、SOA 成为软件解决方案的成熟架构和支撑技术，为应用系统的服务化以及服务化之后的多个服务之

---

① 刘向荣：《对象——关系阻抗不匹配的研究及其解决》，载《电脑知识与技术》，2011（2）。

② 郑实：《SAN 技术在大型网络存储中的优势分析》，载《黄石理工学院学报》，2007（5）。

③ 许保彬：《浅析网络中 SAN 的授权方式》，载《科技情报开发与经济》，2007（22）。

间的集成提供了坚实的技术基础①。银行可以用较小的成本实现原有业务系统的升级改造和新业务系统的部署应用。

（1）SOA 简介。SOA 是一种面向服务的架构模式，它将应用程序的不同功能单元通过定义良好的接口联系起来。接口采用中立的方式进行定义，它独立于实现服务的硬件平台、操作系统和编程语言，这使得构建在系统中的服务可以以一种统一和通用的方式进行交互。SOA 提供了一种构建信息系统的标准和方法，通过建立起合并、可重用的服务体系来减少 IT 业务冗余，并加快项目开发的进程②。

SOA 由三部分组成，分别是服务提供者、服务使用者、服务注册中心。SOA 具有松散耦合、粗粒度服务接口、可重用的服务、标准化的接口和可从企业外部访问等特点，它可以根据需求通过网络对松散耦合的粗粒度应用组件进行分布式部署、组合和使用③。

（2）SaaS 简介。SaaS 是通过互联网交付软件和服务的模式，客户无须像传统模式那样购买、构建和维护基础设施及应用程序，只需通过互联网向厂商订购所需的应用软件和服务，按订购的数量和时间长短向厂商支付费用，并通过互联网获得厂商提供的软件和服务④。

SaaS 为众多的中小银行提供了高效率、低成本的服务。SaaS 能够让中小银行只要支付少量租金，就可以获取大中型银行经过大规模投资后才能获得的软件服务。

（3）基于 SaaS 和 SOA 的开放式平台模式的优势。SaaS 模式可以集中为中小银行搭建信息化所需要的所有网络基础设施及软件、硬件运行平台，并负责前期的实施、后期的维护等一系列服务，使得中小银行无须购买软硬件、建设机房、招聘技术人员，只需前期支付一次性的项目实施费和定期支付 SaaS 服务费，即可通过互联网享用信息系统。同时，SaaS 服务商会通过一定的技术和措施，保证每家银行数据的安全性和保密性⑤。

SOA 的开放式平台伴随着无处不在的标准，为中小银行的现有资产或投资带来了更好的重用性。SOA 能够在最新和现有的应用之上创建应用，能够升级单个服务而无须重写整个应用⑥。SOA 借助现有的应用来组合产生新服务可以灵活地为中小银行开发业务产品和部署应用程序。

---

① 金珊、吴国芳：《基于 SaaS 模式的 SOA 服务分析与设计》，载《信息系统工程》，2009（7）。

② 杨哲、王静：《SOA 架构的第三方物流信息系统分析》，载《中国物流与采购》，2005（24）。

③ 王守选：《基于 SOA 的政务信息资源交换平台的设计与实现》，湖南大学，2007。

④ 王虎：《借力 SaaS 模式推动中小企业信息化发展进程》，载《经济界》，2009（2）。

⑤ 雷玲：《中小企业信息化现状及发展模式》，载《统计与决策》，2005（18）。

⑥ 许云翔：《面向服务架构的管理信息系统的设计与实现》，华中科技大学，2008。

基于 SaaS 和 SOA 开放式平台的架构方案迎合了中小银行信息化的需求，有效地降低了银行初始投入，使银行节约了成本，为中小银行实施信息化管理、提升企业管理运营水平提供了有效途径。

2. 基于 LAMP 的大型门户架构技术。LAMP 网站架构是目前国际流行的 Web 框架，该框架包括 Linux 操作系统，Apache 网络服务器，MySQL 数据库，Perl、Php 或者 Python 编程语言，所有组成产品均是开源软件，是国际上成熟的架构框架①。和 Java/J2EE 架构相比，LAMP 具有 Web 资源丰富、轻量、快速开发等特点；与微软的 .NET 架构相比，LAMP 具有通用、跨平台、高性能、低价格的优势。正因为性能、质量与价格上的优势，LAMP 成为中小银行搭建门户网站的首选平台②。

（1）LAMP 的组件。LAMP 平台由 Linux（操作系统）、Apache（Web 服务平台）、MySQL（开源关系型数据库管理系统）、Php/Perl/Python（计算机语言）组件组成，采用分层的结构，每一层都支持开源软件并且各个组件的兼容性良好，组合在一起形成了目前最流行的 Web 应用架构。

（2）LAMP 的优势。LAMP 在构建大型门户网站方面具有明显的技术优势，已得到业界广泛的应用。无论是银行自主研发还是购买成熟产品，LAMP 都将成为中小银行构建门户网站必须考虑选择的平台，其优点具体体现在以下几个方面：

一是容易开发和应用。LAMP 组件开发比较简单，代码通常比较简洁，程序员可以较为便捷地修改或者扩展应用程序，同时也给专业程序员提供了各种高级特性。大多数主机服务都把基于 LAMP 的环境作为标准，应用程序不需要编译，可以像拷贝一个应用软件一样在新的主机上部署应用程序③。

二是安全稳定。由于是开源软件，大量程序员关注这些软件的开发过程，疑难问题通常能够很快得到修复，不需要昂贵的技术支持合同。经过大量用户和团体组织多年来的使用，LAMP 技术在安全和稳定方面得到了充分的验证。

三是成本低廉。LAMP 组件都是开源软件，遵循 GPL（GNU 通用公共许可证）协议，可以自由获得和免费使用，极大地降低了部署成本。

四是具有灵活扩展性。既没有技术上的限制，也没有许可证的限制，使得 LAMP 能够以适合自己的方式灵活地构建和部署应用程序。LAMP 组件是开源软件，目前已经建立了大量的额外组件和能提供额外功能的模块，开发者能够自

① 夏创文、陈海华：《基于移动互联网的广东高速通出行信息移动应用系统构建》，载《中国交通信息化》，2013（S1）。

② 资料来源：百度文库。

③ 于红波：《基于 LAMP 架构开发 Web 应用的优势》，载《广西纺织科技》，2009（2）。

由地选择组件和使用其功能[①]。

三、互联网金融平台可能遇到的技术挑战

1. 大规模集群存储能力。集群存储是指由若干个通用存储设备组成用于存储的集群，组成集群存储的每个存储系统的性能和容量均可通过集群的方式得以叠加和扩展。在互联网金融高速发展的时代，银行客户更多地选择通过网上银行和手机银行等互联网渠道办理业务，同时带来了交易数据的存储规模爆发式增长。尤其在交易高峰期，由于银行客户几乎同时访问互联网金融平台并且高并发地办理业务，管理和存储大规模数据成为银行面临的首要任务。对于中小银行而言，如何用集群存储技术来管理和存储互联网金融平台产生的大量数据，成为首先要面对和解决的问题。

（1）存储容量扩展方面的挑战。随着互联网金融的蓬勃发展，电子渠道业务种类不断增加，交易量与日俱增，使得银行需要定期对系统的存储容量进行扩展。银行都打造 7×24 小时的互联网金融服务，因此保证业务的连续性对银行来说至关重要。如何在不影响银行系统正常运行的情况下，通过增加存储节点的横向扩容方式实现对存储空间的灵活扩展成为银行科技部门首先需要解决的问题。银行要实现大规模集群存储需要巨大的资金投入，随着用户的数据越来越多，银行需要不断购买新的设备来存储用户信息，这种不断的扩容方式增加了银行的运营成本。

（2）性能可扩展性方面的挑战。随着银行客户数据量的增加，系统的存储容量不断扩大，提供支持的主机服务器数量需要随之不断地增加，系统整体的性能也应该有与之相适应的提升，否则将很难维持系统的正常运作。如果银行在设计数据存储架构之初，在集群存储的分布式架构设计方面做得不好，将势必导致系统存储的扩展能力较差。针对目前品种繁多的互联网金融产品，银行往往对于新业务产品上线后用户数据的增长趋势较难作出精确的判断，倘若出现业务数据爆发式增长，系统存储性能又一时间无法满足业务需求的情况，就必须要提升存储系统的性能。这对集群存储性能的可扩展性提出了更高的要求。

2. 互联网平台的开放性方面的挑战。随着互联网金融业务的快速发展，银行都开始充分地利用互联网技术研发金融产品。为尽可能地方便客户办理业务，创新业务的开放性也逐步扩大，客户可以随时随地办理各种业务。金融平台中的很多应用都需要通过开放接口（Open API）与其他运营商的系统进行数据交互，很多服务端的应用开发都基于开源程序，并逐步转向开放性的分布式的部署模式，但是随之而来的安全问题也变得越来越严重。

（1）用户的信息易泄露。有些业务数据中包含了很多敏感的个人信息，而

① 于红波：《基于 LAMP 架构开发 Web 应用的优势》，载《广西纺织科技》，2009（2）。

且这些信息中，诸如客户的户名、账号、交易金额、账户余额等敏感信息，客户肯定不希望被其他人获取。

（2）用户的资金不安全。客户肯定不希望自己发送的转账交易被别人非法篡改，从而造成资金损失。非法用户盗取银行客户账号密码等关键信息，并冒充合法用户接收与发送交易给银行，从而导致银行客户的资金蒙受损失。

3. 缺乏成熟的技术体系。随着我国互联网技术水平的提高，相关的金融业务迅速发展，银行业也进入了互联网金融时代。银行在深入推进业务发展模式和盈利模式的战略转变的过程中，往往在一定程度上忽略了对系统整体架构的管理，造成银行的互联网金融平台普遍缺乏成熟的技术体系。

（1）缺乏总体规划和标准的约束。我国互联网金融是在一无规划、二无标准的情况下起步的。中小银行普遍缺乏大规模事务处理系统开发的经验，标准化意识不强，开发的各类业务系统缺乏统一的业务规范和技术标准。这势必导致金融平台的兼容性不强，容易造成重复建设，从而增加银行的系统平台建设成本。

（2）内控机制不健全或执行不严。中小银行在互联网金融平台的建设过程中，通常都没有与之相适应的内控管理制度及时出台，银行人员在工作时无章可循，容易产生操作风险。而在规章制度的执行过程中，如果有违章操作和违章维护的情况发生，也很容易给平台建设带来不良影响。

（3）缺乏平台的安全审计体系。与传统银行业务系统相比，互联网金融业务最大特点在于其平台的开放性，但是平台的开放性也伴随着安全方面的隐患。中小银行由于普遍缺乏安全审计系统，因此很难发现各种潜在的安全漏洞，通常的做法往往是等到生产事故发生后再进行系统缺陷修复。

（4）缺乏互联网金融的技术研发能力。中小银行互联网金融平台的建设通常采用外包模式或购买服务，因此银行的科技人员通常不能全盘掌握核心的研发技术，容易造成中小银行对软件服务商的依赖性越来越大。中小银行在平台建设中缺乏熟知互联网金融的业务人员和技术人才，在金融产品创新和系统研发方面只能跟随大银行的脚步。

7.3　中小银行建设互联网金融平台的建议

7.3.1　中小银行建设互联网金融平台的技术选择

互联网金融的创新发展正快速改变着人们的思维和消费习惯。在新思潮的影响下，越来越多的人开始使用互联网办理金融业务。中小银行必须及时改变经营理念，夯实互联网金融平台建设，更好地适应当下的金融变革。在互联网金融平台技术架构选择方面，银行科技部门应重视技术架构设计规范与平台部署策略制定，注重成本控制和工作效率，引入数据挖掘技术和开源软件，构建起基于分布式事务处理架构的客户化和智能化的互联网金融平台。

一、支付类平台建设

银行互联网支付平台主要是以互联网为载体，实现互联网的支付交易功能，应具备多层次的安全设计方案保障客户资金安全和系统安全，支持多用户高并发的操作，具备灵活扩展的接口功能，支持多渠道并存的操作界面。互联网金融支付平台的建设可以选用两种模式，一种是自建模式，另一种是与第三方支付平台合作开发模式，这两种模式可以采用基于 SaaS 和 SOA 的开放式平台模式建设，以有效地降低银行初始投入，节约银行成本，提升银行的管理运营水平。

在功能上，互联网支付平台主要通过接入大小额支付、超级网银、银联支付、第三方支付和银行支付接口，实现互联网支付。互联网金融支付平台包括使用机构管理、虚拟存储管理、系统管理、安全管理和客户管理五个部分，具体平台应用框架见图 7.1。

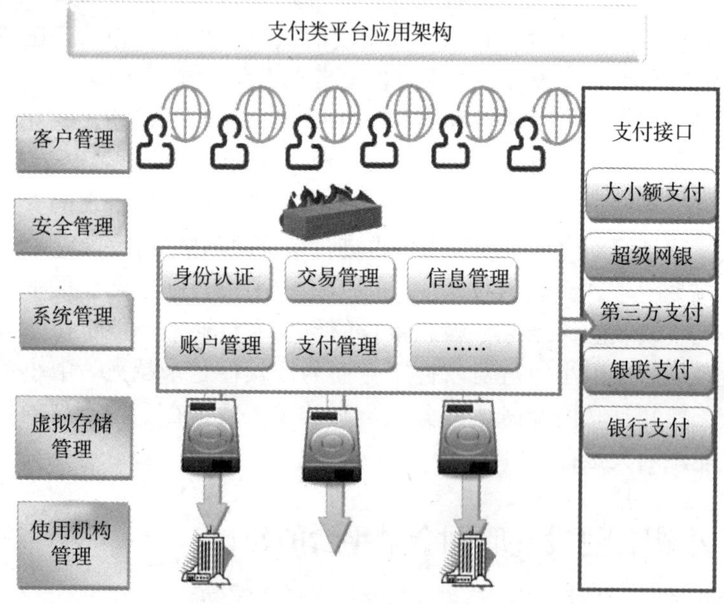

图 7.1 支付平台应用架构

互联网金融支付平台底层为管理平台（见图 7.2），是支付平台的核心组成部分，是平台与各业务系统的连接纽带，能驱动各模块的运转并解析业务，同时提供各种设备的接口驱动，实现分布式开发；中间层为开发平台，符合 SaaS

平台的规范，按 SaaS 平台标准进行开发，可以支持一体化的运行支撑的服务环境，实现资源虚拟化和计算服务化，为用户提供服务接口；顶层为应用服务运行平台，用于客户接入互联网金融平台，用户可以通过终端设备访问远程 SaaS 服务平台的业务应用系统来享受金融服务[①]，并通过用户使用的流量进行计费，用户包括银行用户、互联网金融企业客户和第三方支付公司。

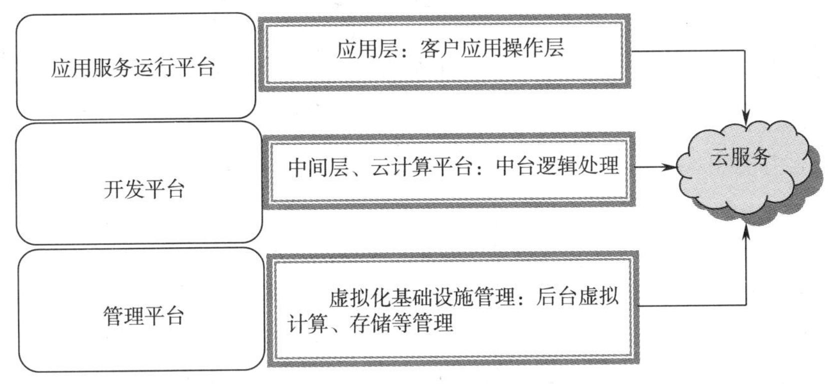

图 7.2 支付平台系统架构

在建设互联网金融支付平台时，还要充分考虑支付交易安全，要通过实名认证核实客户身份信息和银行账户信息；使用安全控件技术防止账号密码被木马程序或病毒窃取；使用数据加密技术，在客户注册、交易、修改信息时进行相关信息加密，保证用户信息的安全，防止重要信息泄露；采用数字证书技术，获取更高安全等级的身份认证，保证发送的信息不会在网上被篡改，账户资金可以得到一定的保护[②]。

二、理财类平台建设

为应对金融改革和满足服务银行客户的需要，中小银行可以采取自建理财类平台的方式来提升自身的竞争力。LAMP 架构由于设计成本低廉、部署灵活、开发快速、安全稳定，可以负载的访问量也非常大，是搭建理财类平台的首选。LAMP 架构就是在 Linux 的系统上使用 Apache 搭建 Web 网站，通过 Php 进行内部数据逻辑处理，使用 MySQL 数据库进行数据管理。在此基础上可以采取分流的方式将连接平均分摊到后台服务器，在前面设置一台负责接收连接的负载均衡服务器。LAMP 的基本架构如图 7.3 所示。

同时建立数据挖掘系统，通过记录用户在 Web 服务器上留下的日志数据、

① 逄锦荣：《基于服务模式创新的物流业与制造业协同联动体系研究》，北京邮电大学，2012。
② 逄锦荣：《基于服务模式创新的物流业与制造业协同联动体系研究》，北京邮电大学，2012。

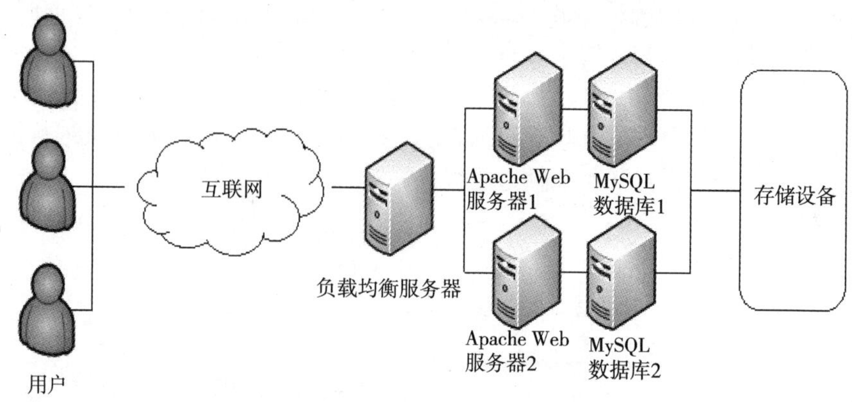

图 7.3　LAMP 架构图

查询数据等信息获取其需求和喜好。图 7.4 展示了数据挖掘过程：系统通过搜集用户在理财类平台上浏览过的历史页面、购物车里的产品以及注册时预留的客户信息等，进行数据处理、数据建模并分析，得出该用户需要哪种产品，能够承受哪种程度的投资风险，喜欢长期投资还是短期投资等结论后，向用户推荐适合的理财产品。只有有效地利用数据挖掘系统，才能使理财类平台成为一个真正以客户需求为中心的平台。

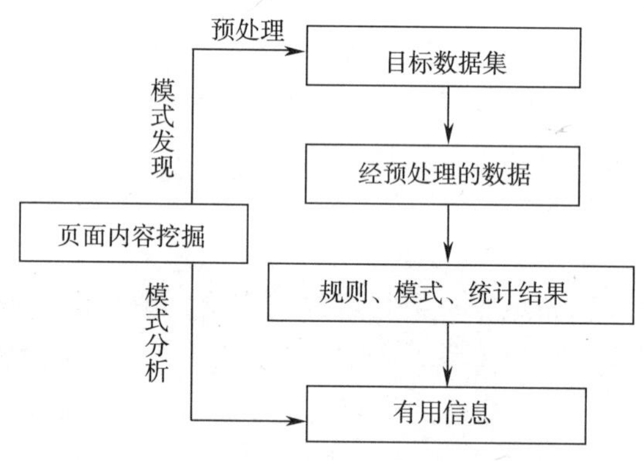

图 7.4　数据挖掘过程图

不过随着中国互联网金融市场的繁荣，仅靠 PC 端进行银行产品营销已经无法满足用户的需求。由于人们对于移动终端的依赖性越来越强，移动交易成为更加便利的交易形式。而在理财方面，余额宝等互联网理财产品的每日查看收益、资金赎回 T +0 到账功能在移动客户端也可以完美实现。因此，中小银行在建设理财类平台时，也应足够重视移动客户端应用的设计、开发。

三、融资类平台建设

1. 融资类平台的模式。

（1）P2P 网络借贷模式。P2P 网络借贷平台是个人对个人的一种信贷模式，投资者与借款人则通过交易平台自主匹配，完成借贷。银行可以根据这种融资模式为交易方提供一定的担保；也可以将投资者与借款人的申请与资金打散，分成更多小额的债权债务进行资源配置。投资者根据借款人提供的各项认证资料和信用状况决定是否借出资金，银行的 P2P 网络借贷平台需要存储借款人提供的认证信息，如身份证明、财务证明、学历证明等，银行负责对客户资料的真实性进行审查。P2P 网络借贷平台为投资者和借款人提供了交易渠道，图 7.5 对这一模式进行了描述。

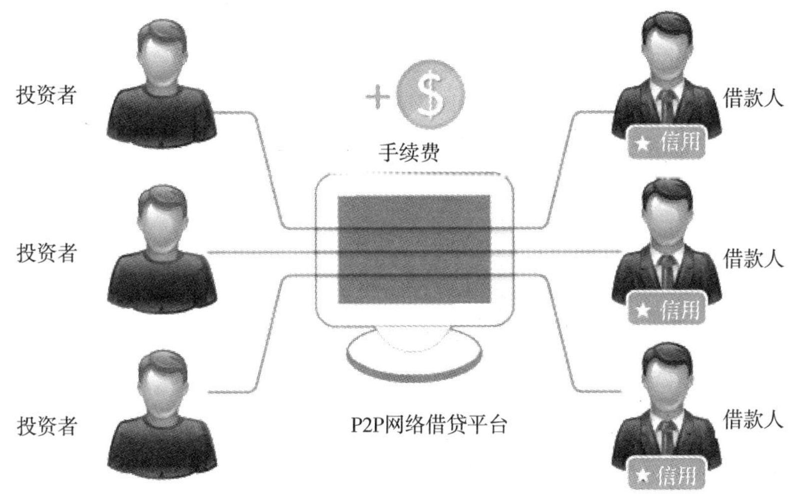

图 7.5　P2P 网络借贷模式

（2）众筹模式。众筹起源于美国的大众筹资网站 Kickstarter，是指项目发起者在网站上展示自己的项目并面向公众筹资，投资者可根据其相关信息选择投资并收到创意成果的反馈。平台上每个项目都有目标金额和时间限制，项目必须在发起者预设的时间内达到或者超过目标金额才算成功。若没有达到目标金额，所有款项将退回投资者的账户，保障了投资者的资金安全①。众筹模式的概念图见图 7.6。

P2P 网络借贷平台和众筹平台按系统功能可分为表现层、业务逻辑层和数据访问层，两者在各层次上存在一定程度的差异，具体见表 7.1。

---

① 黄健青、陈欢、刘家毓：《互联网金融分类及创新发展模式》，载《金融电子化》，2014（2）。

图 7.6 众筹模式

表 7.1 P2P 网络借贷平台与众筹平台在系统功能层次上的差异

	P2P 网络借贷平台	众筹平台
表现层	负责展现给客户的界面，应包括贷款管理、资金管理、客户管理等模块。	负责展现给客户的界面，应包括众筹产品管理、发起项目、用户管理等模块。
业务逻辑层	针对具体问题的操作，即针对数据层的操作，对数据业务逻辑进行处理，包括查询、转账、贷款等业务的处理，系统运行参数的设定和工作流程的管理。	针对具体问题的操作，即针对数据层的操作，对数据业务逻辑进行处理，包括产品查询、转账、资金募集等业务的处理，系统运行参数的设定和工作流程的管理。
数据访问层	该层所做事务直接针对数据库的管理，包括针对数据进行安全管理、认证管理以及其他外围系统的接口管理等。	该层所做事务直接针对数据库的管理，包括针对数据进行安全管理、认证管理以及其他外围系统的接口管理等。

2. 融资类平台的架构。

（1）基于 SOA 架构的 P2P 网络借贷平台建设。P2P 网络借贷模式对于银行来说并不陌生，其盈利模式与银行的传统信贷业务有很多相似之处。银行可以考虑将现有的小企业贷款和个人贷款的信贷审批流程应用到 P2P 网络借贷平台上，从而节约开发时间和成本。但在平台搭建过程中银行一定要考虑两者之间的差异，将互联网思维和银行信贷思想相结合，可考虑采用银行现有的主流架构体系构建平台。

SOA（Service Oriented Architecture）是一种面向服务的架构模型，它倡导组件化、松散耦合、隔离关注、标准化等架构设计原则。实际应用时可以将其业务功能、信息或流程封装为基本组件和标准化服务，这些服务通过松散耦合的

SOA 架构，为其他应用服务。SOA 中包含服务提供者、服务请求者和服务代理者，它们分别负责服务发布、服务查找和服务绑定的操作①。服务的使用过程完全是松散和透明的，并且架构中的一个应用的改造不会影响到使用其服务的业务系统。

用户进行 P2P 网络借贷的操作可以在银行的网站上进行，银行可以利用现有网站，在网站上开通 P2P 网络借贷的专属模块供客户操作业务（见图 7.7）。该模块将被部署到应用服务器上，客户信息和交易数据可以在数据库服务器上进行存储。针对信用情况，本行客户可以共享信贷管理系统的信用信息。针对业务逻辑，银行可以对现有信贷管理系统的个贷模块或小企业模块进行改造之后，发布到企业服务总线（Enterprise Service Bus，ESB）上进行复用。针对客户信息，本行客户信息可以从客户关系管理系统中查询；新客户的信息也可以丰富到该系统当中，便于日后精准营销。针对借贷款的账务处理，本行客户可以采用核心系统进行账务处理，然后走人民银行支付清算系统；非本行客户可以选择通过银行卡系统，走银联或者人民银行的清算渠道。在日终处理中，可以通过批处理程序将 P2P 网络借贷平台产生的数据存储到数据仓库中，供报表系统和监管报送系统使用。

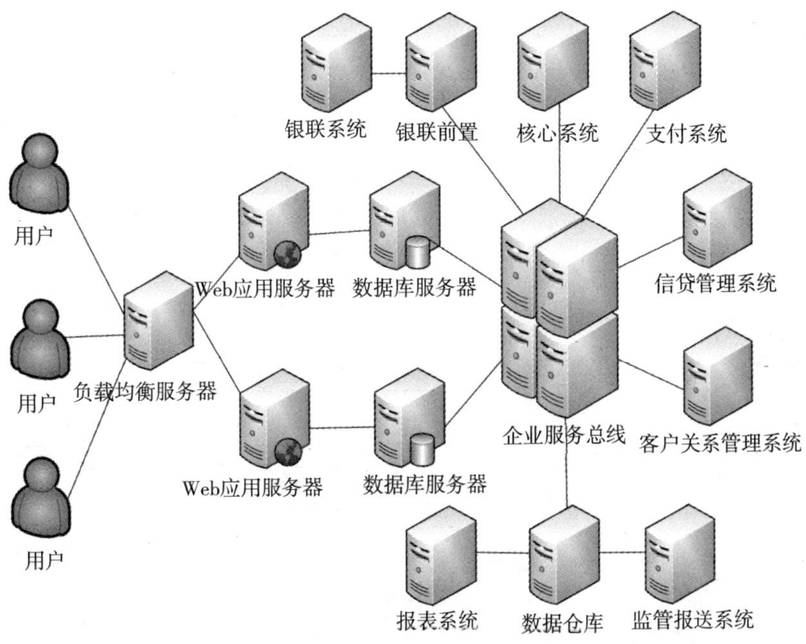

图 7.7　P2P 网络借贷系统架构图

① 魏瑞华、吴华晖：《基于 SOA 的银行系统架构研究》，载《金融科技时代》，2012（1）。

（2）基于 LAMP 架构的众筹平台建设。众筹是互联网思维的产物，对于银行来说属于全新的领域，其技术架构可以采用互联网主流的架构体系。基于众筹产品在盈利方面比较薄弱的特点，银行要充分考虑平台的建设成本和灵活扩展。LAMP 架构技术的广泛应用无疑为中小银行搭建众筹平台提供了解决方案。

众筹平台的应用可以采用 Php 和 Apache 进行开发，页面设计可以采用 Php 进行开发，Php 为开源软件，可以被嵌入 HTML 语言，编辑简单，实用性强，并且支持动态图像效果处理，可以满足银行对众筹网站页面开发的要求。应用服务器可以采用 Apache，它是世界使用排名第一的 Web 服务器软件，可以跨平台使用，同时其安全性也得到了广泛的认可，因此银行完全可以采用 Apache 作为应用服务器的开发软件。

众筹平台的操作系统可以选择 Linux，Linux 是免费的开源软件，这将为银行节约开发成本。Linux 的设计思想是以网络为核心，而且支持多用户操作和高并发。操作系统安全可靠，是部署众筹应用的理想选择。

众筹平台的数据库可以选择 MySQL，MySQL 是目前最流行的关系型数据库管理系统，尤其在 Web 应用方面更是优势明显。MySQL 已被广泛地应用到互联网上的中小型网站中。由于体积小、速度快、成本低，它尤其适合中小银行进行众筹平台开发[①]。众筹系统架构如图 7.8 所示。

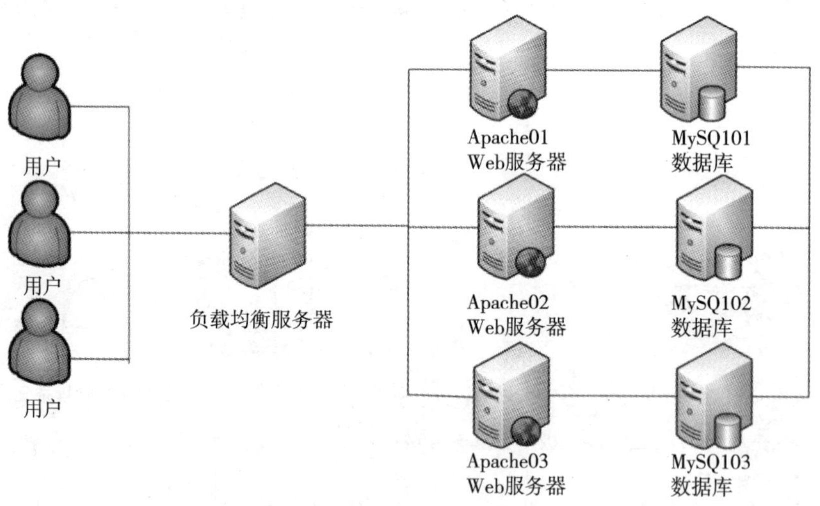

图 7.8 众筹系统架构图

① 齐晓霞、王琦进、侯整风：《基于 Php 技术的水电费查询管理系统的设计》，载《电脑知识与技术》，2009（10）。

四、综合类平台建设

1. 直销银行。直销银行包含支付、理财和融资等多种功能，是典型的互联网金融的综合平台，其功能架构见图 7.9。直销银行系统的 IT 策略，通常采用前中后台一体的独立业务系统：前台为客户服务渠道，包括银行呼叫中心、直销银行移动端、直销银行电脑端，作为客户服务的支撑；中台进行业务处理，搭建银行的财务核算和支付接口，进行账务处理和支付代理接入；后台进行数据分析，接入银行的客户关系管理、盈利分析和监管报送等系统。

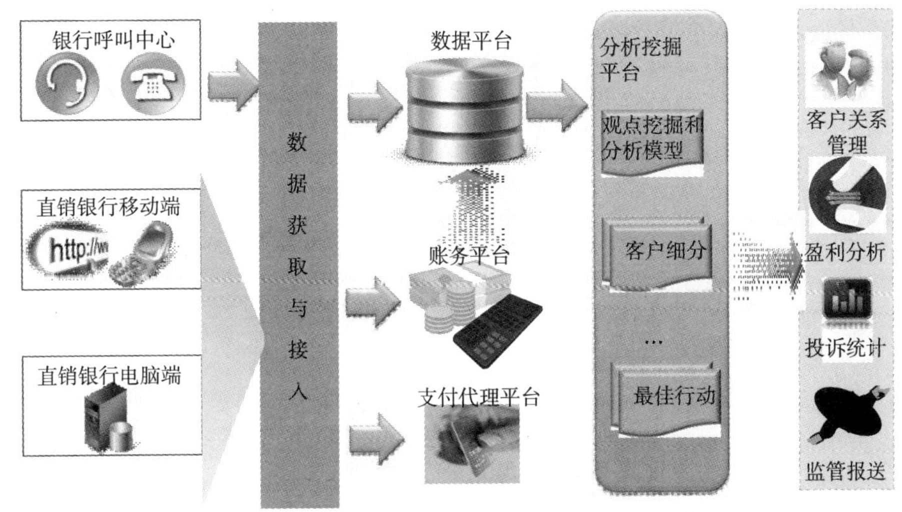

图 7.9　直销银行功能架构图

直销银行的平台系统建设可以采用 LAMP 架构设计，架构设计可以分为四个层次（见图 7.10）：第一层为客户端，客户可以通过 Web 浏览器和移动端等多种互联网渠道接入直销银行系统；第二层为 Web 服务层，完成客户端和服务器之间的通信，还包括网络安全、负载均衡等多种功能；第三层为应用服务层，是直销银行的核心部分，实现系统的逻辑基础功能，通过逻辑接口，接入银行的账务、支付等平台，实现账务处理、支付代理等功能；第四层为数据处理层，所有的业务数据存储在 MySQL 数据库中，并将相关数据传送到银行的数据分析平台上，根据实际需要打造交易数据分析平台和大数据分析平台，实现交易分析、客户分析、盈利分析等多种数据分析功能。

2. 电子商务平台。互联网金融下的银行电子商务平台，除了提供网上交易的功能外，还可以为客户提供金融支持服务的功能，可以为客户提供支付结算业务、资金监管业务、信贷融资、信用卡分期以及其他投资理财等创新型中介服务。

电子商务平台选用 LAMP 架构设计。系统架构分为四个层级（见图 7.11）：

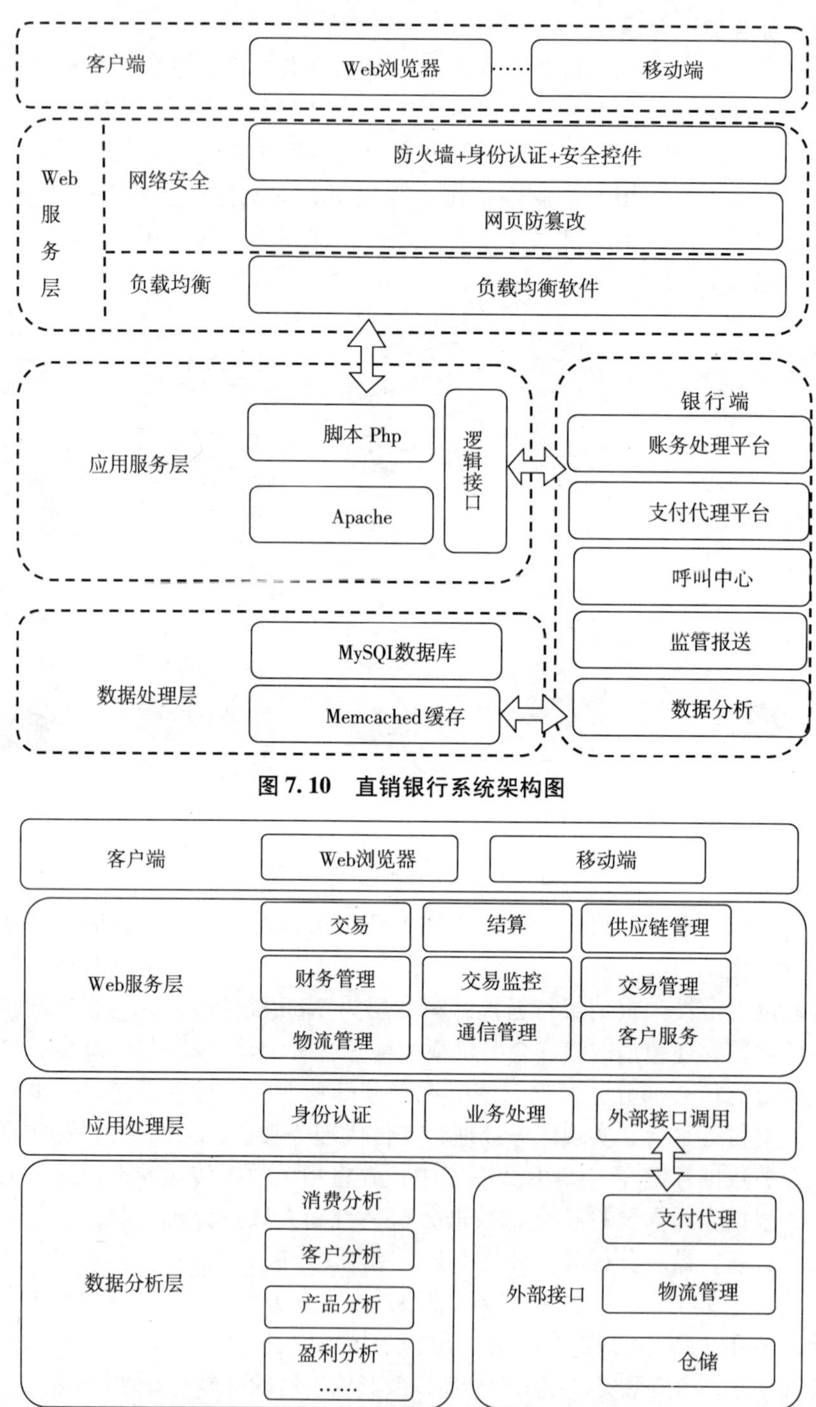

图 7.10 直销银行系统架构图

图 7.11 电子商务平台架构

顶层为客户端，客户可以通过 Web 浏览器和移动端等多种渠道进入电子商务平台系统；第二层为 Web 服务层，主要作为界面功能展示；第三层为应用处理层，包含身份认证、业务处理、外部接口调用等功能；第四层为数据分析层，用于后台数据分析。

7.3.2　中小银行建设互联网金融平台的成本控制策略

一、成本分析

1. 前期准备阶段。

（1）调研费用。建设互联网金融平台前，需要对系统建设开展必要的评估和调研。调研是产品立项和策划的依据，只有做好充分调研才能把握客户需求、把握市场动态。调研的形式主要有客户调研和市场调查，前者帮助确定互联网金融平台的需求和功能，进一步分析市场规模；后者帮助分析互联网金融平台建设的可行性、同业应用情况及未来发展趋势等。在调研过程中，会有相应的费用支出，调研方式、规模、范围和人员组成决定了调研成本的高低。

（2）研发培训成本。经过调研分析后，一旦确定立项，就需要落实开发队伍，开发人员的素质直接影响到项目的质量和进度。开发人员需要不断地掌握技术风向，学习新技术、新理论，提高自身素质，因此需要对开发人员进行必要的技术培训，培养精英的开发队伍。

（3）开发场地成本。开发队伍确认后，需要落实开发场地，搭建系统开发环境。开发场地是开展开发工作的基本场所，是软件开发环境的基础。开发场地的日常使用和工作环境建设都需要必要的费用支出。

2. 系统环境搭建阶段。

（1）硬件开发环境建设成本。系统的开发硬件环境主要包括硬件设备采购部署和网络工程建设。其中，硬件设备采购部署主要包括主机服务器、网络交换机、防火墙、UPS 电源、开发人员开发终端等设备的采购和安装调试过程；网络工程主要包括网络布线等工程。

（2）软件开发环境集成成本。软件开发环境的集成主要包括系统类软件、开发工具软件的采购与集成。其中，系统类软件是指支撑系统运行所必需的主机、网络、终端等操作系统，防火墙和病毒防护软件等安全保障类软件；开发工具软件是用来开发互联网金融平台的工具，主要包括数据库类软件和技术开发实施软件。各种开发工具都有自身优势及不足，采用不同的开发工具会影响软件的开发成本和维护成本。

3. 系统开发阶段。互联网金融平台在系统开发阶段的成本主要来自开发人员的实施成本、项目的管理成本和测试成本。开发人员的工作量可以根据需求评估出工作周期，从而确定开发人员的实施成本；项目的管理成本主要指项目管理过程中的管理费用以及管理工具的采购和使用费用等；测试成本主要来自测试工具的采购费用，以及组织大型用户测试时，测试人员所产生的人力费用等。

4. 推广成本。当互联网金融平台经过用户测试验收后，即进入上线推广使用阶段。在上线推广期间主要的成本来自内部培训成本和市场推广成本。

系统上线前的内部培训工作直接决定了系统在使用过程中的效果。内部培训范围主要有银行的前台业务营销人员和后台业务管理人员。其中，对前台业务营销人员需要进行业务知识讲解和操作，以便其向市场客户推广业务；对后台业务管理人员需要进行管理端用户培训。培训的方式直接决定了培训成本。

市场推广费用主要包括客户营销费用和广告宣传费用。市场推广工作做得好，使用互联网金融平台的人数越多，前台柜面人员的工作量就越小，服务成本就越低。广告宣传主要采用电视、广播、网络等媒体进行宣传推广，采取不同的推广媒体，成本也不一样。

5. 后期维护成本。后期维护成本主要包括系统升级、运行维护、需求完善等费用。系统的开发质量、市场需求成熟度、银行的业务管理流程和制度、监管要求等对互联网金融平台上线后的维护费用影响很大。

二、成本控制策略

降低互联网金融平台的建设成本，对建设过程进行成本管理，是成本控制的主要工作。成本控制策略主要有以下几种。

1. 整体规划，分步实施。对互联网金融平台的建设应该本着整体规划、分步实施的原则，先选择核心的功能推出上线，快速占领市场，将低优先级的需求和后期衍生的需求放在后期各阶段建设。这样可以在每一阶段进行精细化的成本管理，有利于控制成本、把控项目进度和实施质量。

2. 充分利用现有资源，设备虚拟化、资源池化。在互联网金融平台建设过程中，要充分利用银行现有的硬件设备、网络、系统等资源，运用虚拟化技术、资源池化技术，充分发挥现有系统资源的性能，节约平台的建设成本。

3. 设计高度复用的软件架构。在互联网金融平台的功能和架构设计中，设计高度复用、支持大数据等技术的软件架构，可以大幅度降低互联网金融平台的成本。目前，互联网客户端设备产品众多，一般在互联网金融平台的开发过程中，会同时开发电脑客户终端和移动终端类的软件产品，而移动终端又要开发 iPhone、iPad、Android、Windows 等多种版本，相当于同样的功能进行了多次重复开发。研究设计一套高度复用的软件架构，通过一次开发同时适用众多互联网客户终端的产品，就可以直接降低互联网金融平台的建设和维护成本。

4. 进行精细化项目成本管理。在开发队伍选择上，要选择技术能力强、业务知识面广的人员，以提高开发人员生产率、提升开发质量、降低平台上线使用后的运维成本。在项目管理过程中，进行精细化的成本管理。首先对平台的建设成本进行预算，然后形成成本管理计划，在平台开发过程中，将预算控制在合理范围之内①。

5. 部署与互联网企业的合作。随着互联网技术的不断深入，为顺应全球移动金融发展的时代潮流，银行在不断地拓宽与互联网企业合作的广度和深度，开启金融业与互联网企业的跨界合作模式。在这种模式下，银行与互联网企业合作，签署战略合作协议，可以在很大程度上降低银行的系统开发成本，减少整个社会资源的浪费。

第一，成熟的互联网企业具备强大的电子商务平台，拥有敏锐的市场洞察力，可以快速推出新产品、新服务以迎合市场，银行通过与其合作，可以共用互联网企业的平台资源，缩短了开发周期，节省了开发和维护成本。

第二，互联网企业有安全稳定的第三方支付功能，银行在与其合作的过程中也拓宽了银行的支付渠道，节省了支付成本。

第三，互联网企业经过多年的发展，具备了成熟的互联网金融开发的技术，与其合作可以拓宽银行科技建设的思路，为银行提供有力的技术支持，从而降低银行的技术开发成本。

第四，互联网企业拥有大批固定的客户群，拓宽了银行的支付和营销渠道，增强了客户体验满意度，可以降低银行的营销和宣传成本。

第五，银行与互联网企业开展多元化的广泛合作，实现银行业务系统与线上、线下互联网企业系统的快速对接，可以不断拓展新业务、新渠道，共同开拓理财业务、直销银行业务、互联网终端金融的市场，实现双方的共赢与成本的节省。

7.3.3 中小银行互联网金融平台建设实施路径建议

一、建设思路与操作原则

1. 自上而下高度重视，成立项目建设小组。在互联网金融平台立项伊始，银行的高级管理层应对平台的建设进行关键的决策，并自上而下建立起由管理层、业务人员和科技人员组成的项目建设小组。项目建设小组的人员素质要符合要求，选择范围应涉及互联网金融业务的各个条线。管理层负责整体的平台发展规划，进行关键决策；业务人员负责梳理业务需求、定夺业务方案、组织用户测试验收等工作；科技人员负责制定技术方案、进行项目的实施管理、配合测试、组织平台的上线部署工作。在项目建设过程中，项目建设小组应建立起项目管理和沟通机制，确保项目保质保量、按时上线。

---

① 王彤宇：《项目管理在中国移动电子运行维护系统中的应用》，载《电脑与电信》，2007（11）。

2. 平台建设必须与业务规划密切贴合。银行的业务发展趋势决定了互联网金融平台的发展趋势，互联网金融平台建设要与银行的业务规划密切贴合，以业务流程为基础，为银行互联网业务发展提供强大的技术支持与保障。

3. 打造以客户为中心的多渠道互联网金融平台。客户是互联网金融平台的最终使用者，平台的建设要以客户为中心，建设多渠道的互联网金融平台。

首先，要以客户的需求为中心。在打造互联网金融平台之前，要充分进行市场调研和客户调查，站在客户的立场去思考、去发现问题，并在此基础上设计出合适的互联网金融产品。

其次，要以客户分析为中心。根据互联网金融平台的客户消费情况，可以对客户进行细分，分析客户行为，同时通过大数据、商业智能等技术分析出更多的个性化客户需求。

最后，要以客户的服务体验为中心。不断创新互联网金融平台的服务模式，为客户提供多渠道的服务平台和最佳的使用体验，为不同的客户量身定制不同的业务流程，最终做到精准营销，吸引更多的客户。

4. 选用边建设边应用的开放合作模式。在建设互联网金融平台时，应统一规划、分步实施，先将最核心的业务推向市场，然后不断建设完善其余的功能，快速推出产品占领市场。同时，寻求合作的互联网企业，建立长期合作发展机制，共享资源和技术，共同建设完善互联网金融平台。

5. 满足监管要求。目前，国家对互联网金融平台的监管还属于起步和探讨阶段。在建设互联网金融平台过程中，要充分考虑到未来监管的可能性，打造参数化的管理端，满足未来监管的要求，保障平台的安全性和业务连续性。

二、关键节点与风险分析

在互联网金融平台的建设过程中，平台经过立项、计划实施、验收上线的生命周期，在这个过程中主要有以下关键节点：立项调研、需求分析、方案设计、系统实施、测试验收和上线部署。

1. 立项调研。立项调研是互联网金融平台建设的关键，其主要任务是市场需求分析调研和产品选型。银行需要有敏锐的市场洞察力，用高瞻远瞩的眼光来捕捉互联网市场的需求，决定互联网金融平台发展及业务模式。如果没有经过充分的市场调研和分析，对市场作出错误的判断，所收集、使用的信息不真实、不准确、不完备，进行了错误的决策，那么这个互联网金融平台将无法立足市场，并耗费银行大量的人力、财力和时间。另外，在立项调研阶段，还存在着与外包商合作的风险，包括外包商资质、合同签署等风险。

2. 需求分析。需求分析是互联网金融平台建设的基础，其主要工作是梳理平台的功能和客户需求。在这个节点上主要有以下风险：首先，不同的业务人员对互联网金融平台的功能认同点不同、理解不一致，导致系统需求无法确定，耽误系统的开发进度。其次，需求分析不充分，在用户测试过程中暴露问题，从而延误上线进度。最后，在需求确认以后产生新的业务需求，需要系统来满足，延误系统开发进度，增加工作成本。

要避免需求分析阶段的风险，就需要对互联网金融市场进行大量的需求调研，组织专业人员评审，建立完善的需求变更流程，降低平台建设的延期风险。

3. 方案设计。互联网金融平台的建设方案主要涉及系统技术方案、架构方案、网络部署方案等内容。开发人员要本着互联网金融平台的实际要求，选用合适、成熟的技术方案，没有必要选择先进但并非项目所必需且自己又不熟悉的技术。这样只会延误平台的开发进度、影响建设质量。预防这种风险的办法是相关人员开展好技术培训工作。

架构方案直接决定了平台系统的质量成熟度和后期升级改造的成本。在互联网平台的架构方案设计中，需要详细设计平台的内部功能模块、数据库、与其他系统的接口交互、主机部署、网络部署等方面，在保证功能可用的前提下，充分考虑到各模块的复用性，保障系统可进行持续的升级改造。架构方案设计的风险会在系统实施、用户测试、用户使用和上线后的升级改造过程中暴露出来，影响系统的开发进度。系统的复用性低会直接缩短系统的使用周期，浪费系统建设成本。

安全方案主要包含网络安全、数据安全等方面。银行的互联网金融系统直接连接到互联网上，与业务主机应用系统之间存在着大量的通信数据，一旦互联网金融平台出现内部操作失误或外部黑客攻击，不仅整个系统面临停机或瘫痪的风险，更为严重的是金融机构的交易数据以及用户的个人信息将存在泄密的可能性，导致难以估量的损失。要想避免安全风险，就要培养专业的安全人员，完善安全管理流程，提升核心安全技术。

4. 系统实施。系统实施是开发人员进行系统编码工作的过程。这一关键节点上主要有以下风险：

第一，开发人员对需求的理解偏差风险。如果开发人员对互联网金融平台的需求理解有误，开发出了不符合需求的功能，将增加多余的工作量，延误平台的建设进度。

第二，平台建设的质量风险。在互联网金融平台的建设过程中，要经常和业务人员交流工作成果、严格按照项目管理要求规范开发流程、认真组织交付物评审等，以保证平台建设的质量①。

第三，开发人员能力和素质风险。开发人员的业务和技术能力素质，影响

① 胡秀强：《高等职业院校信息系统设计与实施》，西南交通大学，2008。

着项目的进度和质量①。对开发人员进行资质审核、开展有针对性的培训、合理进行人员的工作安排可以有效避免此类风险。

第四，开发人员协作风险。开发人员的高效协作是平台建设成功的关键。在项目管理过程中，应建立完善的沟通反馈机制，及时沟通工作目标、计划和任务，及时解决工作中的问题。

第五，人员流动风险。人员的流动轻则影响项目进度，重则导致项目无法继续甚至被迫夭折，是项目开展中最大的风险。预防这种风险，需尽可能将项目的核心工作分派给多人，同时建立人才培养和储备机制②。

5. 测试验收。测试验收是对系统的功能和性能进行验证。在测试验收过程中，尤其是用户测试中，风险主要来自测试环境不稳定的风险、人员组织的风险、需求变更的风险等。根据互联网金融平台的功能范围，会搭建多套测试环境，每套测试环境又涉及银行多个业务测试系统联调。充分保障测试环境正常有序地运行，保障测试数据正确可用，是测试工作开展的前提条件。互联网金融业务涉及银行众多的业务人员，如何将这些不同地域、不同部门的业务人员组织起来集中进行测试，是测试验收需要解决的重要问题。另外，不同的业务人员会对系统的功能有不同的需求和理解，经常会提出需求变更的要求，直接影响到系统的测试进度。

6. 上线部署。互联网金融平台在上线部署时，主要会面临数据移植风险、人员操作风险以及对其他业务系统产生影响的风险。要避免上线部署的风险，就需要进行详细的上线部署方案评审，对操作人员进行监督，建立风险回退机制，完成部署成功的验证工作，避免对其他业务系统产生影响。

---

① 夏博林：《软件项目设计过程管理》，北京邮电大学，2011。

② 夏博林：《软件项目设计过程管理》，北京邮电大学，2011。

8 中小银行互联网金融创新中的组织与人才机制建设

进入21世纪以来，互联网IT技术的发展、电子商务的蓬勃发展改变着大众的生活习惯，在这股浪潮下，传统商业银行并没有坐以待毙，从最开始的网上信用卡商城、网络银行、电子银行、手机银行到微信银行、客户端APP，各大商业银行不断尝试，积极应对。2014年以来，面对互联网金融浪潮的冲击，银行的反击也是层出不穷，如中信银行推出薪金宝，应对非银行系“宝宝”类产品；包商银行推出小马Bank、招商银行开发“小企业e贷”应对P2P网络借贷对存贷款业务的冲击。

但是总体而言，大多数传统银行的应对还停留在业务和技术层面，鲜有银行在内部组织架构的设计上形成比较独立的资源整合部门或单位。对于组织而言，任何变革的落脚点必然是组织体系的建设和人力资源配置的调整。

8.1 组织体系建设

8.1.1 目前银行开展互联网金融业务的主要组织模式

互联网金融新的模式对传统银行的组织架构产生了冲击和影响。对用什么组织架构来保障商业银行互联网金融战略的实施这个问题，各家银行使用的模式各不相同。大致有三种模式：一是另起炉灶，成立独立的法人机构；二是通过内部机构和资源的整合，形成一个新的事业部或者利润考核中心；三是在原来的电子银行部或者网络银行部中增加一些互联网金融的内容。对以上三种模式的最优选择主要是基于各个银行对于互联网金融的战略定位、业务规模体量以及人才技术实力等多方面因素。

一、独立的法人模式

所谓独立的法人模式是指银行（或关联方）单独出资设立，或者与第三方合作成立具有民事权利能力和民事行为能力，并依法独立享有民事权利和承担民事义务的组织。

目前采用独立法人模式的典型代表是陆金所，另外北京银行直销银行也正在尝试独立法人模式。

陆金所，全称上海陆家嘴国际金融资产交易市场股份有限公司，是平安集团下属企业，成立于2011年9月，注册资金8.37亿元。从组织结构来看，陆金所与平安银行、平安担保等金融机构属于平行的关系。独立法人的构架并不意味着陆金所与其他平行机构之间不存在联系。事实上，陆金所业务的快速发展和品牌的建立离不开平安集团的支持，平安银行为陆金所提供了丰富的资产和客户资源，平安担保则为陆金所产品的安全性保驾护航。正是因为有平安集团的“背书”，目前陆金所的P2P理财产品年化收益率基本在8%左右，远低于P2P网络借贷行业的平均水平。

目前正在推进直销银行独立法人模式的是北京银行。2013年9月18日，北京银行宣布正式开通直销银行服务模式，并在北京、南京、济南、西安四地率先推出首批共计6个试点。当时在其金融街设立的门店试点处，已摆设了两台有别于传统ATM的设备，分别是自助开卡机和网银体验机，供客户开卡和体验。北京银行直销银行采取“互联网平台+直销门店”模式。北京银行的各直销门店现已可以提供签约/开卡服务、投资理财服务、转账汇款服务、生活缴费服务及现金存取服务。2014年8月，北京银行董事会全票通过《关于设立法人直销银行的议案》，同意设立法人直销银行，并授权高级管理层办理相关具体手续①。

二、事业部模式

事业部模式是目前商业银行发展互联网金融业务，改革原有组织架构所采用的一种较为常见的组织形式，事业部制结构又称分公司制结构。

在中小银行组织构架中，互联网金融事业部是银行总行下按产品、地区、业务范围划分互联网金融业务单元，独立核算和考核经营指标的组织部门。相对于一般的职能部门，事业部拥有更大的自主决策权和资源配置能力。此外，事业部虽然不像独立的法人那样自负盈亏，但是通常而言事业部机构会成为银行内部一个独立的考核中心，考核的指标包括事业部的收入、成本、利润等各项基础财务和运营指标。

银行互联网金融业务采用事业部制，其特征主要包括以下几个方面：

（1）考核的独立性。实行事业部制，意味着将市场机制和内部转移定价机制（FTP）引入银行内部，与其他传统的事业部或业务部门间的经济往来遵循等价交换原则，结成商品货币关系。因此，互联网金融事业部需要成为利润中心，实行独立核算。

（2）资源的集约化。按金融产品的产出将业务活动组合起来，成立专业化的金融产品设计与经营管理部门，即事业部。互联网金融产品品种较多，每种

① 杜冰：《北京银行拟设立法人直销银行》，载《金融时报》，2014-08-13（5）。

产品都能形成各自的市场，凡与该产品有关的设计、销售、服务等业务活动，均组织在这个产品事业部之中，由该事业部总管①。

（3）管理的专业化。在纵向关系上，按照“集中政策，分散经营”的原则，处理银行高层领导与互联网金融事业部之间的关系。实行事业部制，银行最高领导层不必关注该业务的日常事务，只需集中力量研究和制定银行发展的各种经营战略和经营方针②。管理权限则最大限度地下放到互联网金融事业部，使其依据行业政策、银行经营目标完全自主经营，充分发挥其积极性和主动性。

目前采用互联网金融事业部制的主要是股份制商业银行，比如，2013 年 1 月中信银行专门成立了网络银行部。中信银行网络银行部虽然没有明确打出独立事业部的旗帜，但是其目标是“再造一个网上中信银行”。从组织架构来看，网络银行部成立最初即可以独立开展存贷汇业务，独立于对公条线和对私条线的部门，业务重点在于电子商务、移动支付和网络贷款等产品领域。2013 年 5 月，平安银行就已经进行了组织架构改革，将总行 79 个部门缩减至 52 个，并整合建立了 15 个事业部，其中之一便是网络金融事业部。平安银行副行长胡跃飞 2013 年 8 月 23 日表示，网络金融事业部将采用平台事业部形式，重点开发网络金融产品，建立“产品 + 平台”的事业部，提升其网络金融服务③。

城市商业银行中将互联网金融业务独立建设成事业部的代表是包商银行的小马 Bank。小马 Bank 是包商银行首创的国内首家银行系综合性智能理财平台，于 2014 年正式推出④。小马 Bank 主要功能是提供理财服务，将包商银行的小微信贷业务搬到互联网平台上，解决的是包商银行的负债端/存款端的需求。对于包商银行而言，目前小马 Bank 已经相当于一个独立的法人机构在运作，但由于没有法人资质，所以我们还是认为其属于事业部制。

三、职能部门模式

职能部门模式是指银行将开展互联网金融业务的工作部署集中于银行内部的一个部门。银行总部对该分管互联网金融业务的职能部门具有资源配置、任务下达的权力。而互联网金融职能部门更多的承担的是任务型的工作，并不存在利润考核的压力和要求。

---

① 白雪峰：《浅析商业银行事业部制转型改革》，载《河北金融》，2009（11）。

② 白雪峰：《浅析商业银行事业部制转型改革》，载《河北金融》，2009（11）

③ 庞华玮：《广发“新方法”：电子银行部变身网络金融部》，载《中国经营报》，2013－10－28（B03）。

④ 一禾：《银行理财有了综合性智能理财平台》，载《卓越理财》，2014（07）。

商业银行互联网金融职能部门有的是新成立的部门，有的是原有部门的变更，还有的是不同部门整合的结果。主要的代表案例有：

1. 民生银行直销银行。2014 年 2 月，民生银行直销银行正式上线，其突破了传统实体网点经营模式，通过互联网渠道拓展客户。经过一年多的发展，民生银行直销银行从最初的只有“如意宝”货币基金理财和“随心存”储蓄产品发展到现在包括定期理财、贵金属理财、汇款结算和小额贷款业务等。按照民生银行行长助理林云山的说法，“我们（民生银行）直销银行要做到，只要监管允许，就可以与民生银行分拆，成为独立的持牌机构①，目前直销银行借助的只是民生银行的客户服务、风险管理、科技等平台，只要监管发牌照，就分拆独立，否则很难做大做强”。就目前而言，民生银行直销银行仅是下设于民生银行电子银行部的二级部门。

2. 广发银行的网络金融部。2013 年 10 月，广发银行将原电子银行部正式更名，成立网络金融部，并将网络金融升级为全行战略性业务，与中小企业金融、零售金融、金融市场业务并列为全行四大战略性业务，部门下设互联网金融、移动金融、智能银行、电子商务、综合管理、数据管理、网络安全、市场营销共 8 个处室。在业务范畴上，除了目前比较热门的网上银行、手机银行等互联网金融领域外，还覆盖物联网金融、电信网金融（微信银行、短信银行）以及广播电视网金融（电视银行）等方面内容。

3. 浦发银行的电子银行部。目前浦发银行总行电子银行部配置 30 ~ 40 名员工，统筹整个银行的互联网金融战略。从内部定位来说，浦发银行的电子银行部可以调动全行资源进行配合，浦发银行内部提出了“要打造移动金融领先银行这个品牌，肯定要调动全行力量”的口号。从业务重点来看，浦发银行紧盯着“移动”二字，致力于打造移动银行、移动营销、移动支付、移动生活、移动社区五位一体的移动金融业务体系。

8.1.2 组织体系建设思路和建议

商业银行选用哪种组织模式发展互联网金融并没有定论，希望各行考虑发展战略、资产规模、存贷比、科技实力等方面的共性和差别，选择适合自身的组织形式。从表 8.1 中我们可以发现，部分银行已经开始着手开展互联网金融业务。

---

① 孙忠、周鹏峰：《逐鹿直销银行》，载《上海证券报》，2014 - 09 - 17（F08）。

表 8.1 商业银行发展互联网金融概况与相关要素

组织模式	银行名称	发展战略	互联网金融平台/产品	资产规模（亿元）	资本充足率（%）	科技实力
职能部门	工商银行	以网上银行为依托构建支付、融资、投资、电商四大产品线	e 支付，e 投资，逸贷，融 e 购	180 517	13.12	网银国内第一，科技实力雄厚
	民生银行	整合电子银行资源发展互联网金融	民生银行直销银行平台	30 991	10.69	拥有独立的电子银行部门
	广发银行	将原来的电子银行部翻牌为网络金融部，升格为全行战略	“慧理财”金融网销平台	14 698	9.00	拥有独立的电子银行部门
	浦发银行	重点发展移动互联网金融	移动银行、直销银行平台	36 439	10.85	40 人的电子银行部
	南京银行	以电子银行为依托，发展互联网金融	手机银行、“鑫元宝”理财	4 285	12.90	拥有独立的电子银行部门
事业部制	中信银行	再造一个网上中信银行	异度支付、“薪金宝”	34 930	11.24	拥有独立的电子银行部门
	平安银行	成立网络事业部	橙子银行、口袋银行	16 065	11.37	网络科技团队成熟
	包商银行	将小微信贷业务单独剥离成立小马 bank	小马 bank	2 426	12.50	拥有独立的电子银行部门
独立法人	北京银行	独立成立直销银行	直销银行	13 352	10.94	电子银行、消费金融
	平安集团	平安集团	陆金所	—	—	担保、保险等牌子齐全

资料来源：亚联数据共享平台（www.afca－d.com）。

平安、民生、中信等股份制商业银行和城市商业银行在传统的存款渠道和规模上无法和国有银行竞争，因此不得不寻求在互联网金融上有所突破。而工行、农行、中行、建行等国有银行在建设 P2P 网络借贷业务等方面积极性不高，给了股份制商业银行和城市商业银行发展的机会。借助互联网的优势，扩大金融服务的覆盖面，实现模式创新，需要中小银行具备与业务形态及战略发展重心相适应的组织架构，进而促进业务的纵向拉伸与横向拓展。

采用独立法人模式的机构首先要具备政策条件（如北银消费金融），其次要有互联网金融相关的牌照（如陆金所）。独立法人模式相对于其他模式而言，具有风险隔离和经营独立的优势。由于互联网金融产品设计与服务定价和传统银行有较大的区别，因此要求其在组织架构上具有与传统业务相对独立的法人资格，在经营策略、财务核算、产品体系、品牌运作和信息化系统上与银行主体的传统业务模式加以隔离和区分。

采用事业部制则主要基于银行的发展战略考虑，因为事业部制虽然相对独立，但还是由银行总部统一管理。其决策权并不完全集中于银行总行最高管理层，而是分权给事业部，有利于事业部内部统一管理、独立核算。在操作层面，银行推动互联网金融业务的同时，应注意避免因事业部管理层次多造成管理费用偏高的劣势，在与其他各事业部进行协调时需要有效沟通、合作共赢，避免产生各自为政、本位主义的倾向。

从目前银行的互联网金融组织建设实践来看，银行的互联网金融发展主要依照职能部门模式。对于银行而言，采用职能部门的方式有助于政策的统一，而且许多城市商业银行在风险管理、互联网金融意识方面还不是很强，如果着急采用事业部制单独发展互联网金融，无论是硬件还是软件，都难以满足现实需求。所以我们建议城市商业银行在发展互联网金融的时候，应当以现有的技术和人才为基础，在不改变传统的电子银行职能部门的前提下，成立新的互联网金融职能部门（直销银行、网贷银行），既可以独立开展业务，也可以联合发展。

8.2 互联网金融人才机制

8.2.1 互联网金融人才市场综述

互联网金融与传统金融的差异决定了其人才需求的不同。当前行业内的金融人才以基础宽泛的应用型人才为主，互联网金融人才缺口凸显在金融数据量化分析、金融产品创新、金融建模、风控等方面，随着中国互联网金融的迅速发展，互联网金融人才的供需矛盾愈加突出。

8.2.2 互联网金融人才发展的体系构建

一、基于互联网金融战略的人力资源规划

银行应该通过全面收集内外部环境相关信息资料，加强人力资源需求及供给预测，适时进行规划评估、反馈及修正工作。基于企业战略的人力资源规划分为两种——基于企业经营战略的人力资源规划和基于企业发展战略的人力资源规划。鉴于当下中小银行的互联网金融发展还处于起步阶段，建议采取基于互联网金融经营策略的人力资源规划。根据银行基本经营战略及战略形态的不

同，以下作具体分析。

1. 基于成本领先战略的互联网金融人力资源规划。实行成本领先战略的互联网金融人力资源规划，应采取成本领先的薪酬福利政策、人才培养政策等。当职位出现空缺时，公司人力资源管理部门应积极从公司内部寻找、挑选合适的人员填补空缺。通过外部招聘选拔人员，也必须选用高度专业化、职业化的成熟人员。

在工资规划方面，应建立以岗位职责为基础、绩效目标为依据的新型岗位绩效工资体系。薪资的确定应该综合考虑劳动者所担任工作（职务、岗位）对任职人员在文化、技术（业务）、智力、体力等方面的要求，实行以岗定薪，岗变薪变。在进行人力资源规划时应综合考虑以工作职务为薪酬标准的职务等级制和以岗位为薪酬标准的岗位等级制。

2. 基于差别化战略的互联网金融人力资源规划。采取这种战略的银行主要以创新性产品和独特性产品去战胜竞争对手。企业处在不断成长和创新的过程中，其成败取决于员工的创造性，这就需要吸引、培养有创造力和独立思考能力的员工，储备多种专业技术人才。基于差别化战略的人力资源规划应突出建立一支规模适度，层次高、能力强，能够开拓创新的人才队伍。在人才招聘中，应充分利用内部提拔与外部招聘两种手段，既要充分培养熟悉互联网金融研发、管理的人才，又要有效利用国内外人才资源，在更大范围内开展人才招募，选拔各类高水平人才为银行所用。

在岗位设置、工作内容分配上，矩阵结构及项目制管理较符合战略发展需要。在这种情况下，工作规划可松可紧，工作内容更富有创新性和弹性空间，工作时间也可调节，以有效激发员工的创造力。此外，应该大力加强银行内部培训及开发工作，充分激发员工创新潜力，注意培育竞争合作、充满活力的工作环境。

在工资规划方面，应按事规定薪酬，而不是按人规定薪酬。这就意味着要建立以能力和绩效为导向的薪酬分配体系和激励机制，根据劳动者的实际工作能力而不限于岗位职能确定薪酬标准。这种制度一般先通过考核确定员工的工作能力大小并对其提高程度进行评价，然后再确定薪酬等级和薪酬标准或薪酬制度。在差别化的人才战略下，应同时考虑到短期绩效和长期绩效，通过设计更合理的绩效评估体系，促进员工积极创新，并实现永续发展①。

3. 基于集中化战略的互联网金融人力资源规划。集中化战略的目的是更好地服务和占领某一特定的目标，该战略虽不同于成本领先战略和差别化战略，但它们的关键均在于能够比竞争对手提供更为有效的服务。因此，在人力资源

① 秦立公：《基于企业战略的人力资源规划研究》，载《改革与战略》，2004（11）。

规划方面，基于集中化战略的人力资源规划可充分利用上述两种企业战略中涉及的人力资源规划方法①。

二、基于互联网金融能力的岗位体系设计

1. 互联网金融人才分类及能力概述。基于同业实践及市场现状，目前互联网金融行业亟须的人才主要有三类：一是熟悉信息化知识和金融业务的复合型人才；二是精通各类金融业务的金融产品设计人才；三是互联网金融市场营销人才。

（1）信息化和金融的复合型人才。互联网金融属于跨界产业，既不同于单纯的互联网业务，也与传统金融业务有明显的差异，这些差异既包含业务思维理念层面的差异，也包含技术层面、执行层面的差异。因此，集金融业务知识、网络信息技术、市场营销技能、网络工具运用技能等多种知识技能于一体的互联网金融复合型人才，将是互联网金融领域争夺的重点②。他们应该具备以下素质：

①需具备互联网与金融的双重思维。互联网金融的双重特性（互联网特性与金融特性）要求互联网金融技术人才必须具备互联网与金融双重思维。一方面，互联网思维要求在进行平台设计与开发时必须摆脱传统金融业务的封闭性思维，以开放的思路进行技术平台的规划，将跨界资源协作、良好客户体验等理念有效融入平台的功能设计与流程设计之中，并合理界定互联网技术平台支撑的业务边界（仅仅把适合以互联网为载体开展的金融业务、运营的金融产品部署到互联网金融的技术平台）。另一方面，必须充分考虑金融业务的本质特征——风险管理。因此，在进行技术平台设计时，要充分考虑金融安全的需求，将合理的身份验证、交易验证等风险管理理念有效嵌入系统流程设计，但必须在客户体验与风险管理之间取得有效平衡，即不能因为风险管理而过多地牺牲平台客户的体验。

②需具备主动创新能力。在传统金融体系下，业务与技术平台之间的关系是主导与支撑的关系，相应地要求是能够构建支撑业务有效开展的技术平台。但在互联网金融体系之中，技术平台与金融产品有同等的重要性，且有很高的融合度，而且技术平台本身的使用体验甚至能决定金融产品与金融服务的销售与推广。因此，技术平台本身也需要不断通过主动创新来打造差异化的客户体验。同时，未来大多数互联网金融平台都可能是开放式的，因此技术人才应具备主动创新能力，根据市场需求调整、优化技术平台的架构和功能，更有效地

---

① 秦立公：《基于企业战略的人力资源规划研究》，载《改革与战略》，2004（11）。

② 贾澎涛、丁慧：《网络金融时代银行客户行为变化趋势及对策研究》，载《华北金融》，2014（2）。

整合多元化的外部资源。

（2）金融产品设计人才。互联网金融的迅猛发展过程中，无论是何种技术架构及模式都需要有个性化的产品来支撑，互联网金融的金融属性也注定了其产品的金融属性。因此，银行需要大量熟悉各种金融业务类型，了解产品的市场需求、风险控制、产品特性等知识的人才，从而满足互联金融产品设计的需要。

（3）互联网金融市场营销人才。随着消费市场的不断发展，产品营销正在从“跑单帮”时代过渡到组织化、体系化营销时代。产品营销的岗位、职责划分日趋精细，对营销人才的要求也从全能型向专业型转变。互联网金融业务对营销人才的专业性和合作性提出了更高的要求。互联网金融产品营销不仅仅是指在网上销售产品，更重要的是利用网络来搜索和发布产品的相关信息、宣传产品相关企业的形象、推广产品的品牌等。互联网背景下，产品营销人员应熟练掌握基本计算机应用知识，充分利用网络资源，并具备灵活的商务技巧。因此，培养营销人才一方面要根据各自的素质能力情况进行合理的配置，另一方面也要根据岗位职责的要求，培养、塑造相应的能力①。

2. 互联网金融人才的岗位设计。

（1）高级管理岗。高级管理岗人员的主要职责为：参与制订公司战略规划和互联网金融部业务计划；根据监管规定及公司制度，制定和完善互联网金融业务管理规章制度、工作流程；组织互联网金融人员实施公司相应管理办法、流程；提供互联网金融业务的专业管理建议，辅助公司管理层进行专业管理决策，协调内外部关系，提升专业管理效率；组织对互联网金融人员进行绩效考评，识别并培养关键人才。

（2）互联网金融产品经理岗。互联网金融产品经理岗人员的主要职责为：设计电商网站、手机 APP、微信、公司官网的功能及流程，持续改善用户体验；持续学习最新页面、交互技术，收集用户反馈信息，改进电商网站、手机 APP、微信系统设计，提升用户体验；执行业务系统需求设计、说明的撰写工作，与项目开发经理进行需求沟通、确认；组织业务测试工作，包括业务测试案例书写、业务测试执行；开展电子商务创新业务模式的设计与实施；参与追踪、分析互联网金融行业创新产品，把握产品创新最前沿动态。

（3）互联网金融项目经理岗。互联网金融项目经理岗人员的主要职责为：对产品及需求进行分析，组织具体业务落地，并对项目进度进行把控，依据科技情况对项目进行优先排序；组建外包测试团队，对自主研发产品进行 IT 测试；

---

① 刘君：《市场营销人才的市场需求状况与供给问题研究》，载《市场周刊（理论研究）》，2007（9）。

保证软件系统符合业务需求，保证软件质量；开展电商项目数据收集、整理、分析工作，为产品开发、营销推广提供数据支持；为业务人员提供视图，及时监视电商运行情况；实施版本控制、项目更新、部署、部署正确性验证工作；开展网络监控、平台业务运行监控和应急反应工作，确保服务平台持续运作。

（4）科技开发岗。科技开发岗人员的主要职责为：引入先进的软件技术，加快软件开发进度，提升软件质量，积累科技软件开发能力；以源代码开发为基础进行 IT 技术研发，快速响应互联网金融业务的科技开发需求。

（5）商务拓展经理岗。商务拓展经理岗人员的主要职责为：执行互联网平台、第三方销售、P2P 等外部协作单位拓展工作，了解合作伙伴需求（包括金融产品收益、流动性，系统对接交互便捷性要求及资金效率要求），形成互联网协作方案；执行互联网金融平台与基金公司、信托公司、资管公司的代销对接；实施互联网营销推广、网站关键字搜索等工作；执行网站客户、网上直销客户的拓展与服务工作；参与追踪、分析互联网金融行业创新产品，把握产品创新最前沿动态。

三、基于不同类型互联网金融人才的管理机制

1. 人才需求分析。互联网金融人才需求分析应该与公司整体发展和互联网金融业务发展战略相结合，具体可分为短期需求（未来 1 年内）、中期需求（未来 2 ~3 年内）、长期需求（未来 5 年内）。在分析过程中注意把握如下原则：

（1）少而精的原则：要严格控制各类型人员编制，优化岗位配置，避免出现人浮于事的现象。

（2）先难后易的原则：首先确定关键岗位、稀缺人员的需求，再确定普遍岗位人员需求，对于关键性、稀缺性人员的需求要作出更长期的预测。

2. 人才储备与培养机制。建立和完善互联网金融人才培养机制，通过制订有效的人才培养与开发计划，合理地挖掘、开发、培养后备人才队伍，以便建立公司的互联网金融人才梯队，为公司互联网金融业务的可持续发展提供有力的人才支持①。

（1）关键岗位继任者和后备人才。关键岗位主要指银行根据互联网金融行业当前或未来发展所判定的一些重要岗位和中高级管理岗位。一般来说，每一个关键岗位要选定 1 ~2 名候选人作为继任者，如果内部没有合适人选，可考虑以外部招聘的形式进行储备。后备人才主要是指银行为应对未来发展变化而储备的一些可替代公司某些重要岗位的具有培养潜质的人才。后备人才由高级管理人员根据银行制定的甄选条件进行初步提案，并由人力资源相关人员牵头组

---

① 《立足当前 放眼未来 为公司持续快速协调发展提供人才支撑——中国华电集团全面实施人才强企战略》，载《中国电力教育》，2005（4）。

建的评审小组进行最终评定。

（2）人才培养考核。增强高级管理人员对互联网金融人才的培养意识，促使其明确互联网金融人才培养的重要性和紧迫感。具体考核内容可包括后备人才的选拔、培训，轮岗计划的实施，人才培养的相对数量等。

3. 人才留用机制。为促进互联网金融人才在银行内部合理流动，减少不必要的人才流失，激发员工潜能，做到人尽其才、才尽其用、人事相宜，最大限度地发挥人力资源的作用，应规划相应的人才留用机制。

（1）合理配置人力资源。要做到因事设岗、先岗后人、人岗匹配，必须对互联网金融的每块工作进行认真、科学、准确的量化评估，然后确定每个岗位的工作量，力求每个岗位的工作量分配均衡，并力求每个岗位的工作专职化，实行专人专职，岗位设定以后，再实行竞岗、双向选择，达到个人与岗位匹配的目的。

（2）完善各项激励制度。针对互联网金融人才的薪酬激励制度要做到对内具有公平性，同时对外具有竞争性。考虑到人才的稀缺程度，可以增加必要的激励因素，包括成就感、别人的认可、工作本身、责任和晋升等，多方面的激励将极大地促进员工工作热情。此外，要保持激励的及时性。频繁的小规模的奖励往往比大规模的奖励更为有效。还应注意激励措施的差异化。不同层次的人才，需求是不同的。初级人才更重视薪酬需求的保障条件，而管理人才和知识型人才更重视非货币形式的福利及个人职业生涯的发展。

9　互联网金融监管和政策

9.1　互联网金融的监管主体和思路

9.1.1　监管主体

根据互联网金融所涉及领域，在中国其监管机构一般以人民银行、银监会、证监会、保监会等监管主体为主，工信部、公安部等部委为辅。对于银行、证券、保险机构基于互联网提供的金融服务，“一行三会”一般在坚持分类监管的总体原则下，通过建立和完善相应的制度法规，实施延伸监管。对于第三方支付、网络虚拟货币，人民银行作为支付系统的主要建设者、行业标准制定者以及法定货币的发行、管理机构，一般由其承担主要监管责任，而支付机构在支付基础上衍生出来的基金、保险、理财产品销售职能，则一般由证监会、保监会、人民银行一起，形成对支付机构的功能监管体系。P2P 网络借贷由银监会负责；众筹融资属于股权融资，一般由证监会牵头监管。

9.1.2　监管思路

互联网金融凭借其便捷、高效等特性，将逐步打破我国金融业的垄断格局，提高金融资源配置效率，推动经济产业结构调整，促进实体经济发展。互联网金融有着其特定的优劣势，追捧其优势的另一面是对其强调收益而无有效风险监管措施的质疑。如何有效对互联网金融进行监管，是一个颇具争议的问题。

主流观点认为，要加强对互联网金融的监管，必须创新和改变现有金融监管模式，提高监管效率，通过金融改革以及行业自律来满足互联网金融市场化的需求，采取“社会创新 + 柔性监管 + 行业自律”三结合方式。金融监管落后于金融创新，所以应该采取柔和政策，首先确定金融监管底线，其次由行业自律来解决发展问题，用底线思维防止系统性风险，用包容心态容纳创新。

1. 互联网金融监管的发展方向。

（1）适度创新监管方式。针对新兴互联网金融市场的特点，监管机构要适度创新金融监管方式，提高监管质量和效率，坚守风险底线，坚持金融信用为本，抓住监管重点，主要解决金融创新中的新问题、新情况。

（2）明确分工，协同监管。明确各金融监管机构和职能部门职责，合理分工，高效协作，不同监管机构间建立信息共享机制。

（3）强化行业自律监管。互联网金融行业自律监管可以成为监管机构的有效补充。通过行业协会等组织引导互联网金融行业健康发展，树立合规合法经营理念，强化风险控制手段，推动业务可持续发展。

（4）加强对市场参与主体的保护。互联网金融风险具有易扩散、易传播等特点，监管机构需要加强对互联网金融参与主体的保护。

2. 监管机构有关领导关于互联网金融监管的相关观点。

（1）人民银行副行长潘功胜透露，人民银行正在牵头制定促进互联网金融健康发展的指导意见，中心思想为分类监管、适度监管和协同监管，建立和完善互联网金融的监管框架。具体而言，包括五个方面内容。一是在监管规则和监管框架的设计上坚持开放、包容的理念；二是坚持监管规则的公平性，加强协同监管，防止监管套利；三是市场主体要正确理解监管与行业自律的关系；四是需要监管部门与从业机构之间保持良好的沟通；五是坚守业务底线，合规经营、谨慎经营。

（2）银监会创新监管部主任王岩岫表示，互联网金融监管重点有以下几个方面：一是创新监管。就是针对互联网金融的特点，监管体系要发展创新，在互联网金融大融合的环境下加强对新的环境下的互联网化和信息化监管手段的探索。打造各类信息监管分析，打造各类线上监管工具和专业化的监测系统。明确统一的监管标准，按照业务实质、功能监管和行为监管的原则，同质同类的业务应当遵循同类的监管规范，不应因为机构的形态而有所不同。培育多层次的监管体系，做好跨部委的横向监管协调。强化全国与区域的纵向监管联动，引入审计评估等市场化、专业化的评估体系，发挥好自律组织的作用。同时，要避免出现监管空白和重复监管，以免导致监管套利。二是适度监管。我国互联网金融的许多模式和产品是发达国家没有的。美国、英国的 P2P 网络借贷发展十几年，其规模占主流资产的比例还是比较低的，也就千分之一，发展速度远没有我国快。一些新的业态，如 P2P 网络借贷，在我国和国外已经有了完全不同的业务模式和发展渠道。就 P2P 网络借贷来说，它是一个新业态，还没有经过经济周期的考验，特别互联网金融是涉众的，关系到很多投资者的利益，在我国发展这么快，也反映出我国在互联网金融创新上，无论是监管者还是政府都保持着一个宽松包容的态度。同时，我们也在审慎地观察。三是分类监管。对不同的互联网金融业态依据其复杂性、涉众性、金融关联性等方面实行差异化的监管，潜在风险大、影响比较广的互联网金融企业承受的监管压力和监管成本应当提高。对金额规模大，涉及群体众多，有系统性影响的业务，应当与正规的金融体系管理实施统一的标准和强度。对于提供小微金额，针对特定人群和人数有限的互联网金融服务，应当注意发挥行业自律规则和市场竞争的作用，避免赋予过高的监管成本。四是协同监管。互联网金融具有跨行业、跨地域、跨时空的无边界特点，互联网运行的金融服务业增加了交易的瞬间性。我们知道互联网的优势在于它的大数据处理、它的快捷高效，在于它通过我们的电脑和手机提供贴身服务。当然，它也有它的缺点，比如非物理性，还有资金转移比较快。另外，我们认为互联网金融的技术性比较强，使我们的金融消费者和互联网的平台、企业处于一种不对等的地位。因此，互联网金融监管首先要关注金融行为的本质，对于存款、贷款、汇款、代理销售金融业务等方面的监管不应因为互联网环境的变化而改变，应遵循现有的法律法规，各个环节的经营主体应当承担风险责任。在此基础上，不同行业的监管部门要加强合作，提高风险的反应效率，按照互联网运行的特点，实行监管的无缝对接。

9.1.3 地方政策

面对热潮汹涌的互联网金融，国内各地政府也陆续出台政策支持互联网金融发展。北京市力促相关行业主体聚集，为推动互联网金融行业规范发展提供平台与机会；上海推行金融创新新政，推出支持互联网金融相关企业落户的具体措施；浙江依托发达的民营经济，为互联网金融行业提供快速发展的沃土；深圳前海的金融创新已上升为国家战略，在国家和地区相关政策支持下，依托深圳前海金融资产交易所，吸引民生电商等新型金融电商和互联网金融企业入驻。种种迹象表明，发展互联网金融已经成为当下各地方政府的共识。互联网金融对于活跃地方经济、促进小额贷款和民间融资的发展具有重要作用。

根据公开的各地区互联网金融支持政策，可以比较清楚地了解各地政策。从出台政策的部门来看，有市、区人民政府出台政策，如深圳市、北京市海淀区；也有市、区职能部门出台政策，如北京市中关村管委会、石景山区金融办、天津经济开发区。职能部门不能完全统筹区域资源。从出台政策的针对性来看，有专门支持互联网金融的政策，如中关村管委会、海淀区、石景山区，天津市；也有不仅仅支持互联网金融的政策，如深圳市还支持跨境金融、民营金融、创新金融、产业金融等，上海黄浦区还支持民营金融。

9.2 互联网金融监管的基本原则

互联网金融创新凸显出开放、平等、共享、普惠等特点，不仅有利于优化资源配置，促进普惠金融发展、提高金融服务水平，还有利于提高金融交易效率，抵御风险的同时促进经济健康有序发展。互联网金融监管要坚持底线思维，根据互联网金融的功能性与风险性适度监管。

9.2.1 服务实体经济与适度创新并举

互联网金融平台的服务宗旨是为社会大众提供小额、快捷、便利的小微金融服务，P2P 网络借贷和众筹融资都是基于服务实体经济而衍生出来的金融服务创新。互联网金融是新生事物，需要一定的试错空间，不科学的过度监管会抑制其发展空间，监管机构应实行动态监管、跟踪评估，把风险控制在可控范围内。

9.2.2 避免监督套利，防止系统性风险

互联网金融从本质上说没有改变金融的功能和本质，主要是技术运用和业务模式的创新。P2P 网络借贷、余额宝、阿里小贷等互联网金融产品主要功能还是资金融通、支付结算、风险定价、风控管理等，这些没有超越金融的范畴。由于同属金融范畴，互联网金融与传统金融应该实施一致的监管标准，防止监管套利。互联网金融监管要兼顾宏观调控和金融稳定两个方面，互联网金融创新应有助于稳定金融市场，促进金融改革，提高金融资源配置效率，顺应利率市场化发展方向。

9.2.3 维护消费者权益，狠抓消费者教育

互联网金融企业不能通过任何方式承诺保本保收益，误导消费者。应及时充分地披露企业经营信息、财务信息、风险信息、管理信息，制定维护消费者权益的规章制度，切实把消费者利益放在第一位。

互联网金额产品的消费者数量大、较分散、知识水平不一，对目标客群，需要有多样化的教育引导模式，有针对性地进行互联网金融产品知识教育，提高消费者自我保护能力和风险识别意识。

9.2.4 建设公平竞争市场，全面监测运行数据

只有在公平竞争的市场环境下才能保证市场对资源的有效配置。互联网金融企业需严格遵守现有的金融法律法规，公平竞争，不应采取违规违法手段恶意竞争。金融机构在提供线上线下金融服务时应合法合规，不制定显失公平的合约条款。

企业及监管部门可以利用大数据技术及时收集、获取、分析、挖掘各类数据。企业可通过全面数据监测管理，不断强化风险判断、识别能力；监管机构可以通过深入挖掘数据，剖析风险产生原因，避免监管漏洞。

9.2.5　平衡政府监管与行业自律

与政府监管相比较，行业自律作用广、范围大。两者需要有机结合，协调监督。可以成立专业协会组织，制定统一的行业服务标准，发挥自律管理作用，承担社会责任。互联网金融企业与政府监管机构需建立有效沟通机制，促使企业主动针对业务模式、产品创新、风险控制、法律约束等方面出现的问题及时与监管部门沟通，促使监管当局遵循奖惩结合原则制定监管规则，实现政府监管与行业自律相匹配、相平衡。

9.3　互联网金融不同业务种类监管

9.3.1　P2P 网络借贷监管方向

对 P2P 网络借贷要引入以下监管措施，核心理念是“放开准入，活动留痕，事后追责”。

一、准入监管

1. 建立基本准入标准。P2P 网络借贷平台的董事、监事和高管要具有一定金融知识和从业经验，要通过一定背景审查（比如具有良好的职业道德，没有不良记录）。P2P 网络借贷平台要具备基本的经营条件。比如，在 IT 基础设施方面，要有条件管理和存放客户资料和交易记录，要有能力建立风险管理体系。

2. 建立“谁批设机构，谁负责监管和风险处置”的机制（这也是国务院办公厅 2013 年《关于加强影子银行监管有关问题的通知》的精神之一）。

二、运营监管①

1. P2P 网络借贷平台仅限于从事金融信息服务，为投资者和借款者建立直接对应的借贷关系，但 P2P 网络借贷平台本身不能直接参与借贷活动，不得因为技术手段的改进而超范围经营。

2. 如果 P2P 网络借贷平台通过风险储备池等方式承担了贷款的信用风险，那么它必须遵从与银行不良资产拨备、资本相当的监管标准，确保风险储备池有足够的风险吸收能力。这个要求的核心目标是使 P2P 网络借贷平台的业务规模与风险承担能力相适应，保障持续经营能力。

3. P2P 网络借贷平台必须严格隔离自有资金与客户资金，客户资金由第三方账户管理（比如与中国人民银行核准的第三方支付机构合作），P2P 网络借贷平

---

①　谢平、邹传伟、刘海二：《对 P2P 网络贷款的监管》，载《第一财经日报》，2014 - 10 - 29 (A09)。

台不得以任何方式挪用客户资金。

4．P2P 网络借贷平台要了解自己的客户，采取有效手段对客户身份进行识别和认证，防范不法分子进行交易欺诈、融资诈骗、违规套现等活动。

5. P2P 网络借贷平台要建立合格投资者制度，确保投资者有足够的金融知识、风险识别和承受能力（比如，要求投资者满足一定的收入和财产门槛）。

6. P2P 网络借贷平台不得进行虚假宣传、误导陈述。

三、信息监管①

1. P2P 网络借贷平台必须完整地保存客户资料（包括申请和信用评估资料）、借贷两端客户匹配信息以及客户借贷、还款等交易信息，以备事后追责。

2. P2P 网络借贷平台不得虚构债权或篡改借贷信息，P2P 网络借贷平台的股东或工作人员如果在自家平台上融资，要如实披露信息，防止利益冲突和关联交易。

3. P2P 网络借贷平台要充分履行风险告知义务，确保投资者和借款者明确自身的权利和义务（包括借贷金额、期限、利率、服务费率、还款方式等），保障客户的知情权和选择权。

4. P2P 网络借贷平台要如实披露经营信息，包括公司治理情况（比如“三会一层”构成）、平台运营模式（比如信用评估方法、借贷双方匹配机制、客户资金管理制度、是否提供担保等）、业务数据（比如交易额、累计用户数、平均单笔借款金额、投资人收益情况、不良贷款指标等），供客户参考。

5. P2P 网络借贷平台要保障客户信息安全，防止客户信息的灭失、损毁和泄露，不利用客户信息从事超出法律许可和未经客户授权的活动。

9.3.2　股权众筹监管办法

2014 年 12 月 18 日，中国证券业协会发布《私募股权众筹融资管理办法（试行）》征求意见稿，并于 2015 年 1 月 26 日对该办法进行评议，但并未正式发布。该办法对股权众筹平台、融资者、投资者、备案登记、信息报送、自律管理等作出明确界定②。

办法明确规定平台不得从事以下活动：

（一）通过本机构互联网平台为自身或关联方融资；

（二）对众筹项目提供对外担保或进行股权代持；

（三）提供股权或其他形式的有价证券的转让服务；

---

① 谢平、邹传伟、刘海二：《对 P2P 网络贷款的监管》，载《第一财经日报》，2014 - 10 - 29（A09）。

② 《互联网金融首个“官文”落地》，载《中国招标》，2014（50）。

（四）利用平台自身优势获取投资机会或误导投资者；

（五）向非实名注册用户宣传或推介融资项目；

（六）从事证券承销、投资顾问、资产管理等证券经营机构业务，具有相关业务资格的证券经营机构除外；

（七）兼营个体网络借贷（P2P 网络借贷）或网络小额贷款业务。

融资者不得从事以下活动：

（一）欺诈发行；

（二）向投资者承诺投资本金不受损失或者承诺最低收益；

（三）同一时间通过两个或两个以上的股权众筹平台就同一融资项目进行融资，在股权众筹平台以外的公开场所发布融资信息。

合格投资人制度包括①：

（一）投资单个融资项目的最低金额不低于 100 万元人民币的单位或个人；

（二）社会保障基金、企业年金等养老基金，慈善基金等社会公益基金，以及依法设立并在中国证券投资基金业协会备案的投资计划；

（三）净资产不低于 1000 万元人民币的单位；

（四）金融资产不低于 300 万元人民币或最近三年个人年均收入不低于 50 万元人民币的个人。上述个人除能提供相关财产、收入证明外，还应当能辨识、判断和承担相应投资风险。（第四条中针对个人的要求不是净资产，而是金融资产，包括银行存款、股票、债券等，但是房产却是不包含在内的。）

征集意见稿出来后，各方反馈积极，对于合格投资者的门槛或有降低。

9.3.3 第三方支付、移动支付监管办法

2004 年《电子签名法》是第一部专门针对网上支付的法规，是电子商务领域立法的开端，接着国家又陆续出台了一些与第三方支付平台有关的规定。中国支付服务创新的监管起步于 2005 年出台的《电子支付指引（第一号）》，此后人民银行一直采取“引而不发”策略，客观上培育了新兴支付产业的发展，2010 年《非金融机构支付服务管理办法》和相关细则的出台实施，标志着中央银行初步明确了监管框架和运行机制。根据《非金融机构支付服务管理办法》的规定，对非金融机构支付服务（俗称第三方支付）的监管工作原则为“结合国情、促进创新、市场主导、规范发展”，监管核心目标是“规范发展与促进创新并重”，具体分解为以下四个子目标：促进支付服务市场健康发展、规范非金融机构支付服务行为、防范支付风险、保护当事人的合法权益。

人民银行从 2011 年 5 月起对合格的第三方支付机构颁发了支付业务营业许

① 《解读股权众筹办法五看点》，载《国际融资》，2015（2）。

可证，有效地规范了第三方支付市场的发展。但目前在法律定位上，我国将第三方支付机构定义为非金融机构，导致其许多业务环节脱离了金融监管部门的监管，给客户资金安全和金融稳定都带来了诸多隐患。

2014 年 3 月 13 日，央行下发紧急文件《中国人民银行支付结算司关于暂停支付宝公司线下条码（二维码）支付等业务意见的函》，暂停支付宝、腾讯的虚拟信用卡产品，同时叫停的还有条码（二维码）支付等面对面支付服务，并要求支付宝、财付通将有关产品详细介绍、管理制度、操作流程等情况上报。二维码支付在创新的背后的确存在不少的风险；移动支付产品如果不能保证资金安全，再好的用户体验和市场反映也是白搭。不过央行用的是暂停并非叫停①。

2014 年 4 月，银监会下发了《中国银监会　中国人民银行关于加强商业银行与第三方支付机构合作业务管理的通知》（银监发〔2014〕10 号，以下简称 10 号文），对客户身份认证、交易限额、赔付责任等方面进行了细化和规范。10 号文要求银行应构建安全的网络通道，制定安全边界，防止第三方机构越界访问。10 号文还要求客户在第三方支付机构认证同时，还需通过银行的客户身份鉴别，这就意味着银行有机会和第三方支付机构共享客户资源。10 号文还规定，银行可以对第三方支付快捷支付的用途和开通等加强限制。银监会对第三方支付市场的严厉打击主要由于支付市场乱象丛生，第三方支付机构频繁套码、切机影响银行利益，第三方支付机构与商业银行私接通道，同时第三方支付机构和银行的合作矛盾日益升级，这些都导致银联绝对清算中心的地位逐渐削弱，处于尴尬境地。

① 孙飞、王吉如、闫波：《“二马”对决》，载《金融世界》，2014（4）。

附件：监管部门监管政策和地方相关政策

附件一：

关于人人贷有关风险提示的通知

银监办发〔2011〕254 号

各银监局，各政策性银行、国有商业银行、股份制商业银行，邮政储蓄银行：

在当前银行信贷偏紧情况下，人人贷（Peer to Peer，P2P）信贷服务中介公司呈现快速发展态势。这类中介公司收集借款人、出借人信息，评估借款人的抵押物，如房产、汽车、设备等，然后进行配对，并收取中介服务费。最近，有关媒体对这类中介公司的运作及影响做了大量报道，引起多方关注。对此，银监会组织开展了专门调研，发现大量潜在风险，特提示如下：

一、主要问题与风险

人人贷中介服务主要存在以下问题和风险：一是影响宏观调控效果。在国家对房地产以及“两高一剩”行业调控政策趋紧的背景下，民间资金可能通过人人贷中介公司流入限制性行业。二是容易演变为非法金融机构。由于行业门槛低，且无强有力的外部监管，人人贷中介机构有可能突破资金不进账户的底线，演变为吸收存款、发放贷款的非法金融机构，甚至变成非法集资。三是业务风险难以控制。人人贷的网络交易特征，使其面临着巨大的信息科技风险。同时，这类中介公司无法像银行一样登录征信系统了解借款人资信情况，并进行有效的贷后管理，一旦发生恶意欺诈，或者进行洗钱等违法犯罪活动，将对社会造成危害。四是不实宣传影响银行体系整体声誉。如一些银行仅仅为人人贷公司提供开户服务，却被后者当作合作伙伴来宣传。五是监管职责不清，法律性质不明。由于目前国内相关立法尚不完备，对其监管的职责界限不清，人人贷的性质也缺乏明确的法律、法规界定。六是国外实践表明，这一模式信用风险偏高，贷款质量远远劣于普通银行业金融机构。七是人人贷公司开展房地产二次抵押业务同样存在风险隐患。近年来，房地产价格一直呈上涨态势，从而出现房地产价格高于抵押贷款价值的现象，一旦形势发生逆转，就可能对贷方利益造成影响。同时，人人贷中介公司为促成交易、获得中介费用，还可能有意高估房产价格，严重影响抵押权的实现。

二、监管措施与要求

针对人人贷中介公司可能存在的风险与问题，银行业金融机构务必采取有效措施，做好风险预警监测与防范工作：

第一，建立与人人贷中介公司之间的“防火墙”。银行业金融机构必须按照“三个办法、一个指引”要求，落实贷款全流程管理，严防人人贷中介公司帮助放款人从银行获取资金后用于民间借贷，防止民间借贷风险向银行体系蔓延。

第二，加强银行从业人员管理。防止银行从业人员涉足此类信贷服务，牟取不正当利益。

第三，加强与工商管理部门的沟通，商请针对“贷款超市”、“融资公司”等不实宣传行为予以严肃查处，切实维护银行合法权益，避免声誉风险。

请各银监局将本通知转发至辖内银监分局和银行业法人金融机构。

附件二：

中国人民银行　工业和信息化部
中国银行业监督管理委员会　中国证券监督管理委员会
中国保险监督管理委员会关于防范比特币风险的通知

银发〔2013〕289号

近期，一种通过特定计算机程序计算出来的所谓“比特币”（Bitcoin）在国际上引起了广泛关注，国内也有一些机构和个人借机炒作比特币及与比特币相关的产品。为保护社会公众的财产权益，保障人民币的法定货币地位，防范洗钱风险，维护金融稳定，依据《中华人民共和国中国人民银行法》、《中华人民共和国反洗钱法》、《中华人民共和国商业银行法》、《中华人民共和国电信条例》等有关法律法规，现将有关事项通知如下：

一、正确认识比特币的属性

比特币具有没有集中发行方、总量有限、使用不受地域限制和匿名性等四个主要特点。虽然比特币被称为“货币”，但由于其不是由货币当局发行，不具有法偿性与强制性等货币属性，并不是真正意义的货币。从性质上看，比特币应当是一种特定的虚拟商品，不具有与货币等同的法律地位，不能且不应作为货币在市场上流通使用。

二、各金融机构和支付机构不得开展与比特币相关的业务

现阶段，各金融机构和支付机构不得以比特币为产品或服务定价，不得买卖或作为中央对手买卖比特币，不得承保与比特币相关的保险业务或将比特币纳入保险责任范围，不得直接或间接为客户提供其他与比特币相关的服务，包括：为客户提供比特币登记、交易、清算、结算等服务；接受比特币或以比特币作为支付结算工具；开展比特币与人民币及外币的兑换服务；开展比特币的储存、托管、抵押等业务；发行与比特币相关的金融产品；将比特币作为信托、基金等投资的投资标的等。

三、加强对比特币互联网站的管理

依据《中华人民共和国电信条例》和《互联网信息服务管理办法》，提供比特币登记、交易等服务的互联网站应当在电信管理机构备案。

电信管理机构根据相关管理部门的认定和处罚意见，依法对违法比特币互联网站予以关闭。

四、防范比特币可能产生的洗钱风险

中国人民银行各分支机构应当密切关注比特币及其他类似的具有匿名、跨境流通便利等特征的虚拟商品的动向及态势，认真研判洗钱风险，研究制定有针对性的防范措施。各分支机构应当将在辖区内依法设立并提供比特币登记、交易等服务的机构纳入反洗钱监管，督促其加强反洗钱监测。

提供比特币登记、交易等服务的互联网站应切实履行反洗钱义务，对用户身份进行识别，要求用户使用实名注册，登记姓名、身份证号码等信息。各金融机构、支付机构以及提供比特币登记、交易等服务的互联网站如发现与比特币及其他虚拟商品相关的可疑交易，应当立即向中国反洗钱监测分析中心报告，并配合中国人民银行的反洗钱调查活动；对于发现使用比特币进行诈骗、赌博、洗钱等犯罪活动线索的，应及时向公安机关报案。

五、加强对社会公众货币知识的教育及投资风险提示

各部门和金融机构、支付机构在日常工作中应当正确使用货币概念，注重加强对社会公众货币知识的教育，将正确认识货币、正确看待虚拟商品和虚拟货币、理性投资、合理控制投资风险、维护自身财产安全等观念纳入金融知识普及活动的内容，引导社会公众树立正确的货币观念和投资理念。

各金融监管机构可以根据本通知制定相关实施细则。

请中国人民银行上海总部，各分行、营业管理部、省会（首府）城市中心支行将本通知转发至辖区内各地方性金融机构和支付机构。本通知执行过程中发现的新情况、新问题，请及时向中国人民银行报告。

附件三：

《支付机构网络支付业务管理办法》征求意见稿

第一章 总 则

第一条 为规范支付机构网络支付业务，防范支付风险，保护当事人合法权益，根据《中华人民共和国中国人民银行法》、《非金融机构支付服务管理办法》等规定，制定本办法。

第二条 支付机构从事网络支付业务，适用本办法。

本办法所称支付机构是指依法取得《支付业务许可证》，获准办理互联网支付、移动电话支付、固定电话支付和数字电视支付等网络支付业务的非金融机构。

本办法所称网络支付业务是指客户通过计算机、移动终端等电子设备，依托公共网络信息系统远程发起支付指令，由支付机构为付款人和网络特约商户的电子商务交易实现货币资金转移的活动。

支付机构不得为付款人和实体特约商户的交易提供网络支付服务。

第三条 支付机构应当依法维护当事人的合法权益，保障信息安全和交易安全。

第四条 支付机构应遵守反洗钱法律法规要求，履行反洗钱和反恐怖融资义务，不得为国家法律法规禁止和限制买卖的物品或服务、虚假交易提供网络支付服务。

第五条 支付机构开展网络支付业务，涉及跨境人民币结算和外汇支付业务的，应按照中国人民银行、国家外汇管理局相关规定执行。

第二章 业务开通与客户管理

第六条 支付机构办理网络支付业务，应当遵循“了解你的客户”原则，采取有效措施核实并依法留存客户身份基本信息。

第七条 支付机构应为客户建立唯一的客户识别编码，并根据客户特征、交易类型、交易金额等，与客户约定安全可靠的身份认证方式。

支付机构采用电子签名方式进行客户身份认证和交易授权的，应当优先由合法的第三方认证机构提供认证服务。

第八条 支付机构提供网络支付服务，应当向客户公示信息、提供章程或与客户签订协议。

公示信息、章程或协议应当包括但不限于以下内容：

（一）支付机构名称、营业地址、网址和联系方式；

（二）所提供的网络支付业务交易类型、交易规则、身份验证和交易授权方式；

（三）客户资金结算的时限要求，及支付机构为此提供相关支付便利的义务；

（四）具体收费项目和收费标准；

（五）差错及纠纷处理规则和程序；

（六）客户身份信息、账户信息和交易信息的保护责任；

（七）客户身份信息变更后的通知义务和方式；

（八）客户服务及投诉的方式和渠道，以及客户权益保障条款。

第九条 支付机构应基于客户银行账户提供网络支付服务。

支付机构向客户银行发送支付指令，扣划客户银行账户资金的，支付机构、客户及银行应事先或在首笔交易时，签订三方协议或两两协议，按照以下规则明确相关授权并依照执行：

（一）支付机构应取得客户及银行的协议授权，同意其向客户的银行账户发起支付指令扣划资金。

（二）银行应依法履行客户身份识别义务，并已事先或在首笔交易时取得客户的协议授权，明确支付机构发起支付指令扣划客户银行账户资金时，银行对其客户的身份识别和交易验证方式；但客户首笔业务的身份识别和交易验证应由银行完成，支付机构不得代为识别与验证；后续交易的验证主体、验证手段和渠道，由客户、银行与支付机构通过协议进行授权及约定。

（三）支付机构应当为客户提供后续交易验证由银行完成的优先选择权，不得人为设置障碍；支付机构应当配合客户及银行为控制交易风险而采取必要措施和手段。

（四）确因业务需要，客户自愿授权并与支付机构和开户银行约定后续交易由支付机构代为验证的，支付机构应确保验证手段和渠道的安全性，设置单笔、日累计交易限额，并承担由此所导致的客户信息泄露和资金被盗用风险。

第十条 根据客户意愿，获得互联网支付业务资质的支付机构，可以为客户开立记录客户支付交易和资金余额信息的支付账户。

第十一条 支付机构不得为金融机构以及从事融资、理财、担保、货币兑换等金融业务的其他机构开立支付账户。

第十二条 支付机构不得为客户办理或变相办理支付账户的透支和现金存取，以及融资、担保业务。

第十三条 支付机构开立支付账户应当遵守实名制管理规定，识别客户身份，核实有效身份证件，登记身份基本信息，并按规定留存有效身份证件复印件或者影印件。

支付机构应确保支付账户名称与客户有效身份证件或者身份证明文件上记载的姓名或名称一致，不得为客户开立匿名、假名支付账户。

第十四条 支付机构要求客户提供有关资料信息时，应告知客户使用目的和范围、客户信息保护措施，以及客户未准确提供或提供虚假资料信息的后果；支付机构承担未妥善保管和使用客户信息导致信息被盗用的后果和责任。

第十五条 客户基本身份信息发生变更的，应当及时通知支付机构，支付机构在核实客户身份后予以更新。

第十六条 支付机构为客户开立支付账户，应当与客户签订协议。协议内容包括但不限于：

（一）支付账户开立、挂失、止付、注销的规则；

（二）身份验证和支付授权方式；

（三）客户对支付机构核验其银行账户信息和身份信息的授权；

（四）支付账户使用和管理的责任、权利和义务；

（五）支付账户违规使用的处置和责任；

（六）支付账户资金变动的通知方式；

（七）支付账户异常交易的通知、处置方式和责任划分。

第十七条 支付账户只能用于电子商务交易付款和符合规定的个人客户支付账户（以下简称个人支付账户）间转账，不得用于电子商务交易收款。

第十八条 支付机构应按协议约定及时将电子商务交易收款资金结算至网络特约商户指定的同名银行账户，资金结算时限应为付款客户确认可直接向网络特约商户付款的支付指令生效之日起 1 至 3 个工作日，因涉嫌违规违法等风险交易延迟结算的除外。

第十九条 支付机构应按照客户识别编码，对同一客户开立的所有支付账户统一管理。

第二十条 支付账户只能由本人使用，不得出借、出租、出售。

任何单位和个人不得利用支付账户从事或协助他人从事非法活动。

第二十一条 客户挂失或重置密码、密钥或数字证书，更改预留手机号码等验证信息，或办理支付账户止付、注销业务的，支付机构应在确认客户身份及真实意愿后及时办理。

第二十二条 支付机构应严格规范客户身份信息、交易验证方式更改流程，针对不同业务处理类型和修改渠道完善客户身份验证措施。

第三章 业务管理

第二十三条 支付机构提供的网络支付业务的交易类型包括充值、消费、转账等。

充值，是指客户将本人同名银行借记账户或同一支付机构发行的预付卡中资金转入本人同名支付账户。支付账户未用充值资金退回时，应转回原银行账户或原预付卡。

消费，是指客户因商品或服务购买、税费缴纳、信用卡还款、购买特定金融产品等电子商务交易活动，将付款客户的银行账户或支付账户资金划转至网络特约商户的银行账户。因交易取消（撤销）、退货、交易不成功等原因需退款的，相应款项应转回原银行账户或支付账户。

转账，是指个人支付账户之间无电子商务交易背景的小额资金划转。单位客户的支付账户（以下简称单位支付账户）不得办理无电子商务交易背景的资金转账业务。

第二十四条 单位支付账户的资金来源仅限于其同名人民币银行账户，资金只能用于消费；个人支付账户的资金来源仅限于本人同名人民币银行借记账户、本支付机构按规定发行的预付卡充值和个人支付账户转账转入，资金只能用于消费和转账转出。

第二十五条 个人支付账户转账单笔金额不得超过1 000元，同一客户所有支付账户转账年累计金额不得超过1万元。

支付机构应对转账转入资金进行单独管理，转入资金只能用于消费和转账转出，不得向银行账户回提。

第二十六条 个人支付账户单笔消费金额不得超过5 000元，同一个人客户所有支付账户消费月累计金额不得超过1万元。超过限额的，应通过客户的银行账户办理。

第二十七条 网络特约商户应指定一个同名银行账户，用于交易资金结算。

第二十八条 支付机构应建立网络特约商户用于资金结算的银行账户设置和变更审核制度，严格审核设置和变更申请材料的真实性、有效性。

第二十九条 支付机构应确保交易信息的真实性、完整性、可追溯性。交易信息包括但不限于下列事项：

（一）交易渠道、受理终端类型、交易类型、网络特约商户类别码及唯一性编码、交易金额、交易时间；

（二）收付款客户名称，收付款银行账户的开户银行名称及账号、支付账户账号；

（三）付款客户的身份验证和交易授权信息；

（四）直接向客户提供商品或服务的特约商户名称及按照《金融零售业务商户类别代码》（GB/T 20548—2006）设置的商户类别码；

（五）有效追溯交易的标识。

第三十条 支付机构对网络特约商户的拓展与管理、客户使用银行账户支付的交易处理，以及相关风险控制措施，应当按照《银行卡收单业务管理办法》的相关规定执行。

第三十一条 支付机构开展网络支付业务，应拥有并运营独立、安全、规范的业务处理系统，该系统及其备份系统的服务器应设置在中华人民共和国境内。

第四章 风险管理与客户权益保护

第三十二条 支付机构网络支付业务应符合国家和金融行业技术标准和相关信息安全管理要求。

第三十三条 支付机构业务处理系统应对客户发起支付指令的计算机、移动电话、固定电话等不同终端进行有效识别，并针对不同终端发起交易的风险程度，实施充分的、有效的验证方式，采取有效的风险控制措施。

第三十四条 支付机构应综合客户实名认证、交易行为特征、资信状况等因素，建立客户风险评级管理制度。

对风险评级较高的客户，支付机构应对其开通的交易类型、交易金额进行限制，并采取强化交易监测、账户止付、延迟结算等风险管理措施。

第三十五条 支付机构应健全网络支付业务风险管理制度，建立交易监测系统，对疑似套现、洗钱、非法融资、欺诈或泄露客户信息等可疑交易及时核查，采取有效的风险防控措施，并承担因未采取措施导致的风险损失责任；发现涉嫌违法犯罪的，应及时向公安机关报案，同时向中国人民银行及其分支机构报告。

第三十六条 支付机构应至少每年对内部控制制度、业务处理系统、交易监测系统、信息安全管理等风险防控机制开展一次全面的风险评估，并完善支付安全措施。

第三十七条 支付机构应限制客户尝试登录或身份验证的次数，制定客户访问超时规则，设置身份验证时限。使用一次性密码进行身份验证时，支付机构应将该密码有效期严格限制在最短的必要时间内。

第三十八条 支付机构对业务办理过程中采集和处理的客户信息，应制定有效的风险控制措施，依法或按照客户授权使用，确保相关信息安全并承担相应的安全管理责任。

第三十九条 支付机构不得存储客户银行账户密码、银行卡卡片验证码及卡片有效期等敏感信息；确因业务需要存储客户银行卡卡号、卡片有效期的，应取得客户和客户开户银行授权，并以加密形式存储。

第四十条 支付机构应制定突发事件应急预案，建立灾备系统，保障业务连续性和系统安全性。

第四十一条 支付机构应建立健全风险准备金制度和交易赔付制度，风险准备金应对非因客户原因发生的风险损失予以先行赔付，保障客户合法权益。

第四十二条 支付机构应向客户充分提示网络支付业务的潜在风险，对客户进行必要的认知教育和安全指导，并对高风险业务在操作前、操作中进行风险警示。

第四十三条 支付机构为客户特定金融产品购买、网络信贷等融资活动提供网络支付服务的，应确保产品或服务提供方为依法合规开展业务的机构，并充分向客户提示潜在风险。

第四十四条 支付机构应采取有效措施，在执行支付指令前提示客户对支付指令的准确性进行确认，并在支付指令完成后及时将结果通知客户。

第四十五条 因交易超时、无响应或系统故障导致支付指令无法正常处理的，支付机构应及时提示客户。

因客户原因造成支付指令未执行、未适当执行、延迟执行的，支付机构应主动通知客户更改或配合客户采取补救措施。

第四十六条 支付机构应建立健全网络支付业务差错处理制度，配备专业部门和人员，据实、准确、及时处理差错交易。

第四十七条 支付机构提高网络支付服务收费标准或新设收费项目的，应至少于执行日前 3 个月在网站公示。

支付机构提高对网络特约商户的收费标准，应通过合理有效方式提前 3 个月通知商户。

支付机构应在提高收费标准或新设收费项目后、客户首次办理相关业务前，确认客户知悉该服务收费标准并保证客户对该服务的选择权。

第四十八条 支付机构因系统升级、调试等原因，需暂停网络支付服务的，应至少提前 5 个工作日予以公告。

第四十九条 支付机构提供网络支付服务，应开设具有合法独立域名的网站，设立统一的客户服务电话和查询投诉渠道。

第五十条 支付机构应为客户免费提供最近一年以内交易信息查询服务。

第五十一条 支付机构对客户的身份资料、账户信息和交易信息，应妥善保存，身份资料、账户信息自业务关系结束之日起至少保存 5 年，交易信息自交易记账之日起至少保存 5 年。

第五章 监督管理

第五十二条 中国人民银行及其分支机构依法对支付机构的网络支付业务活动进行监督和管理。

第五十三条 中国人民银行及其分支机构可采取如下措施，对支付机构进行现场检查：

（一）进入与网络支付业务相关的经营场所进行检查；

（二）查阅、复制与检查事项有关的文件、资料；

（三）询问有关工作人员，要求对有关事项进行说明；

（四）检查有关系统和设施，复制有关数据资料。

第五十四条 支付机构应协助配合中国人民银行及其分支机构开展现场检查和非现场检查，按时报送网络支付业务统计信息和管理信息。

第五十五条 支付机构提供网络支付创新产品或服务、决定停止提供产品或服务、调高服务收费标准或新增收费项目等，应至少提前30日向中国人民银行及其分支机构备案。

第五十六条 支付机构应当加入中国支付清算协会，接受行业自律组织管理。中国支付清算协会应当根据本办法，制定网络支付业务行业自律规范，向中国人民银行备案后组织实施。

第五十七条 支付机构发生涉嫌违法犯罪案件或重大风险事件的，应及时向中国人民银行及其分支机构报告。

第六章 罚 则

第五十八条 支付机构从事网络支付业务有下列情形之一的，由中国人民银行及其分支机构依据《非金融机构支付服务管理办法》第四十二条的规定责令其限期改正，并予以警告或处1万元以上3万元以下罚款：

（一）未按规定建立并落实客户实名制、客户风险评级管理、风险准备金与交易赔付、交易和信息安全管理、年度风险评估、应急管理等制度的；

（二）未按规定向客户提供相关业务优先选择权的；

（三）未按规定进行风险提示或公开披露相关信息的；

（四）未按规定处理客户身份信息、账户信息、交易信息及提供有关信息查询服务的；

（五）未按规定向中国人民银行及其分支机构报送信息或办理相关备案手续的。

第五十九条 支付机构从事网络支付业务有下列情形之一的，由中国人民银行及其分支机构依据《非金融机构支付服务管理办法》第四十三条的规定责令其限期改正，并处3万元罚款；情节严重的，中国人民银行注销其《支付业务许可证》；涉嫌犯罪的，依法移送公安机关：

（一）网络支付业务处理系统及其备份系统的服务器未按规定设置在中华人民共和国境内的；

（二）不符合国家和金融行业技术标准和相关信息安全管理要求的；

（三）未按规定建立交易监测系统，发现客户疑似或涉嫌违法违规行为未采取有效措施的；

（四）未按规定开立、使用和管理支付账户，或为实体特约商户提供网络支付服务，以及为客户提供或变相提供现金存取、融资和担保等本办法规定的禁止性支付服务的；

（五）未准确反映网络支付交易信息，未按规定进行网络支付业务处理及相关交易限额管理、交易验证、资金划转与资金结算的；

（六）发生客户身份信息、账户信息、交易信息泄露，或未尊重客户意愿，侵害相关当事人合法权益的；

（七）为非法交易、虚假交易提供支付服务的。

第六十条 支付机构未按本办法要求识别客户身份、履行反洗钱义务的，由中国人民银行及其分支机构依据国家有关反洗钱法律法规等进行处罚。

第六十一条 未取得网络支付业务相关资质，擅自或变相开展网络支付业务的，由中国人民银行及其分支机构终止其网络支付业务；涉嫌犯罪的，依法移送公安机关；构成犯罪的，依法追究刑事责任。

第七章 附 则

第六十二条 本办法相关用语含义如下：

个人有效身份证件，是指居民身份证、港澳台居民通行证、外国公民护照等。

单位有效身份证件，是指营业执照、有关政府部门的批文、登记证书或其他能证实其合法真实身份的证明等。

网络特约商户，是指基于公共网络信息系统提供商品或服务的特约商户。

实体特约商户，是指通过实体经营场所提供商品或服务的特约商户。

单位客户，是指接受支付机构支付服务的企事业单位、个体工商户或其他组织，以及按照国家工商行政管理机关有关规定，开展网络商品交易等经营活动的自然人。

个人客户，是指接受支付机构的支付服务，但未开展网络交易等经营活动的自然人。

第六十三条 本办法由中国人民银行负责解释和修订。

第六十四条 本办法自 2014 年 月 日起施行。

附件四：

中国人民银行关于手机支付业务发展的指导意见

手机支付是以手机作为支付终端，基于无线通信网络与后台服务器之间的远程信息交互（即远程支付），或基于手机与受理终端的近场信息交互发起支付指令（即近场支付），实现货币资金转移的支付方式。近年来，随着手机用户规模持续增长，智能终端不断普及，我国手机支付产业获得较快发展，新的业务模式、产品和技术形态不断涌现，手机支付正逐步成为提高支付效率、拓展支付服务、促进金融普惠的新兴支付方式。为鼓励业务创新，维护各方权益，防范支付风险，促进手机支付产业持续健康发展，现提出如下指导意见：

一、坚持市场主导，发挥产业合力，拓展小额便民支付应用

（一）发挥市场在资源配置中的决定性作用，激发市场机构的创新活力。

手机支付产业尚处于起步阶段，市场各参与主体正在积极探索建立相应的业务模式和商业模式。鼓励商业银行、支付机构、银行卡清算机构、通信运营商、手机终端厂商、芯片制造商等产业链各方，在防范手机支付风险、保障客户权益的前提下进行有益的合作与尝试，探索、创新适宜的产品形态和业务模式，满足用户多样化需求。各参与主体应抓住市场发展机遇，积极参与到手机支付服务市场，共同建立公平、有序、高效的市场竞争机制，提升资源配置效率，推动手机支付产业和市场健康发展。

（二）发挥各方优势，实现协作共赢。

手机支付产业链长、参与主体多，产业链各方应合理分工、加强协作，积极探索开放、共赢、可持续的业务发展模式，推动产业健康发展。商业银行应充分利用资金管理和风险管理优势，在手机支付服务市场继续发挥基础性、推动性作用；支付机构应进一步利用机制灵活、创新能力强的优势，加强风险管理，在小额便民支付领域形成对传统支付服务的延伸与补充；银行卡清算机构应继续发挥在银行卡产业链中的枢纽作用，为手机支付业务提供安全、高效的银行卡交易处理与清算服务。

（三）提升便利性，推进金融普惠。

鼓励商业银行、支付机构与银行卡清算机构等产业相关各方基于可信服务管理平台（Trusted Service Manager，TSM）开展广泛、深入合作，探索实现和推广“一卡多应用”的商业模式，便利客户管理和使用多种支付应用，提升产品便捷性，改进客户体验。各参与方应协同加快电子商务发展、推广金融 IC 卡（Integrated Circuit Card，集成电路卡）等当前国家重点建设项目，利用手机支付随身、随地、随时的优势，不断满足广大城乡居民便捷、小额、非现金支付需求，推广普惠金融应用与服务。

二、落实基本业务要求，规范发展手机支付业务

商业银行和支付机构发展手机支付业务，应当坚持业务创新与规范发展并重、提高效率与防范风险兼顾的基本原则。

（一）大力发展商业银行手机支付业务。

支持商业银行与银行卡清算机构等产业相关各方紧密合作，改进客户体验，引导和培育客户手机支付消费习惯，扩大手机支付的普及率。

商业银行开展手机支付业务应遵循银行卡、电子支付等相关管理规定。支持商业银行发行脱机、小额支付应用的手机电子现金。手机电子现金应符合金融行业标准，不得与客户本人手机终端分离使用，不挂失、不取现，余额不超过1 000元。鼓励商业银行结合客户支付需求开展业务创新，为客户提供安全、高效的手机电子现金跨行圈存服务。商业银行发行手机电子现金不再执行《中国人民银行关于规范银行业金融机构发行磁条预付卡和电子现金的通知》（银发〔2012〕14号）关于向人民银行报批和报告的有关规定。

（二）规范发展支付机构手机支付业务。

鼓励支付机构基于银行卡（账户）开展手机支付业务，按照其取得的相应业务资质，规范开展业务，并加强风险防范，保障支付安全。

1. 仅取得移动电话支付业务资质的支付机构，应当基于付款人的银行卡（账户）提供手机远程支付服务；同时取得移动电话支付和互联网支付业务资质的支付机构，应当根据付款人及其开户银行的授权、基于付款人的银行卡（账户），或者可根据付款人的意愿、基于付款人在本支付机构开立的支付账户提供手机远程支付服务。上述手机远程支付服务只能为付款人和网络特约商户之间的电子商务交易提供相关支付服务，并适用人民银行关于支付机构网络支付业务及银行卡收单业务等相关管理规定。

支付机构基于支付账户开展手机远程支付业务的，应确保支付账户资金来源仅限于客户同名银行借记账户等规定渠道。支付机构应区分支付账户资金不同来源，规范资金用途并遵循“原路退回”原则办理退款业务。

支付机构不得基于客户的通信账户开展手机支付业务。

2. 取得银行卡收单业务资质的支付机构，可为实体特约商户提供商业银行直接发行在付款人手机安全载体内的银行卡（账户）及手机电子现金的近场受理服务，适用人民银行关于银行卡收单业务管理的相关规定。

（三）严格落实客户实名制管理和发卡记名管理规定。

商业银行、支付机构开展手机支付业务，应采取有效措施核实与管理手机支付客户的相关信息。

1. 商业银行基于银行卡（账户），或基于复合借贷记账户应用的手机电子现金（以下简称手机复合电子现金）开展手机支付业务，以及支付机构基于银行卡（账户）或支付账户开展手机远程支付业务，应落实客户实名制度，并将客户用于支付的银行卡（账户）号码及手机复合电子现金或支付账户账号、身份证件号码、手机号码进行关联管理，且账户名称应与客户有效身份证件姓名一致。

2. 商业银行基于未复合借贷记账户应用的手机电子现金（以下简称手机非复合电子现金）开展手机支付业务，发行手机非复合电子现金时应对客户进行记名管理，将客户的姓名、身份证件号码、手机号码与其申请的手机非复合电子现金对应进行登记，并关联管理。

3. 商业银行应强化对创新发卡模式的客户身份识别管理，对通过TSM平台将客户新申请的银行卡信息、复合电子现金信息写入手机终端安全载体芯片等业务，如客户已在本行以面签方式开立银行账户，则可采用有效的非柜面方式核实客户身份，并确保业务申请为客户本人真实意愿。如客户未在本行以面签方式开立银行账户，则必须通过柜面识别与核实客户身份。

（四）加强与规范受理市场建设。

为便利客户手机支付，各参与方应积极拓展手机支付在公共交通、超市、集贸市场、旅游景点等公共服务领域的应用，改进客户体验，减少现金使用。收单机构应进一步加大特约商户拓展、受理终端机具布放与改造的投入，改进和优化手机支付受理环境。银行卡清算机构应基于市场化原则调动各参与方积极性，联合收单机构、发卡机构集中产业资源，共同推进受理环境建设。

三、加强管理，防范风险，促进手机支付业务可持续发展

（一）加强特约商户实名制管理及资金结算管理。

1. 商业银行、支付机构应按照银行卡收单业务的相关管理规定，加强手机支付特约商户实名制管理，严格审核特约商户资质并签订受理协议，明确双方权责及资金结算、差错处理等必要事项。商业银行、支付机构应确保手机支付交易信息的真实性、准确性和完整性，按规定准确反映交易渠道和交易类型等信息，并按约定时限，及时将手机支付交易的资金结算至特约商户指定的银行结算账户，切实保障客户的合法权益。

2. 发卡银行、收单机构和银行卡清算机构应做好电子现金的资金结算和差错处理服务，逐步缩短交易资金清算周期，保障特约商户和客户的资金权益。

（二）建立健全风险管理体系。

商业银行、支付机构开展手机支付业务，应拥有并运营独立、安全、规范的业务处理系统，制定完善的业务管理制度、内部控制制度和风险管理措施，切实防范支付风险。

商业银行、支付机构应按照审慎性原则，根据客户资信状况、业务类型、账户类型，建立有效的交易风险监测系统，对单笔支付金额和月累计支付金额、支付认证方式等实施有效控制。

（三）保障交易与信息安全。

商业银行、支付机构开展手机支付业务，应符合国家和金融行业技术标准和相关信息安全管理要求。商业银行、支付机构应采用必要、适当的加密技术和措施，保证交易数据处理过程中的完整性、安全性和不可抵赖性。要建立严格的客户身份信息、账户信息和交易信息管理机制和风险防范措施，并对客户信息保密，防止信息泄露。商业银行、支付机构因业务需要客户提供有关信息时，应书面告知客户所提供信息的使用目的和使用范围、安全保护措施等，按照客户的授权依法使用，并承担有关信息保护不善被盗用的相关后果与责任。

四、加强组织协调和创新支持，积极推广手机支付业务

人民银行各分支机构应加强属地管理，立足于便民应用和防范风险，以实际应用项目为突破口，加大政策引导和支持力度，推动产业各方不断创新和优化业务流程；及时跟踪辖内手机支付业务发展情况，加强业务宣传和调查研究，积极推广手机支付应用，推动产业协调发展。同时，人民银行各分支机构应加快完善手机支付业务风险防范预警机制，及时识别辖内风险事件或隐患，通过采取风险提示等有效措施，建立和完善手机支付业务风险监管体系。

商业银行、支付机构与银行卡清算机构应完善运营机制，研发贴近民生的手机支付产品，提升手机支付服务水平；针对不同客户群体普及手机支付安全使用知识，在培养客户支付习惯的同时，作好客户风险教育，提高客户风险防范意识。

附件五：

关于暂停支付宝公司线下条码（二维码）支付等业务意见的函

中国人民银行杭州中心支行支付结算处：

近期，支付宝（中国）网络技术有限公司已向实体特约商户推出条码（二维码）支付等面对面支付服务，并将联合商业银行推出虚拟信用卡产品。为维护支付服务市场秩序，防止支付风险，特提出如下意见：

一、线下条码（二维码）支付突破了传统受理终端的业务模式，其风险控制水平直接关系到客户的信息安全和资金安全。目前，将条码（二维码）应用于支付领域有关技术，终端的安全标准尚不明确。相关支付撮合验证方式的安全性尚存质疑，存在一定的支付风险隐患。虚拟信用卡突破了现有信用卡业务模式，在落实客户身份识别义务、保障客户信息安全等方面尚待进一步研究。为维护支付体系稳定、保障客户合法权益，总行有关部门将对该类业务的合规性、安全性进行总体评估。

二、请你处及时向支付宝公司提出监管意见，要求其立即暂停线下条码（二维码）支付、虚拟信用卡有关业务，采取有效措施确保业务暂停期间的平稳过渡，妥善处理客户服务，减少舆论影响，并要求支付宝公司将有关产品详细介绍、管理制度、操作流程、机构合作情况及利润分配机制、客户权益保障机制、应急处置等内容书面报告你处。请你处全面评估线下条码（二维码）支付、虚拟信用卡的合规性和安全性，并于3月31日前将支付宝公司报告材料和有关监管建议报送支付司。

三，请你处按照属地监管原则，要求辖内商业银行、支付机构在推出创新产品与服务、与境外机构合作开展跨境支付业务时，应至少提前30日履行业务报备义务，并督促指导辖内商业银行、支付机构严格按照有关制度规定和管理要求开展支付业务，审慎评估产品与服务的合规性和安全性，完善有关管理制度和风险防控措施，切实保护客户合法权益。

附件六：

关于加强商业银行与第三方支付机构合作业务管理的通知

银监发〔2014〕10号

各银监局，中国人民银行上海总部、各分行、营业管理部，各省会（首府）城市中心支行，各副省级城市中心支行，各国有商业银行、股份制商业银行，邮政储蓄银行，银监会直接监管的信托公司、企业集团财务公司、金融租赁公司：

为切实保护商业银行客户信息安全，保障客户资金和银行账户安全，维护客户合法权益，加强商业银行与第三方支付机构合作业务管理，现就商业银行与第三方支付机构建立业务关联提出以下要求：

一、商业银行应按照有关法律法规要求，做好客户信息安全与保密工作。商业银行与第三方支付机构合作开展各项业务，对涉及的客户金融信息管理，应严格遵循有关法律法规和监管制度的规定，严格遵照客户意愿和指令进行支付，不得违法违规泄露。

二、商业银行应对客户的技术风险承受能力进行评估，客户与第三方支付机构相关的账户关联、业务类型、交易限额等决策要求应与其技术风险承受能力相匹配。

三、客户银行账户与第三方支付机构首次建立业务关联时，应经双重认证，即客户在通过第三方支付机构认证同时，还需通过商业银行的客户身份鉴别。账户所在银行应通过物理网点、电子渠道或其他有效方式直接验证客户身份，明确双方权利与义务。

四、商业银行通过电子渠道验证和辨别客户身份，应采用双（多）因素验证方式对客户身份进行鉴别，对不具备双（多）因素认证条件的客户，其任何账户不得与第三方支付机构建立业务关联。

五、商业银行对账户与第三方支付机构建立业务关联的客户，应开通至少一种账户变动即时通知技术方式，不具备即时通知条件的客户，不得通过银行与第三方支付机构建立一次签约、多次支付的业务合作关系。

六、商业银行应设立与客户技术风险承受能力相匹配的支付限额，包括单笔支付限额和日累计支付限额。商业银行应向客户提供临时调整支付限额的服务，在进行身份验证和辨别后，按照客户申请，在临时期限内可以适当调整单笔支付限额和日累计支付限额。

七、商业银行应对客户通过第三方支付机构进行大额资金划转强化身份认证，确保由客户本人发出资金划转要求。商业银行在与第三方支付机构签订业务合作协议时，应就非商业银行直接进行客户身份认证的批量扣款或电子支付，与第三方支付机构就赔付责任达成一致。

八、对预留手机号码且设定短信通知的客户，商业银行应在客户进行支付时对第三方支付机构提供的手机号码和银行预留的手机号码进行一致性检验，通过后方可进行支付。如果银行已按照前述要求在业务关联时进行了相关信息验证，确保客户身份真实可靠，在交易时可以无须再次验证。

九、商业银行应保留完整的支付信息，在相关法律法规规定的期限内妥善保管，并向客户提供第三方支付机构的签约查询和交易查询功能。

十、商业银行应就大额支付、可疑支付及时通知客户。对开通短信或其他方式即时通知功能的客户，应就每一笔支付交易即时通知客户。通知信息中包含但不限于第三方支付机构名称、交易金额、交易时间等。

十一、商业银行应明确要求第三方支付机构不得在未经授权的情况下屏蔽本银行的支付界面与接口。

十二、从银行账户划出的支付交另资金，遇到交易终止、失败应划回原银行账户。

十三、商业银行接受客户申请，通过身份验证后，应当提供可以撤销客户账户与第三方支付机构业务合作关联的服务。

十四、商业银行应将与第三方支付机构的合作业务纳入全行业务运营风险监测系统的监控范围，对其中的商户和客户在本行的账户资金活动情况进行实时监控，达到风险标准的应组织核查。特别是对其中大额、异常的资金收付应做到逐笔监测、认真核查、及时预警、及时控制。

十五、商业银行应对客户通过第三方支付机构进行的交易建立自动化的交易监控机制和风险监控模型，及时发现和处置异常行为、套现或欺诈事件。

十六、商业银行应做好数据和操作指令的整理和日志备份，便于事后检查和审计。商业银行与第三方支付机构合作开展的各项业务，凡涉及备付金存放和资金划转的，均应建立每日对账制度，严格执行备付金银行及备付金银行账户相关监管要求，不得使用或变相使用银行内部账户以待清算资金等名义为第三方支付机构存放客户备付金。商业银行应就第三方支付机构备付金存管业务建立统一管理机制，未经总行书面授权，任何分支机构不得直接与第三方支付机构合作开展备付金存管业务，强化备付金的监督管理。

十七、商业银行应采取技术措施保障来自第三方支付机构的传输数据（如客户数据、交易数据等）和操作指令（如支付指令、身份验证指令等）的完整性、一致性和不可抵赖性。对不具备对等安全保障能力的第三方支付机构，原则上应不予合作。

十八、银行应构建安全的网络通道（如专线连接、VPN 通道等），指定安全边界（如部署防火墙、DMZ 隔离区等），防止第三方支付机构越界访问。

十九、商业银行应按照本通知各项要求，做好相应的制度及合同修订工作。相关工作最迟应于 2014 年 6 月 30 日前完成。

二十、其他银行业金融机构开展相关业务时，参照本通知执行。

特此通知。

附件七：

互联网保险业务监管暂行办法（征求意见稿）

为规范互联网保险经营行为，保护保险消费者合法权益，促进互联网保险业务健康持续发展，根据《中华人民共和国保险法》等法律、行政法规，制定本办法。

一、定义与经营原则

（一）本办法所称互联网保险业务，是指保险机构依托互联网和移动通信等技术，通过自营网络平台、第三方网络平台等订立保险合同、提供保险服务的业务。

本办法所称保险机构，是指经保险监督管理机构批准设立，并依法登记注册的保险公司和保险专业中介机构。保险专业中介机构是指经营区域不限于注册地所在省、自治区、直辖市的保险专业代理公司和保险经纪公司。

本办法所称自营网络平台，是指保险机构依法设立的网络平台。

本办法所称第三方网络平台，是指除自营网络平台外，在互联网保险业务活动中，为保险消费者和保险机构提供辅助服务的网络平台。

（二）保险机构开展互联网保险业务，应遵守法律、行政法规以及本办法的有关规定，不得损害保险消费者合法权益和社会公共利益。

保险机构应科学评估自身风险管控能力、客户服务能力，合理确定适合互联网经营的保险产品及其销售范围，不能确保客户服务质量和风险管控的，应及时予以调整。

保险机构应保证互联网保险消费者享有不低于其他业务渠道的投保和理赔等保险服务，保障保险交易信息和消费者信息安全。

（三）互联网保险业务的核保、理赔、退保、投诉及客户服务等关键环节应当由保险机构直接负责，不得委托第三方网络平台进行操作和管理。

第三方网络平台参与互联网保险业务的承保、理赔、退保、投诉及客户服务等保险服务的，其经营者应当取得相应的保险业务经营资格。

二、经营条件与经营区域

（四）互联网保险业务应由保险机构总公司集中运营、集中管理，不得授权分支机构开展互联网保险业务。

除本办法第（一）条规定的保险公司和保险专业中介机构外，其他机构或个人不得经营互联网保险业务。保险机构的从业人员不得以个人名义开展互联网保险业务。

（五）保险机构开展互联网保险业务的自营网络平台，应具备下列条件：

1. 具有支持互联网保险业务运营的信息管理系统，实现与保险机构核心业务系统的无缝实时对接，并确保与保险机构内部其他应用系统的有效隔离，避免信息安全风险在保险机构内外部传递与蔓延；

2. 具有完善的防火墙、入侵检测、数据加密以及灾难恢复等互联网信息安全管理体系；

3. 具有互联网行业主管部门颁发的许可证或者在互联网行业主管部门完成网站备案，且网站接入地在中华人民共和国境内；

4. 具有专门的互联网保险业务管理部门，并配备相应的专业人员；

5. 具有健全的互联网保险业务管理制度和操作规程；

6. 互联网保险业务销售人员应符合保监会有关规定；

7. 中国保监会规定的其他条件。

（六）保险机构通过第三方网络平台开展互联网保险业务的，第三方网络平台应具备下列条件：

1. 具有互联网行业主管部门颁发的许可证或者在互联网行业主管部门完成网站备案，且网站接入地在中华人民共和国境内；

2. 具有支持在线查询、投保、支付等保险业务全流程的实时处理能力；

3. 具有安全可靠的互联网运营系统和信息安全管理体系，实现与保险机构应用系统的有效隔离，避免信息安全风险在保险机构内外部传递与蔓延；

4. 最近两年未受到互联网行业主管部门、工商行政管理部门等政府部门的重大行政处罚，未被中国保监会列入保险行业禁止合作清单；

5. 中国保监会规定的其他条件。

第三方网络平台不符合上述条件的，保险机构不得与其合作开展互联网保险业务。

（七）保险公司在具有相应内控管理能力且能满足客户服务需求的情况下，除下列险种的互联网保险业务外，不得将经营区域扩展至未设立分公司的省、自治区、直辖市：

1. 人身意外伤害保险、定期寿险和普通型终身寿险；

2. 投保人或被保险人为个人的家庭财产保险、责任保险、信用保险和保证保险；

3. 能够独立、完整地通过互联网实现销售、承保和理赔全流程服务的财产保险业务；

4. 中国保监会规定的其他险种。

高现金价值的人身保险产品、机动车保险产品不得将经营区域扩展至未设立分公司的省、自治区、直辖市。

中国保监会可以根据实际情况，调整并公布上述可异地经营险种的范围。

对投保人、被保险人、受益人或保险标的所在的省、自治区、直辖市，保险公司没有设立分公司的，保险机构应在销售时就其可能存在的服务不到位、时效差等问题作出明确提示，要求投保人确认，并留存确认记录。

保险专业中介机构开展互联网保险业务的业务范围和经营区域，应与提供相应承保服务的保险公司保持一致。

三、信息披露

（八）保险机构开展互联网保险业务，不得进行不实陈述、片面或夸大宣传过往业绩、违规承诺收益或者承担损失等误导性描述。

保险机构应在开展互联网保险业务的相关网络平台的显著位置，以清晰易懂的语言列明保险产品及服务等信息，需列明的信息包括下列内容：

1. 保险产品的承保公司、销售主体及承保公司设有分公司的省、自治区、直辖市清单；

2. 保险合同订立的形式，采用电子保险单的，应当予以明确说明；

3. 保险费的支付方式，以及保险单证、保险费发票凭证的配送主体、配送方式及收费标准；

4. 投保咨询方式、保单查询方式及客户投诉渠道；

5. 投保、承保、理赔、保全、退保的办理流程及保险赔款、退保金、保险金的支付方式；

6. 投保人（被保险人或者受益人）的个人信息、投保交易信息和交易安全保障措施；

7. 中国保监会规定的其他内容。

其中，互联网保险产品的销售页面上应包含下列内容：

1. 保险产品名称（条款名称和宣传名称）及批复文号、备案编号或报备文件编号；

2. 保险条款、费率（或链接）及保费计算方式，其中应当突出提示理赔要求、保险合同中的犹豫期、费用扣除、退保损失、保险单现金价值等重点内容，突出提示并说明免除保险公司责任的条款；

3. 销售人身保险新型产品的，应该按照《人身保险新型产品信息披露管理办法》的有关要求进行信息披露和利益演示，严禁片面使用“预期收益率”等描述产品利益的宣传语句；

4. 保险产品为分红险、投连险、万能险等非固定收益产品的，须以不小于产品名称字号的黑体字标注收益不确定性；

5. 投保人的如实告知义务，以及违反义务的后果；

6. 保险产品销售区域范围；

7. 其他直接影响消费者利益和购买决策的事项。

网络平台上公布的保险产品相关信息，应由保险公司统一制作和授权发布，并确保信息内容合法、真实、准确、完整。

（九）开展互联网保险业务的保险机构，应在其官方网站建立互联网保险信息披露专栏，需披露的信息包括下列内容：

1. 经营互联网保险业务的网站名称、网址，如为第三方网络平台，还要披露合作范围、合作期限；

2. 互联网保险产品信息，包括保险产品名称、条款费率（或链接）及批复文号、备案编号或条款编码、报备文件编号；

3. 已设立分公司名称、办公地址、电话号码等；

4. 客户服务及消费者投诉方式；

5. 中国保监会规定的其他内容。

保险专业中介机构开展互联网保险业务的，应披露的信息还应包括中国保监会颁发的业务许可证、营业执照登载的信息或者营业执照的电子链接标识、保险公司的授权范围及内容。

（十）中国保险行业协会应当在官方网站建立互联网保险信息披露专栏，对开展互联网保险业务的保险机构及其合作的第三方网络平台等信息进行披露，便于社会公众查询和监督。中国保监会官方网站同时对相关信息进行披露。

四、经营规则

（十一）保险机构应当将保险监管规定及有关要求告知合作单位，并留存告知记录。保险机构与第三方网络平台应当签署合作协议，明确约定双方权利义务，分工清晰、责任明确。因第三方网络平台原因导致保险消费者或者保险机构合法权益受到损害的，第三方网络平台应当承担赔偿责任。

（十二）第三方网络平台应在醒目位置披露合作保险机构信息及第三方网络平台备案信息，并提示保险业务由保险机构提供。

第三方网络平台应当于承保后24小时内向保险机构提供被保险人的完整资料信息，包括但不限于姓名、证件类型、证件号码、联系方式、账户等资料。除法律法规规定的情形外，保险机构及第三方网络平台不得将相关信息泄露给任何机构和个人。

第三方网络平台为保险机构提供宣传服务的，宣传内容应经保险公司审核，以确保宣传内容符合有关监管规定，保险公司对宣传内容的真实性、准确性和合规性承担相应责任。

（十三）保险公司应加强对互联网保险产品的管理，选择适合互联网特性的保险产品开展经营，并应用互联网技术、数据分析技术等开发适应互联网经济需求的新产品，不得违反社会公德、保险基本原理及相关监管规定。

（十四）投保人交付的保险费应直接转账支付至保险机构的保费收入专用账

户，第三方网络平台不得代收保费并进行转账支付。

（十五）保险机构及第三方网络平台以赠送保险，或与保险直接相关物品和服务的形式开展促销活动的，应符合中国保监会有关规定。不得以现金或同类方式向投保人返还所交保费。

（十六）保险机构应完整记录和保存互联网保险业务的交易信息，确保能够完整、准确地还原相关交易流程和细节。交易信息应至少包括：产品宣传和销售文本、销售和服务日志、投保人操作轨迹等。

（十七）保险公司应加强互联网保险业务的服务管理，建立支持咨询、投保、退保、理赔、查询和投诉的在线服务体系，探索以短信、即时通讯工具等多种方式开展客户回访，简化服务流程，创新服务方式，确保客户服务的高效和便捷。

对因需要实地核保、查勘和调查等因素而影响向消费者提供快速和便捷保险服务的险种，保险机构应立即暂停相关保险产品的销售，并采取有效措施进行整改，整改后仍不能解决的，应终止相关保险产品的销售。

（十八）保险机构应加强业务数据的安全管理，采取防火墙隔离、数据备份、故障恢复等技术手段，确保与互联网保险业务有关的交易数据和信息安全、真实、准确、完整。

保险机构应防范假冒网站、APP 应用等针对互联网保险的违法犯罪活动，检查网页上对外链接的可靠性，开辟专门渠道接受公众举报，发现问题后应立即采取防范措施，并同时向保监会报告。

（十九）保险机构应加强客户信息管理，确保客户资料信息真实有效，保证信息采集、处理及使用的安全性和合法性。

对开展互联网保险业务过程中收集的客户信息，保险机构应严格保密，不得泄露，未经客户同意，不得将客户信息用于所提供服务之外的目的。

（二十）保险公司应制定应急处置预案，妥善应对因突发事件、不可抗力等原因导致的互联网保险业务经营中断。

保险机构互联网保险业务经营中断的，应在自营网络平台或第三方网络平台的主页显著位置进行及时公布，并说明原因及后续处理方式。

（二十一）保险机构应建立健全客户身份识别制度，加强对大额交易和可疑交易的监控和报告，严格遵守反洗钱有关规定。

保险机构应要求投保人原则上使用本人账户支付保险费，退保和赔款资金应支付到投保人本人或被保险人账户。

（二十二）保险公司向保险专业中介机构及第三方网络平台支付相关费用时，应当由总公司统一结算、转账支付。

保险公司应按照合作协议约定的费用种类和标准，向保险专业中介机构支付中介费用或向第三方网络平台支付信息技术费用等，不得直接或间接给予合作协议约定以外的其他利益。

（二十三）中国保监会及其派出机构依据法律法规及相关监管规定，可以对保险机构和第三方网络平台的互联网保险经营行为进行日常监管和现场检查，保险机构和第三方网络平台应予配合。

（二十四）中国保险行业协会对互联网保险进行自律管理。

五、监督管理

（二十五）保险机构具有以下情形的，属于不具备开展互联网保险业务的条件：

1. 擅自授权分支机构开办互联网保险业务的；
2. 与不符合本办法规定的第三方网络平台合作的；
3. 造成交易数据丢失或客户信息泄露，情节严重的；
4. 未按照本办法规定披露信息或做出提示，进行误导宣传的；
5. 违反本办法关于经营区域、费用支付等有关规定的；
6. 不具备本办法规定的互联网保险服务能力的；
7. 违反保监会规定的其他行为。

保险机构不具备开展互联网保险业务条件的，中国保监会可以责令整改；情节严重的，依法予以行政处罚。

（二十六）第三方网络平台具有以下情形的，属于不具备开展互联网保险业务的条件：

1. 擅自与不符合本办法规定的机构或个人开展互联网保险业务；
2. 未经保险公司同意擅自开展宣传，造成不良后果的；
3. 违反本办法关于信息披露、业务操作、人员资质、费用支付等规定的；
4. 不配合监管部门相关监督、检查事项的；
5. 违反保监会规定的其他行为。

第三方网络平台不具备开展互联网保险业务条件的，中国保监会可以要求其改正；拒不改正的，中国保监会可以责令有关保险机构立即终止与其合作，将其列入行业禁止合作清单，并在全行业通报。

（二十七）中国保监会统筹负责互联网保险业务的监管，各保监局负责辖区内互联网保险业务的日常监测与监管，并可根据中国保监会授权对有关保险机构开展监督检查。

保险机构或其从业人员违反本办法，构成《保险法》等法律、行政法规规定的违法行为的，由中国保监会及其派出机构依法进行处罚。法律、行政法规没有规定的，中国保监会及其派出机构可以通过监管谈话、监管函等措施，责令保险机构限期整改；拒不整改或者未按要求整改的，依法进行处罚。

六、附则

（二十八）专业互联网保险公司的经营范围和经营区域，中国保监会另有规定的，适用其规定。

（二十九）对保险机构通过即时通讯工具、应用软件、社交平台等途径销售保险产品的管理，参照适用本办法。

保险集团公司依法设立的网络平台，参照第三方网络平台管理。

（三十）本办法由中国保监会负责解释和修订。

（三十一）本办法自2014 年　月　日起施行，施行期限为 3 年。《保险代理、经纪公司互联网保险业务监管办法（试行）》（保监发〔2011〕53 号）同时废止。

附件八：

私募股权众筹融资管理办法（试行）
（征求意见稿）

第一章 总 则

第一条 【宗旨】为规范私募股权众筹融资业务，保护投资者合法权益，促进私募股权众筹行业健康发展，防范金融风险，根据《证券法》、《公司法》、《关于进一步促进资本市场健康发展的若干意见》（国发〔2014〕17号）等法律法规和部门规章，制定本办法。

第二条 【适用范围】本办法所称私募股权众筹融资是指融资者通过股权众筹融资互联网平台（以下简称股权众筹平台）以非公开发行方式进行的股权融资活动。

第三条 【基本原则】私募股权众筹融资应当遵循诚实、守信、自愿、公平的原则，保护投资者合法权益，尊重融资者知识产权，不得损害国家利益和社会公共利益。

第四条 【管理机制安排】中国证券业协会（以下简称证券业协会）依照有关法律法规及本办法对股权众筹融资行业进行自律管理。证券业协会委托中证资本市场监测中心有限责任公司（以下简称市场监测中心）对股权众筹融资业务备案和后续监测进行日常管理。

第二章 股权众筹平台

第五条 【平台定义】股权众筹平台是指通过互联网平台（互联网网站或其他类似电子媒介）为股权众筹投融资双方提供信息发布、需求对接、协助资金划转等相关服务的中介机构。

第六条 【备案登记】股权众筹平台应当在证券业协会备案登记，并申请成为证券业协会会员。

证券业协会为股权众筹平台办理备案登记不构成对股权众筹平台内控水平、持续合规情况的认可，不作为对客户资金安全的保证。

第七条 【平台准入】股权众筹平台应当具备下列条件：

（一）在中华人民共和国境内依法设立的公司或合伙企业；

（二）净资产不低于500万元人民币；

（三）有与开展私募股权众筹融资相适应的专业人员，具有3年以上金融或者信息技术行业从业经历的高级管理人员不少于2人；

（四）有合法的互联网平台及其他技术设施；

（五）有完善的业务管理制度；

（六）证券业协会规定的其他条件。

第八条 【平台职责】股权众筹平台应当履行下列职责：

（一）勤勉尽责，督促投融资双方依法合规开展众筹融资活动、履行约定义务；

（二）对投融资双方进行实名认证，对用户信息的真实性进行必要审核；

（三）对融资项目的合法性进行必要审核；

（四）采取措施防范欺诈行为，发现欺诈行为或其他损害投资者利益的情形，及时公告并终止相关众筹活动；

（五）对募集期资金设立专户管理，证券业协会另有规定的，从其规定；

（六）对投融资双方的信息、融资记录及投资者适当性管理等信息及其他相关资料进行妥善保管，保管期限不得少于 10 年；

（七）持续开展众筹融资知识普及和风险教育活动，并与投资者签订投资风险揭示书，确保投资者充分知悉投资风险；

（八）按照证券业协会的要求报送股权众筹融资业务信息；

（九）保守商业秘密和客户隐私，非因法定原因不得泄露融资者和投资者相关信息；

（十）配合相关部门开展反洗钱工作；

（十一）证券业协会规定的其他职责。

第九条 【禁止行为】股权众筹平台不得有下列行为：

（一）通过本机构互联网平台为自身或关联方融资；

（二）对众筹项目提供对外担保或进行股权代持；

（三）提供股权或其他形式的有价证券的转让服务；

（四）利用平台自身优势获取投资机会或误导投资者；

（五）向非实名注册用户宣传或推介融资项目；

（六）从事证券承销、投资顾问、资产管理等证券经营机构业务，具有相关业务资格的证券经营机构除外；

（七）兼营个体网络借贷（即 P2P 网络借贷）或网络小额贷款业务；

（八）采用恶意诋毁、贬损同行等不正当竞争手段；

（九）法律法规和证券业协会规定禁止的其他行为。

第三章　融资者与投资者

第十条 【实名注册】融资者和投资者应当为股权众筹平台核实的实名注册用户。

第十一条 【融资者范围及职责】融资者应当为中小微企业或其发起人，并履行下列职责：

（一）向股权众筹平台提供真实、准确和完整的用户信息；

（二）保证融资项目真实、合法；

（三）发布真实、准确的融资信息；

（四）按约定向投资者如实报告影响或可能影响投资者权益的重大信息；

（五）证券业协会规定和融资协议约定的其他职责。

第十二条 【发行方式及范围】融资者不得公开或采用变相公开方式发行证券，不得向不特定对象发行证券。融资完成后，融资者或融资者发起设立的融资企业的股东人数累计不得超过200人。法律法规另有规定的，从其规定。

第十三条 【禁止行为】融资者不得有下列行为：

（一）欺诈发行；

（二）向投资者承诺投资本金不受损失或者承诺最低收益；

（三）同一时间通过两个或两个以上的股权众筹平台就同一融资项目进行融资，在股权众筹平台以外的公开场所发布融资信息；

（四）法律法规和证券业协会规定禁止的其他行为。

第十四条 【投资者范围】私募股权众筹融资的投资者是指符合下列条件之一的单位或个人：

（一）《私募投资基金监督管理暂行办法》规定的合格投资者；

（二）投资单个融资项目的最低金额不低于100万元人民币的单位或个人；

（三）社会保障基金、企业年金等养老基金，慈善基金等社会公益基金，以及依法设立并在中国证券投资基金业协会备案的投资计划；

（四）净资产不低于1 000万元人民币的单位；

（五）金融资产不低于300万元人民币或最近三年个人年均收入不低于50万元人民币的个人。上述个人除能提供相关财产、收入证明外，还应当能辨识、判断和承担相应投资风险。

本项所称金融资产包括银行存款、股票、债券、基金份额、资产管理计划、银行理财产品、信托计划、保险产品、期货权益等。

（六）证券业协会规定的其他投资者。

第十五条 【投资者职责】投资者应当履行下列职责：

（一）向股权众筹平台提供真实、准确和完整的身份信息、财产、收入证明等信息；

（二）保证投资资金来源合法；

（三）主动了解众筹项目投资风险，并确认其具有相应的风险认知和承受能力；

（四）自行承担可能产生的投资损失；

（五）证券业协会规定和融资协议约定的其他职责。

第四章　备案登记

第十六条　【备案文件】股权众筹平台应当在设立后5个工作日内向证券业协会申请备案，并报送下列文件：

（一）股权众筹平台备案申请表；

（二）营业执照复印件；

（三）最近一期经审计的财务报告或验资报告；

（四）互联网平台的ICP备案证明复印件；

（五）股权众筹平台的组织架构、人员配置及专业人员资质证明；

（六）股权众筹平台的业务管理制度；

（七）股权众筹平台关于投资者保护、资金监督、信息安全、防范欺诈和利益冲突、风险管理及投资者纠纷处理等内部控制制度；

（八）证券业协会要求的其他材料。

第十七条　【相关文件要求】股权众筹平台应当保证申请备案所提供文件和信息的真实性、准确性和完整性。

第十八条　【核查方式】证券业协会可以通过约谈股权众筹平台高级管理人员、专家评审、现场检查等方式对备案材料进行核查。

第十九条　【备案受理】股权众筹平台提供的备案申请材料完备的，证券业协会收齐材料后受理。备案申请材料不完备或不符合规定的，股权众筹平台应当根据证券业协会的要求及时补正。

申请备案期间，备案事项发生重大变化的，股权众筹平台应当及时告知证券业协会并申请变更备案内容。

第二十条　【备案确认】对于开展私募股权众筹业务的备案申请，经审查符合规定的，证券业协会自受理之日起20个工作日内予以备案确认。

第二十一条　【备案注销】经备案后的股权众筹平台依法解散、被依法撤销或者被依法宣告破产的，证券业协会注销股权众筹平台备案。

第五章　信息报送

第二十二条　【报送融资计划书】股权众筹平台应当在众筹项目自发布融资计划书之日起5个工作日内将融资计划书报市场监测中心备案。

第二十三条　【年报备查】股权众筹平台应当于每年4月30日之前完成上一年度的年度报告及年报鉴证报告，原件留档备查。

第二十四条　【信息报送范围】股权众筹平台发生下列情形的，应当在5

个工作日内向证券业协会报告：

（一）备案事项发生变更；

（二）股权众筹平台不再提供私募股权众筹融资服务；

（三）股权众筹平台因经营不善等原因出现重大经营风险；

（四）股权众筹平台或高级管理人员存在重大违法违规行为；

（五）股权众筹平台因违规经营行为被起诉，包括：涉嫌违反境内外证券、保险、期货、商品、财务或投资相关法律法规等行为；

（六）股权众筹平台因商业欺诈行为被起诉，包括：错误保证、有误的报告、伪造、欺诈、错误处置资金和证券等行为；

（七）股权众筹平台内部人员违反境内外证券、保险、期货、商品、财务或投资相关法律法规行为。

（八）证券业协会规定的其他情形。

第六章　自律管理

第二十五条　【备案管理信息系统】市场监测中心应当建立备案管理信息系统，记录包括但不限于融资者及其主要管理人员、股权众筹平台及其从业人员从事股权众筹融资活动的信息。备案管理信息系统应当加入中国证监会中央监管信息平台，股权众筹相关数据与中国证监会及其派出机构、证券业协会共享。

第二十六条　【自律检查与惩戒】证券业协会对股权众筹平台开展自律检查，对违反自律规则的单位和个人实施惩戒措施，相关单位和个人应当予以配合。

第二十七条　【自律管理措施与纪律处分】股权众筹平台及其从业人员违反本办法和相关自律规则的，证券业协会视情节轻重对其采取谈话提醒、警示、责令所在机构给予处理、责令整改等自律管理措施，以及行业内通报批评、公开谴责、暂停执业、取消会员资格等纪律处分，同时将采取自律管理措施或纪律处分的相关信息抄报中国证监会。涉嫌违法违规的，由证券业协会移交中国证监会及其他有权机构依法查处。

第七章　附　　则

第二十八条　【证券经营机构开展众筹业务】证券经营机构开展私募股权众筹融资业务的，应当在业务开展后5个工作日内向证券业协会报备。

第二十九条　本办法自　年　月　日起实施，由证券业协会负责解释和修订。

附件九：

关于支持中关村互联网金融产业发展的若干措施

中示区组发〔2013〕5号

为贯彻落实《国务院办公厅关于金融支持经济结构调整和转型升级的指导意见》（国办发〔2013〕67号）、《国务院办公厅关于金融支持小微企业发展的实施意见》（国办发〔2013〕87号）、国家发展改革委等部委与北京市政府联合发布的《关于中关村国家自主创新示范区建设国家科技金融创新中心的意见》（京政发〔2012〕23号）精神，强化金融对建设具有全球影响力的科技创新中心的支撑作用，抓住互联网金融发展的机遇，支持中关村互联网金融产业发展，推动中关村成为中国互联网金融创新中心，制定以下措施。

一、大力支持互联网金融企业在中关村注册设立

（一）优化工商注册流程。工商行政管理部门为企业提供高效、便捷的注册服务。试行工商电子化变更系统，实现电子化的登记注册、股权变更、在线验资、在线质押、在线增资等功能。

（二）合理确定企业经营范围。按照名称登记管理的有关规定，允许企业在名称中使用“金融信息服务”字样。支持企业在遵守有关金融监管法规、有效控制风险的前提下，探索开展新一代信息技术和金融相结合的各类互联网金融创新业务。

二、引导互联网金融企业在中关村聚集发展，加强对互联网金融企业的孵化和服务

（三）推进互联网金融功能区建设。以中关村核心区为重点，结合国家科技金融功能区建设，推进中关村互联网金融功能区建设。支持海淀区以中关村西区为重点建设互联网金融大厦，支持石景山区建设国家服务业综合改革试点区互联网金融产业基地，吸引一批互联网金融领域的重点企业在互联网金融功能区聚集。

（四）实施对重点互联网金融企业的购（建、租）房补贴支持政策。鼓励各区县政府对互联网金融企业给予包括购（建、租）房补贴在内的支持政策。对2013年起在海淀区或石景山区新设立（迁入），具备独立法人资格且在相应区县注册纳税的互联网金融重点企业，由相应区县政府给予一定的购（建、租）房补贴，具体补贴条件和标准由相应区县政府另行制订。

（五）支持主要面向互联网金融企业的孵化器发展。鼓励社会机构兴办主要面向互联网金融企业的创新型孵化器，按照运行机制市场化、服务内容专业化、服务模式多元化的方式为互联网金融企业提供孵化和培育服务。对经中关村管委会认定的互联网金融创新型孵化器，原则上给予最高不超过100万元的一次性资金支持。鼓励各类孵化器为互联网金融企业提供孵化服务，并适当降低房租价格。对于具有较强的项目发现、筛选、孵化、投资能力的孵化器，根据评估情况，中关村管委会给予最高不超过每年500万元的房租补贴和业务经费补贴，连续支持不超过两年。

（六）建立和完善为互联网金融企业服务的中介服务体系。积极支持社会化的创业服务机构为互联网金融企业提供包括注册设立、融资对接、信用评估、人力资源管理、财务核算、品牌推广、业务营销及其他第三方服务等在内的专业化服务。

三、鼓励互联网企业开展科技与金融相结合的技术创新和商业模式创新

（七）将互联网金融作为中关村现代服务业试点的重要内容。建立市场化的项目发现机制、筛选机制和培育机制，对从事科技和金融结合，具有新型商业模式的项目和企业，纳入中关村现代服务业试点，优先给予资金和相关政策支持。

（八）支持中关村互联网企业基于自身业务优势发起设立网络小额贷款、第三方支付、网络金融超市、网络金融大数据挖掘和评估、企业信用评价等互联网金融相关机构。

（九）支持符合条件的互联网金融企业获得相关业务资格。推动中关村互联网金融企业完善内部管理，提升专业服务能力。支持符合条件的企业获得第三方支付、跨境电子商务外汇支付、基金支付结算、基金销售、个人征信业务经营许可等相关业务资格。

（十）支持互联网金融领域的专业投资基金在中关村设立和发展。发挥中关村创业投资引导资金和各区县创业投资引导资金的杠杆作用，引导社会机构发起成立中关村互联网金融发展投资基金，重点投向创业期的互联网金融领域相关企业。

（十一）完善为互联网金融机构服务的科技金融服务体系。构建包括担保、银行、小额贷款、保险、融资租赁、改制上市等在内的科技金融服务体系，提升互联网金融企业融资能力，对企业发生的相关费用，中关村管委会给予一定的贴息和补贴支持。

四、鼓励和推动金融机构通过互联网开展业务创新

（十二）引导和鼓励金融机构将网络银行、移动支付等互联网金融相关业务在中关村布局，由相关区县政府给予一定的补贴支持。

（十三）鼓励金融机构通过互联网拓展服务方式和渠道。鼓励银行、担保、保险、小额贷款等金融企业和相关机构采取线上和线下相结合的模式，为创业企业提供融资服务。鼓励金融机构充分结合和运用互联网拓展市场，不断研发和推出符合用户需求的金融产品和服务模式。

（十四）鼓励金融机构和互联网企业合作，提高金融服务的效率和便利性。鼓励金融机构更好地发挥客户基础优势、资金实力优势、品牌信誉优势，加强与中关村大数据、电子商务、云计算等企业的业务合作，通过数据采集和挖掘分析，强化信用评价和风险控制，满足小微企业个性化需求，提高金融服务的效率和便利性。

五、完善支撑服务体系，优化互联网金融发展环境

（十五）提升中关村互联网金融品牌效应。将支持和推动互联网金融产业发展作为建设中关村国家科技金融创新中心的重要内容，营造有利于互联网金融产业在中关村发展的环境和氛围。建立与境内外互联网金融机构的交流合作机制，加强互联网金融宣传推广和信息交流活动。支持行业协会、高校院所、互联网金融企业等举办以互联网金融为主题的学术交流、会议论坛、金融博览会等活动，打造中国互联网金融创新中心品牌。

（十六）加强市场培育，推动科技企业和互联网金融企业之间的对接交流。引导中关村企业加强对互联网金融行业的理解，结合自身需求和互联网企业开展业务合作，尝试通过互联网金融模式进行高效率低成本的融资。

（十七）完善对互联网金融企业高层次人才的综合服务。优化人才发展环境，完善互联网金融专业人才的培育和激励机制，努力培养一批具有国际视野和专业能力的互联网金融高端人才。支持互联网金融企业高级管理人员申报中央“千人计划”、北京市“海聚工程”和中关村“高聚工程”。由海淀等相关区县政府出台专项支持政策，对互联网金融企业高层次人才提供居住、用车、子女入学、医疗服务等方面的服务。

（十八）鼓励开展互联网金融理论研究。支持石景山等区县政府建设互联网金融研究院。支持互联网企业、金融机构、研究咨询机构、高校院所、社会团体开展互联网金融理论研究，为行业发展和政府决策提供支撑。

六、加强信用体系建设，完善风险控制和信用评价机制

（十九）加强企业信用体系建设、鼓励企业建立信用记录。鼓励企业使用信用报告，建立信用记录，中关村管委会对使用信用报告发生的相关费用给予一定的补贴支持。完善中关村企业信用信息数据库，优化系统设计，建立系统和商业银行、保险机构等的网上业务接口，实现网上供需信息和产品的实时对接。

（二十）加快中关村互联网金融信用信息平台建设。支持互联网金融企业探索适应互联网金融特征的风险控制机制，探索与现有国家征信系统等政府公共信息系统的对接方式和途径，加强平台与国内外信用管理机构、大数据运营机构等的合作，进一步完善风险控制机制。

七、发挥行业协会的作用，推动行业自律和规范发展

（二十一）支持中关村互联网金融行业协会等社会团体依法开展工作。鼓励行业协会整合互联网金融行业发展资源，加强企业间的沟通交流，实现优势互补、合作共赢、协同创新、规范自律。支持行业协会研究互联网金融行业发展规律，推动制订互联网金融行业发展规则和标准，引导行业健康规范发展。

八、探索监管新模式，有效控制风险

（二十二）建立金融管理部门和地方政府的协作监管机制。探索对互联网金融的新型监管理念和模式，鼓励有利于包容性增长的互联网金融创新。鼓励互联网金融企业加强资金管理，建立信息披露机制和风险应急机制，防范道德风险和金融风险，不断提升信息安全水平，保护个人信息隐私，维护消费者权益。

九、加强组织推动，形成政策合力

（二十三）加强部门联动，加大扶持力度。发挥中关村创新平台跨层级、跨部门协调的优势和作用，建立北京市与“一行三会”及相关行业主管部门的部市会商机制。建立人民银行营业管理部、北京银监局、北京保监局、北京证监局、市工商局、市金融局、中关村管委会和相关区县政府等参加的中关村互联网金融联席工作机制，及时研究解决互联网金融发展中出现的新情况、新问题，从搭建服务平台、创新服务方式、培育市场体系、健全保障机制等方面加强组织实施，为中关村互联网金融产业持续、健康发展创造良好条件。

附件十：

关于促进互联网金融创新发展的意见

海行规发〔2013〕3号

各镇政府、街道（地区）办事处，各委、办、局，区属各单位：

为贯彻落实《国务院办公厅关于金融支持经济结构调整和转型升级的指导意见》(国办发〔2013〕67号)、《关于中关村国家自主创新示范区建设国家科技金融创新中心的意见》（京政发〔2012〕23号)、《关于落实中关村国家自主创新示范区建设国家科技金融创新中心的实施方案》（京海发〔2013〕15号）等精神，深化首都科技金融综合改革，强化金融对建设具有全球影响力的科技创新中心的支撑作用，抓住互联网金融发展的机遇，借助区域互联网金融资源优势，推动互联网金融产业发展，建成全国互联网金融中心，提出以下意见。

一、充分认识促进互联网金融发展的重要意义

（一）促进互联网金融发展是转方式、调结构、稳增长、促消费的重要实践。互联网金融作为科技金融的重要组成部分，是互联网与金融相结合的新型业态，是借助于互联网技术、移动通信技术实现资金融通、支付和信息中介等业务的新兴金融模式。互联网金融有效促进信息消费，极大支持电子商务发展，为科学发展和包容性增长提供重要支撑。

（二）促进互联网金融发展是建设国家科技金融创新中心的重要内容和龙头抓手。作为我国互联网等信息技术发展的策源地和国家科技金融创新中心，海淀区在大数据、云计算、下一代互联网等领域具有强大的产业技术核心竞争力，同时金融业发展态势良好，互联网金融企业约占法人金融机构十分之一，为海淀互联网金融发展奠定了坚实的基础。促进互联网金融发展，对建设国家科技金融创新中心，推动海淀自主创新和产业转型升级具有重要意义。

（三）促进互联网金融发展有利于缓解中小微企业融资压力。互联网金融在资金需求方与资金供给方之间提供了有别于传统银行业和证券市场的新渠道，提高了资金融通的效率。互联网金融通过大数据分析有助于解决信息不对称和信用问题，提供更有针对性的特色服务和更多样化的产品，有效扩大了中小微企业、个体创业者和居民等群体受益面。

二、指导思想、工作原则和发展目标

（四）指导思想。深入贯彻科学发展观，坚持金融服务实体经济的本质要求，推动虚拟经济与实体经济同步协调发展。解放思想、深化改革，优化互联网金融发展生态环境，通过互联网、移动互联网集聚各方资源，跨界融合，共同推进互联网金融发展，促进金融创新与改革，支持经济结构调整。

（五）基本原则。坚持政策引领，服务国家战略，强化市区两级联动和错位支持；坚持市场引导，创新体制机制，强化市场配置金融资源的基础性作用；坚持先行先试，深化改革开放，加快创新政策在海淀试点；坚持产融结合，加强良性互动，促进互联网金融发展和互联网金融促进实体经济发展；坚持风险可控，推进社会信用体系建设，正确处理创新发展、政府监管以及行业自律的关系，实现包容性增长。

（六）发展目标。围绕建设中关村国家自主创新示范区核心区、国家科技金融创新中心的目标要求，积极落实和推动互联网金融创新，打造全国创新资本中心。力争用3~5年时间，打造一批位居全国前列的P2P、众筹以及具有融资信贷功能的第三方支付类标杆性企业，引领互联网金融行业规范发展。

三、加大政策支持力度，吸引互联网金融机构聚集

（七）依托区域IT产业优势，创新发展互联网金融。吸引依托互联网、移动通信和大数据处理等技术机构在海淀区聚集发展，加强信息安全、大数据存储和带宽基础设施建设，鼓励其开展资金融通、支付、机构间交易结算平台等金融业务。支持新设立或新迁入的基于互联网的第三方支付机构、网络信贷、金融电商、众筹融资、商业保理、互联网金融门户等互联网金融机构，以及具有互联网金融交易的要素机构在海淀发展。鼓励银行、保险、证券等传统金融机构向互联网金融模式转变，设立电商机构和互联网金融研发中心。

（八）大力支持互联网金融企业在海淀注册设立。工商海淀分局要简化登记审核流程，缩短审核时间，提升审核效率。向市工商局积极争取在海淀区注册的企业名称中使用“金融信息服务”字样或经营范围中使用“基于互联网的金融信息服务、撮合交易”等字样。支持互联网金融企业在海淀开展各项互联网金融创新服务业务，区金融办对申请政策的互联网金融企业实行登记管理。

（九）对2013年之后（含2013年）新设立或新迁入海淀区，具备独立法人资格且在海淀区注册纳税并经我区认定为互联网金融企业的，可参照金融机构享受《海淀区促进科技金融创新发展支持办法》（海行规发〔2012〕7号）相关的购房补贴和三年租房价格补贴。入驻海淀区科技金融重点楼宇（中关村金融大厦、中关村PE大厦、互联网金融中心等）的互联网金融企业，享受海淀区科技金融重点楼宇支持政策，给予三年的房租价格补贴，第一年50%、第二年50%、第三年30%。上述政策不重复享受。

（十）支持重点引进的互联网金融企业在海淀长期发展。按照《海淀区重点企业服务和引进支持办法》（海行规发〔2012〕6号），根据其对海淀互联网金融产业发展的带动作用、区域贡献情况等给予一定的资金奖励，额度不超过其自注册或迁入年度起三年内区级财政贡献的50%。探索建立互联网金融机构政府专项服务通道，依托专业研究机构，对互联网金融企业资质以及相关人才进行认定和评级，在此基础上综合考虑，对认定的重点互联网金融机构高管人员给予北京户口、工作居住证、子女入学、公租房等方面政策支持。

（十一）发起设立互联网金融产业投资引导基金，纳入现有5亿元海淀区创业投资引导基金统一管理。该基金按照《海淀区创业投资引导基金管理实施细则》（海政办发〔2013〕3号）进行出资管理和绩效评价。

（十二）鼓励海淀企业围绕互联网和金融的结合大力开展技术创新和商业模式创新。将互联网金融作为海淀现代服务业试点的重要内容。支持互联网金融重点企业和机构在海淀进行业务布局。建立市场化的项目发现机制，挖掘、引导与互联网金融相关的项目和企业在海淀落地，形成互联网金融企业的聚集效应。

（十三）鼓励和推动传统金融机构通过互联网金融转型升级。鼓励银行、证券、保险等金融机构和小额贷款等准金融机构向互联网金融模式转变。对转型的金融机构设立电商机构、实体化互联网金融研发中心参照金融机构予以支持。对我区认定的总部型互联网金融企业，按照海淀区发展总部经济的有关政策予以支持，对高管人员给予个人奖励。对于引进总部型互联网金融企业的中介组织，按照海淀区发展总部经济有关政策给予奖励。

（十四）鼓励互联网金融机构对中小微企业开展融资支持。积极落实中关村国家自主创新示范区中小微企业信贷风险补偿政策，建立市区两级互补性风险补偿资金。通过互联网金融模式开展中小微企业融资业务的机构按照海淀区中小微企业金融服务专营机构予以支持，按照《海淀区促进科技金融创新发展支持办法》（海行规发〔2012〕7号），根据其业务量规模给予其风险补贴和业务增量补贴，补贴上限400万元。对通过互联网金融模式获得资金支持且符合区域重点产业发展方向的文化创意、信息技术、移动互联网和科技服务业等行业企业，按照《海淀区促进科技金融创新发展支持办法》（海行规发〔2012〕7号）相关政策，给予中小微企业贴息支持，贴息上限100万元。在此基础上，落实中关村管委会支持互联网金融的相关政策，对我区认定的重点互联网金融企业发生的贷款，给予一定的贴息支持，形成政策合力。

（十五）支持主要面向互联网金融企业服务的孵化器、加速器、大学科技园、大学生创业实践基地等创新创业服务载体的发展。按照《海淀区促进科技服务业发展支持办法》（海行规发〔2012〕3号），对为互联网金融企业提供低成本办公空间的创新创业服务载体给予房租补贴，年度租金补贴不超过200万元，最多补贴三年。对于拥有专业服务团队，具有项目发现、筛选、孵化、投资能力的创业服务主体，根据对其服务能力、孵化企业数量和效果的年度评估情况，给予适当的房租补贴及业务经费支持。同一机构在一年内获得的上述支持资金总额不超过350万元。落实中关村管委会支持面向互联网金融企业的孵化器政策，给予不超过1 000万元的房租补贴和业务经费补贴，连续支持不超过两年；对新认定的创新型孵化器，原则上给予最高不超过100万元的一次性资金支持。

（十六）建立和完善互联网金融中介服务体系。发挥行业协会作用，发布各细分行业自律公约，推动行业规范发展。充分发挥互联网金融研究机构、要素市场等其他互联网金融机构的优势，加强对互联网金融行业发展规律的研究。

（十七）建立互联网金融研究机构。加强移动互联网、大数据、云计算等技术与金融业跨界结合的学术、商业、产业研究，加强社会组织创新，鼓励设立互联网金融研究机构，对互联网金融研究机构发起设立给予支持。

四、推动互联网金融功能区建设，拓展产业发展空间

（十八）加快建设互联网金融功能区。以中关村西区为重点，加快建设国家科技金融功能区，在中关村西区打造互联网金融中心和创新金融大厦，打造海淀区互联网金融品牌。

（十九）加快建设互联网金融产业园和基地。拓展互联网金融发展空间，以宝监大厦为核心打造互联网金融产业园，以中关村软件园二期为基础打造互联网金融基地，形成互联网金融产业聚集态势。

五、完善配套服务体系，优化互联网金融发展环境

（二十）建立健全互联网金融人才培训机制与培养体系。加大中高层次互联网金融人才培训力度，以吸引、培训人才为促进海淀互联网金融产业发展的重要手段，对相关互联网金融人才的培训费用予以适当的补贴，对相关机构组织开展的培训工作予以奖励，形成互联网金融人才梯队。协助企业引进的海外留学归国人员申请享受扶持政策，积极推荐我区认定的重点互联网金融机构高管及核心骨干参加“千人计划”等方面的选拔。

（二十一）加强互联网金融创新文化建设，激发创新活力。鼓励各类机构加强互联网金融研究与创新，探索新型融资模式。支持互联网金融人才自主创业及其创业项目孵化工作，建立互联网金融创业导师机制，扶持创新性企业成长。

（二十二）建立健全区域信用体系。搭建互联网综合服务平台，建立金融机构、互联网金融企业、第三方支付机构等对接机制。推动小额贷款公司、融资性担保公司通过技术接口接入权威征信系统，探索和研究建立面向资产证券化、股权投资基金份额转让等金融交易的征信评估系统。建立政府部门信用信息交换机制，完善对企业基础信用、企业政务信用、企业经营信用等信息的归集、征集和共享机制。

（二十三）加强金融风险防范。不断增强协助金融机构防范和抵御金融风险的能力，加强金融风险预警和处置力度，严厉打击金融违法犯罪活动。支持金融机构、金融认证机构、信用评级机构、中介组织、行业协会、专业园区等参与企业信息征集与信用评级工作。

（二十四）打造海淀互联网金融中心品牌。支持互联网金融博物馆落户，成立中关村互联网金融行业发展联盟，打造互联网金融媒体圈。加强宣传推介，举办互联网金融全球峰会并通过金博会、京港洽谈会等活动，树立海淀互联网金融中心品牌形象。

六、加强保障措施，推动互联网金融中心建设

（二十五）组织领导。由海淀区建设国家科技金融创新中心领导小组协调推进互联网金融中心建设的各项工作，加强与上级部门的协调沟通，强化工作联动。

（二十六）沟通协调。加强部门联动，建立与“一行三会”及在京管理机构的沟通合作机制，争取政策突破和创新在我区先行先试。

（二十七）资金保障。本意见涉及的支持资金从海淀区加快核心区自主创新和产业发展专项资金中安排。

本意见由海淀区人民政府负责解释，自发布之日起三十日后实施。

附件十一：

石景山区支持互联网金融产业发展办法（试行）

石金融发〔2013〕48 号

第一章　总　　则

第一条　为贯彻北京市《关于加快西部地区转型发展的实施意见》（京政发〔2011〕1 号），落实《关于加快推进石景山区国家服务业综合改革试点区发展的意见》（京政发〔2013〕17 号），进一步优化石景山区互联网金融产业发展环境，促进石景山区互联网金融产业发展，根据国家、北京市的有关法律、法规、政策，制定本办法。

第二条　石景山区金融服务办公室负责本办法的管理和实施工作。

第二章　支持范围

第三条　本办法所指的互联网金融是互联网和金融相结合的新兴领域，是借助互联网技术、移动通信技术实现资金融通、支付和信息中介等业务的新兴金融模式。

第四条　本办法所适用企业必须同时具备以下条件：

（一）从事互联网金融业务；

（二）2013 年 1 月 1 日后设立或迁入石景山区；

（三）在石景山区进行工商注册和税务登记；

（四）经营领域符合国家、北京市和石景山区相关政策。

第三章　支持措施

第五条　将互联网金融作为推进国家服务业综合改革试点区建设的重要内容，在中关村科技园区石景山园建设互联网金融产业基地。

第六条　鼓励互联网金融企业在石景山区设立和发展，支持企业在名称中使用“金融信息服务”字样，根据行业主管部门的审批结果核准经营范围，政府相关部门为企业提供高效便捷的准入服务。

第七条　发挥政府引导基金的杠杆作用，吸引社会资本共同参与发起设立互联网金融产业投资基金，扶持互联网金融企业发展，加快培育龙头企业。

第八条　设立互联网金融产业发展专项资金，每年安排 1 亿元，用于支持互联网金融产业基地建设、完善互联网金融基础配套设施，对互联网金融创新有重要贡献的杰出人才和核心骨干给予奖励。

第九条 2013年1月1日以后新设立或迁入石景山区，具备独立法人资格的互联网金融企业，三年内每年按其对区财政贡献额的50%提供金融创新资金支持。

第十条 鼓励互联网金融企业在石景山区内购（租）房。购买自用办公用房从事互联网金融业务的，经认定后可以享受购房补贴，补贴标准不低于1 000元/平方米；租赁自用办公用房从事互联网金融业务的，经认定可以享受三年租金补贴，第一年补贴50%，第二年补贴30%，第三年补贴20%。经认定符合条件的互联网金融企业可享受一次性开办补贴100万元。

第十一条 加大对互联网金融龙头企业的支持力度，对区域经济发展作出重大贡献或在国际国内具有较高影响力的互联网金融龙头企业，经认定后可实行“一企一策”。

第十二条 支持面向互联网金融企业的孵化机构发展，根据其服务能力、管理面积、孵化企业数量和效果等情况，给予最高不超过1 000万元的资金补贴，连续支持不超过两年。对于新认定的中关村互联网金融创新型孵化器，原则上给予最高不超过100万元的一次性资金支持。

第十三条 支持传统金融机构互联网化，积极探索银行、证券、保险、融资担保、小额贷款等金融机构开展互联网金融业务，全面提升传统金融的服务深度和广度。鼓励金融机构推出受金融业界和金融消费者肯定的重大创新产品、技术和服务，经认定后给予一次性奖励。

第十四条 提高互联网金融服务民生及中小微企业发展的能力。鼓励金融机构建立面向中小微企业的线上、线下多层次服务体系，在融资规模、周期、成本等方面提供更具有针对性和灵活性的服务，提升融资效率。金融机构通过互联网模式切实降低中小微企业融资成本的，按相应额度给予一定补贴。

第四章 保障机制

第十五条 联合国内知名院校共同开办北京互联网金融研究院。开展互联网金融产业理论研究，探索创新发展路径，开展互联网金融行业标准研究，推动研究成果转化，加快培养互联网金融人才，提升互联网金融人才可持续发展能力。

第十六条 支持建立互联网金融产业联盟，整合互联网金融产业资源，加强行业自律，实现合作共赢，协同发展。

第十七条 支持建立互联网金融信用信息平台，加强信用制度建设和体制机制创新，支持成立互联网金融征信公司，探索互联网金融风险控制机制。加强互联网金融统计服务，建立石景山区金融信息数据库，建立互联网金融企业与商业银行、保险等机构的网上业务接口，实现网上供需信息的实时对接。

第十八条 支持互联网金融重点企业享受北京市和石景山区人才服务政策。包括高端人才落户、医疗、子女教育、人事档案管理、职称评定、社会保障手续办理等专业化服务。

第十九条 建立完善的互联网金融中介服务体系，营造良好的互联网金融发展生态环境。发挥会计、法律、信用评级、担保、咨询等专业服务机构的优势，不断完善和优化互联网金融专业服务体系。

第二十条 进一步优化政府服务环境，建立有关部门共同参加的互联网金融联动工作机制，建立金融监管部门和行业主管部门的沟通会商机制；支持符合条件的互联网金融企业获得各类行业准入许可；支持互联网金融产业基地企业申报国家服务业综合改革试点区项目，鼓励企业承担相关产业平台建设任务。提供互联网金融企业在发展过程中需要的行政支持和协调服务，从搭建服务平台、创新服务方式等方面加强组织实施。

第五章 附 则

第二十一条 本办法奖励政策不与石景山区其他奖励政策同时享受。

第二十二条 本办法由石景山区金融服务办公室解释。

第二十三条 本办法自发布之日起三十日后实施。

附件十二：

深圳市人民政府关于支持互联网金融创新发展的指导意见

深府〔2014〕23号

各区人民政府，市政府直属各单位：

为深入贯彻党的十八届三中全会精神，落实《深圳市人民政府关于充分发挥市场决定性作用全面深化金融改革创新的若干意见》（深府〔2014〕1号）要求，进一步丰富深圳金融改革创新内涵，抢占新一轮互联网金融发展先机，推动互联网金融集聚创新发展，构建市场化、信息化、现代化金融服务体系，巩固提升深圳金融中心地位，结合深圳实际，提出如下意见：

一、充分认识互联网金融创新发展的重要意义

（一）互联网金融作为金融业与互联网产业、现代信息技术产业相互融合的产物，是当前极具创新活力和增长潜力的新兴业态，也是新时期我国金融改革创新的重点领域。经过三十多年发展，深圳已成为全国重要的金融中心和高新技术产业基地，金融创新能力突出、互联网产业发达、社会资本充沛，为互联网金融发展奠定了坚实基础。大力推动互联网金融发展，进一步发挥金融创新对实体经济的服务支撑作用，培育新的经济增长点，对我市实现有质量的稳定增长、可持续的全面发展意义重大。各区政府（新区管委会）、市直各单位、驻深各金融监管部门，要深刻认识互联网金融对全市转变经济发展方式、促进产业转型升级的重要作用，把握政策机遇，充分集聚资源，营造良好的金融创新环境，推动互联网金融健康快速发展，持续增强金融业竞争力，构建新时期深圳经济特区金融创新发展新优势。

二、指导思想和发展目标

（二）指导思想。紧紧围绕中央全面深化改革的战略部署，坚持“市场主导、开放引领、创新驱动、服务导向”原则，以金融服务实体经济为出发点，以市场化配置金融资源为主线，加快构建更加完善的互联网金融政策体系，促进金融与网络信息技术深度融合，拓宽互联网企业进入金融领域渠道，推动互联网金融创新发展、集聚发展、规范发展，进一步激发金融改革创新活力，促进新时期深圳金融业实现跨越式发展。

（三）发展目标。依托深圳高新技术产业发达、互联网资源丰富和金融创新突出的优势，着力推动互联网和金融的融合，进一步拓展金融产业链，创新金融产品和服务模式，着力培育和发展一批行业地位居前、特色鲜明、竞争力强的互联网金融企业，加快构建互联网金融创新集聚区，形成传统金融与互联网金融良性互动、共生发展的新格局，进一步巩固和提升深圳全国金融中心地位。

三、推动互联网和金融产业融合发展

（四）推动金融业依托互联网转型升级。支持符合条件的各类机构依法发起设立网络银行、网络保险、网络证券和网络基金销售等依托互联网为运营载体和销售渠道的创新型网络金融机构。支持金融机构与互联网企业开展多元化合作，创新产品服务和商业模式，培育衍生新型互联网金融业态。鼓励金融机构利用互联网云计算、移动通信、大数据等技术手段，改变传统金融的运营模式和体制机制，全面提升服务广度和深度。

（五）拓宽互联网企业进入金融领域渠道。支持互联网企业依法发起设立或参股商业银行、证券、基金、期货、保险、消费金融、汽车金融、金融租赁和金融电商等各类金融机构。支持互联网企业通过发起设立、并购重组等方式控股或参股小额贷款、融资担保、融资租赁、典当投资、股权投资、要素平台等新型金融机构。支持互联网企业依托互联网技术和线上线下资源优势，发起或参与设立第三方支付、移动支付、众筹融资、电商金融等机构。

四、支持互联网金融运营模式创新

（六）鼓励互联网金融开展业务创新。支持互联网金融企业探索建立面向中小微型企业线上、线下的多层次投融资服务体系，在融资规模、周期、成本等方面提供更具针对性和灵活性的产品和服务。支持第三方支付机构与金融机构共同搭建安全、高效的在线支付平台，开展在线支付、跨境支付、移动支付等业务。支持互联网金融企业开发各种货币基金类金融理财产品，满足多元化投资需求。鼓励电商机构自建和完善线上金融服务体系，有效拓展电商供应链业务。推动 P2P、众筹融资等金融信用中介服务平台规范发展，拓宽金融服务体系。

（七）拓展互联网金融企业的融资渠道。加大对互联网金融企业的上市辅导培育力度，鼓励更多符合条件的优质企业上市融资。支持互联网金融企业探索资产证券化业务，通过前海股权交易中心、金融资产交易所等要素平台发行新型金融产品，拓宽资金来源渠道。

（八）发展互联网金融产业链联盟。支持互联网金融企业与金融机构、创业投资机构、产业投资基金深度合作，整合资源优势，结成互联网金融产业链联盟。支持互联网金融产业链联盟发起设立产业基金、并购基金和风险补偿基金，以满足互联网金融企业不同阶段、不同层次的资金需求。

（九）完善互联网金融服务支持体系。支持商业银行、信托投资和金融租赁等机构与互联网金融企业的业务合作，探索开展第三方资金托管、质押融资贷款等业务。支持保险机构开展符合互联网交易需要的履约保证保险业务和其他保险模式。支持证券、基金期货类机构加大与互联网金融企业的合作，拓宽金融产品的销售渠道，创新财富管理模式。支持小额贷款、融资担保等机构与互联网金融企业开展业务合作，实现商业模式创新。

五、加大对互联网金融的政策支持

（十）支持互联网金融企业注册登记。允许互联网金融企业（除经国家金融监管部门批准设立的机构外）在工商登记企业名称和经营范围中，使用“互联网金融服务”字样。

（十一）加大对互联网金融企业的落户奖励。对新设立或新迁入的，具有独立法人资格的互联网金融企业（除金融机构设立的电商机构、非金融支付服务机构和金融配套服务机构外），经认定符合我市互联网金融发展方向，当在深圳缴纳的企业所得税年度达到500万元以上（含）后，参照《关于印发深圳市支持金融业发展若干规定实施细则的通知》（深府〔2009〕6号）银行类金融机构一级分支机构待遇享受相关政策。

对大型互联网企业在深圳新设立或新迁入的互联网金融企业，根据其业务规模、客户流量、税收贡献及同业示范效应等综合情况，经市政府批准，参照深府〔2009〕6号文金融机构总部待遇享受相关政策。大型互联网企业，是指经认定资产规模、营业收入和网站流量等在互联网领域排名居前、具有全国重要影响力的互联网法人企业。

对经国家金融监管部门批准设立的创新型网络金融机构、电商机构、互联网金融研发中心、非金融支付服务机构和金融配套服务机构等，按照深府〔2009〕6号文和《深圳市人民政府关于印发深圳市支持金融业发展若干规定实施细则补充规定的通知》（深府〔2013〕12号）享受本市相关政策。

（十二）加大对互联网金融项目的奖励。重大科技研发和商业模式创新的互联网金融项目，可申报互联网产业发展专项资金。符合我市金融创新方向的互联网金融创新产品和业务模式，可申报市金融创新奖。符合条件的互联网金融产业园区，可申报科技型企业孵化器项目资助。

（十三）创新财政资金对互联网金融投入方式。鼓励创业投资引导基金与境内外股权投资机构、金融机构、产学研联盟合作，发起设立互联网金融创投基金，重点投向初创期、成长期的互联网金融企业。创新市科技研发资金的投入方式，通过贷款贴息、科技保险、股权投资等资助方式，引导金融资源和社会资本加大对互联网金融的投入。

（十四）健全互联网金融人才培养体系。支持金融业和互联网产业整合智力资源，开展跨界结合的学术研究、交流合作和培训活动。鼓励互联网金融企业、金融机构和科研机构通过组建博士后工作站、研究智囊机构等方式，开展互联网金融创新研究，加快培养创新型金融人才。互联网金融企业的高级管理人员和高级技术人才，符合我市高层次人才认定条件的，可享受我市关于人才引进、子女教育、医疗保障等方面的相关扶持政策。

（十五）优化互联网金融集聚发展空间。鼓励各区（新区）积极参与互联网金融创新试点工作，进一步优化产业空间布局，加大政策扶持力度，强化市区两级联动，吸引各类互联网金融企业及配套服务机构聚集，持续增强互联网金融聚集效应。

六、营造良好的互联网金融支撑体系

（十六）完善互联网金融信用体系建设。积极推动符合条件的互联网金融企业接入人民银行征信系统。探索组建互联网金融信息服务平台，推动信息的交流对接和资源共享。支持具备资质的信用中介组织开展互联网金融企业信用评级，增强市场信息透明度。

（十七）优化互联网金融配套服务体系。支持互联网金融配套服务机构在深圳集聚，拓展数据储存备份、云计算共享服务、大数据挖掘服务、销售结算服务等业务，加强信息安全、大数据储存和宽带基础设施建设。推动会计、审计、法律、咨询等中介服务机构专业化、高端化发展，为互联网金融企业提供优质的专业服务。

（十八）加大互联网金融宣传推广力度。鼓励互联网金融企业与国内外知名金融媒体和财经信息平台战略合作，全面推进深圳互联网金融的品牌宣传。支持打造具有国际影响力的互联网金融论坛、互联网金融媒体圈等。引导互联网金融企业通过金融博览会、融资洽谈会等金融活动，与优质中小企业开展交流合作，增强深圳互联网金融的影响力。

七、建立互联网金融风险防控体系

（十九）建立互联网金融行业自律组织。筹建全市互联网金融行业协会，制定发布自律公约，加强行业自律规范，维护行业健康发展。强化互联网金融市场经营主体守法、诚信、自律意识，树立互联网金融企业服务经济社会发展的正面形象，营造诚信规范发展的良好氛围。

（二十）加强互联网金融风险防控。建立各有关部门共同参与的互联网金融联席会议制度和工作机制，加大对互联网金融的监督管理、风险监测及处置力度，严守不发生区域性、系统性金融风险的底线。充分发挥金融领域专业纠纷调解机构的作用，加快推进互联网金融纠纷处理、争议协调、法律咨询、消费者维权等制度建设。

（二十一）打击互联网金融违法违规行为。完善互联网金融监管执法体系，加强与金融监管部门的协调配合、综合联动，依法严厉打击利用互联网平台进行的非法集资、非法支付结算和非法证券等各类金融违法犯罪活动，切实维护金融秩序，努力构建互联网金融安全区。

（二十二）加强互联网金融投资者风险教育。各有关部门定期开展金融法制教育、警示宣传工作，加强投资者金融知识普及和风险教育，提升全社会对互联网金融的认知度和风险防范意识。

八、其他

（二十三）本意见所指的互联网金融，是指依托互联网、移动通信和大数据处理等技术手段，提供第三方支付结算、移动支付、网络信贷、众筹融资（股权）、金融产品销售、电商金融、要素平台等金融中介服务的法人企业；以及传统银行、证券基金期货、保险等金融机构设立的创新型网络金融机构、电商机构、专营机构和研发中心等。

（二十四）市金融办会同市财政、市场监管、公安，以及驻深各金融监管等单位，负责制定我市互联网金融政策具体适用范围认定标准、操作规程及申报指引。

（二十五）本意见自公布之日起实施至 2016 年 12 月 31 日止，由市金融办负责解释。

附件十三：

天津开发区推进互联网金融产业三年行动方案（2014—2016）

互联网金融是互联网与金融相结合的领域，是互联网时代金融的新兴生态，它借助于互联网技术、移动通信技术实现资金融通、支付和信息中介等业务，并充分利用了大数据的优势，一定程度颠覆了交易双方的信息不对称，拓展了金融业的边界，带来了更多的价值增值服务。作为一种新兴商业模式，互联网金融在近期得到广泛关注和爆发增长，催生了大量新型业态，带动了金融产业格局的整体变革。加快发展互联网金融产业，不仅是天津开发区提升信息产业综合竞争力、培育新增长点的重要途径，也是促进产业结构调整、率先实现经济发展方式转变的重要举措。根据行业发展特点和天津开发区的发展实际，特制定《天津开发区推进互联网金融产业三年行动方案》。

一、天津开发区发展互联网金融的意义

（一）互联网金融是构建开发区现代服务业多元发展的重要环节

互联网金融作为科技金融的重要组成部分，是转方式、调结构、稳增长、促消费的重要实践。作为互联网与金融相结合的新型业态，互联网金融借助于互联网技术、移动通信技术实现资金融通、支付和信息中介等业务，能够有效的金融创新。

同时，发展互联网金融有利于缓解中小微企业融资压力。互联网金融在资金需求方与资金供给方之间建立了有别于传统银行业和证券市场的新渠道，提高了资金融通的效率。它通过大数据分析有助于解决信息不对称和信用问题，提供更有针对性的特色服务和更多样化的产品，能够扩大中小微企业、个体创业者和居民等群体受益面。

（二）开发区具有发展互联网金融良好的产业基础

作为天津市互联网等信息技术发展的核心区和金融领域的创新中心，天津开发区具有发展互联网金融的现实需求和良好基础。在互联网领域，开发区聚集了腾讯数码、超算中心、惠普、五八同城、搜狐视频、爱蜂巢等一批在互联网、大数据和云计算行业的领先企业，为开发区互联网金融发展提供了良好的技术支撑。在金融领域，开发区各类金融机构总数达到1 000余家，其中基金类企业481家，银行机构37家，融资租赁公司19家，财务公司3家，各类保险机构14家，小贷公司1家，消费金融公司1家，这些新型金融机构向互联网化迈进也将是大势所趋。与此同时，开发区9大产业发展均衡，产业基础雄厚，各类优质产业资源纷纷向开发区聚集，也为互联网金融在开发区的应用提供了广

阔的市场空间。

二、天津开发区推进互联网金融产业发展的总体思路和主要目标

（一）总体思路

按照“政府引导、市场运作、需求驱动、重点突破、促进转型”的思路，紧跟国内外互联网金融产业发展趋势，以发展的视野前瞻布局、发挥优势、集聚资源，以互联网金融产业基地为基础，以应用为先导、以产业为核心、以创新为动力，致力搭建互联网金融产业发展平台，形成项目、人才等要素聚集，构建互联网金融行业的先导区，实现现代服务业的可持续发展，增强天津开发区核心竞争力。

（二）主要目标

以开发区现代服务业发展为基础，抢抓互联网金融发展的历史机遇，搭建互联网金融产业发展平台，完善相关基础设施建设。引进一批重点龙头企业，构建完整产业生态。探索制定法规和服务标准，构建成熟商业模式。力争在三年内，聚集互联网金融企业不少于30家，行业代表企业不少于5家，营业收入不低于100亿元，把互联网金融产业基地建设成为国内互联网金融创新和产业发展的核心区域之一。

三、天津开发区推进互联网金融产业的发展重点

（一）与电子商务相关的结算业务，也就是第三方支付。借由电子商务而发展壮大的第三方支付行业，目前是互联网金融行业中规模最大的，发展最为成熟的领域。人民银行已分7批向250家企业发放了第三方支付牌。2013年上半年中国第三方支付市场交易规模达11 216. 5亿元，环比增速10. 2%。第三方支付市场潜力巨大、市场前景广阔。随着第三方支付平台服务的深入和细化，第三方支付业务也将走向更加细分的市场。

（二）基于销售信息的小微贷款业务。相比传统金融机构，以灵活、便捷、低成本为特征的互联网金融的服务模式与产品设计更加匹配小微企业的融资需求。而凭借大数据的应用，互联网金融机构更加适于开展小微金融业务。

（三）基于支付账户的标准化金融产品的销售业务。余额宝的兴起表明借助网络平台销售标准化金融产品得到了广泛认可和支持。余额宝实际上就是在支付账户上销售基金份额，实际操作中，不仅基金，任何标准化的金融产品，包括标准化的保单，航空意外险、旅游险等简易的责任险都可以通过网络销售。

（四）借贷双方的信息平台。即P2P，助网络技术和信用评估技术，协助投资者与借款人实现直接借贷的中介服务平台。2012年，我国P2P市场交易额达600亿元左右，从事该领域的机构数量增长8倍。P2P贷款具有轻抵押、重信用、额度小、速度快等特点，可以有效弥补现有银行业务体系的不足。

四、推进互联网金融产业发展的保障措施

（一）明确工作机制

成立天津开发区互联网金融产业推动工作组，由委领导担任组长，各相关工作单位为成员，组织制定产业发展规划，协调产业发展中的重大问题，落实各项相关政策等。制定小组例会制度，定期反馈情况，实时跟踪产业发展重点，为产业发展提供制度保障。

（二）搭建产业基地

根据天津开发区整体规划布局，以服务外包园、MSD为核心搭建互联网金融产业基地，引导互联网金融优势企业向产业基地聚集，发挥产业集群优势，形成技术创新、应用方案创新和商业模式创新的合力。

对在产业基地购买办公用房的企业，给予1 000元/平方米（最高1 000万元）的资金扶持；对租赁基地内办公用房的企业，三年内给予最高30元/平方米/月的租金扶持。

（三）制定促进政策

制定促进互联网金融产业发展的专项政策，对经管委会认定、具备独立法人资格的互联网金融企业给予系列扶持。主要包括：

设立额度为1亿元的互联网金融产业发展专项资金，专项用于金融云平台等互联网金融基础配套设施，对互联网金融企业的房租和税收予以扶持，鼓励互联网金融企业进行人才引进，对互联网金融领域的人才给予专项奖励与补贴，支持互联网金融企业在我区的创新发展。

自开业年度起五年内，按照互联网金融企业的注册资金以及对开发区的实际财政贡献，给予不超过200万元的运营扶持。

对于互联网金融企业上缴的营业税和企业所得税开发区留成部分，自开业年度起两年内，给予其100%的金融创新奖励，之后三年给予50%的奖励。对其新购建的自用办公房产所缴纳的契税给予100%的扶持，房产税给予三年100%的扶持。

加大对互联网金融龙头企业的支持力度，对区域经济发展作出重大贡献或在国际国内具有较高影响力的互联网金融龙头企业实行“一企一策”特殊扶持。

（四）鼓励人才引进

鼓励互联网金融企业引进各类人才。向领军人才提供开发区高级人才公寓，2年内免交房租或给予每人每月4 000元的房租补贴。并享受包括人才落户、专项奖励、子女教育、职称评定、社会保障手续办理等扶持政策。

（五）构建金融云平台

与国家超算滨海中心合作，建设金融信息服务平台和服务全市金融机构、金融审批和监管部门的“金融云”，争取相关上级部门在审批、监管方面的支持。对于入驻的互联网金融企业，在存储空间、计算能力等方面给予优惠。鼓励互联网金融企业与其展开合作，鼓励区内现有银行、结算和支付企业在金融云进行托管。

（六）完善市场准入

建立与金融监管部门和行业主管部门的沟通会商机制，支持符合条件的互联网金融企业获得各类行业准入许可。支持企业在名称中使用“金融信息服务”字样，根据行业主管部门的审批结果核准经营范围，管委会相关部门为企业提供高效便捷的准入服务。

（七）着力产业促进

注重与国内先进地区，尤其是中关村的产业联动和合作发展，策划开展多层面、多形式的产业交流活动，加强与国内外互联网金融领先企业间的交流合作，举办互联网金融产业高峰论坛，在业内发出“泰达声音”，造出“泰达声势”。

投促部门针对互联网金融产业的特点，制订灵活的项目促进和服务方案，形成可靠的机制，对重点招商目标客户，分阶段制定有针对性的实施方案，明确短、中、长期目标，推动互联网金融项目在开发区不断聚集，推进开发区成为环渤海地区互联网金融产业发展的核心区域。

（八）建立产业联盟

支持建立互联网金融产业联盟，整合互联网金融产业资源，加强行业自律，实现合作共赢，协同发展。立足本区域经济社会发展现状，组织区域内互联网和金融类企业，着力探索向互联网金融领域的服务延伸；积极鼓励各类创新型互联网金融商业模式，促进其在各重点领域的创新应用；鼓励开发区的互联网金融企业面向全国提供优质的基础设施服务和成熟解决方案，提高区内企业的品牌影响力。

（九）优化政府服务环境

以开发区金融服务中心为平台，强化针对互联网金融企业的行政支持和协调服务。开发区金融服务中心作为区内金融创新类企业的服务平台，可以为互联网金融企业提供注册地址及公用办公间，以及企业登记注册一条龙服务。另外，金融服务中心可以利用中心内众多的金融创新企业及项目资源，为企业提供全方位的投融资服务。同时开发区还将发挥区内会计、法律、信用评级、担保、咨询等专业服务机构的优势，不断完善和优化互联网金融专业服务体系，营造良好的互联网金融发展生态环境。

附件十四：

上海市人民政府印发关于促进本市互联网金融产业健康发展若干意见的通知

沪府发〔2014〕47号

互联网金融是基于互联网及移动通信、大数据、云计算、社交平台、搜索引擎等信息技术，实现资金融通、支付、结算等金融相关服务的金融业态，是现有金融体系的进一步完善和普惠金融的重要内容。其表现形式既包括以互联网为主要业务载体的第三方支付，金融产品销售与财富管理，金融资讯与金融门户，金融大数据采掘加工，网络融资与网络融资中介等新兴、新型金融业态；也包括持牌互联网金融机构，以及各类持牌金融机构设立的主要从事互联网金融相关业务的法人机构或功能性总部。为把本市建成互联网金融发展的高地，进一步提升上海国际金融中心的影响力、辐射力、创新力和资源配置能力，推动中国（上海）自由贸易试验区金融改革创新，助力上海打造具有全球影响力的科技创新中心，现就促进本市互联网金融产业健康发展提出如下若干意见：

一、明确指导思想，突出“四个坚持”

（一）坚持服务实体经济，促进产业转型升级。鼓励互联网金融为符合国家及本市产业导向领域的中小微企业和家庭居民提供多样、灵活的金融服务；支持互联网金融与电子商务、现代物流、信息服务、跨境贸易等领域融合发展，促进相关行业转型升级。

（二）坚持鼓励金融创新，形成竞争发展格局。切实转变观念、创新政府管理模式，以更加包容的态度支持互联网金融企业与持牌金融机构在互联网金融领域进行产品创新、技术创新、服务创新、管理创新和模式创新，在细分领域和行业解决方案方面做专、做深、做精、做细，错位竞争、特色发展，持续提升核心技术水平和综合竞争力。

（三）坚持营造发展环境，完善行业基础设施。立足当前、着眼长远，整合现有政策资源，加强人才培育、研究创新、信用体系、法治环境等方面的基础设施建设，着力营造有利于行业健康发展的良好环境。

（四）坚持规范健康发展，切实防范金融风险。坚持底线思维，妥善处理互联网金融创新发展和风险防范的关系，切实加强投资者教育与金融消费者权益保护，引导互联网金融企业合理有序竞争、规范健康发展。

二、加强政策支持，促进集聚发展

（五）鼓励有条件的企业发展互联网金融业务、申请有关业务许可或经营资质。鼓励有条件的企业在本市发起设立以互联网为主要业务载体或以互联网业务为主要服务领域的各类持牌金融机构。支持电子商务平台等大型互联网企业在本市设立小额贷款、融资担保、融资租赁、商业保理等新型金融企业。支持有条件的互联网金融企业依法申请有关金融业务许可或进行有关金融业务备案，申领增值电信业务经营许可等经营资质。允许主要从事互联网金融业务的企业在名称中使用“互联网金融”或“网络金融”字样，并在工商登记等环节提供便利。

（六）加大对互联网金融企业的支持培育力度。对互联网金融领域的新兴业态和创新模式，本市战略性新兴产业发展专项资金、服务业发展引导资金、高新技术成果转化专项资金等财政资金予以重点支持。支持有条件的互联网金融企业进行软件企业、高新技术企业、技术先进型服务企业等方面认定，按照规定享受相关财税优惠政策。

（七）拓宽互联网金融企业融资渠道。充分发挥上海市大学生科技创业基金、上海市创业投资引导基金等政策性基金的助推作用，探索设立主要投向互联网金融领域早期创业企业的创业投资基金和天使投资基金。支持社会资本发起设立互联网金融产业投资基金、并购基金，鼓励各类机构投资有发展潜力的互联网金融企业。支持互联网金融企业在境内外多层次资本市场上市（挂牌）。

（八）支持持牌金融机构向互联网金融领域拓展转型。支持银行业、证券业、保险业持牌金融机构积极开展互联网金融领域的产品和服务创新，提升金融服务广度、深度和能级。对持牌金融机构在沪设立的主要从事互联网金融相关业务的法人机构或功能性总部，市、区县两级政府可根据相关政策给予支持。

（九）鼓励互联网金融企业合理集聚。积极支持有条件的区县、园区结合自身产业定位，建设有特色的互联网金融产业基地（园区），制定有针对性的政策措施，引导互联网金融企业合理集聚。对优秀互联网金融产业基地（园区），市、区县两级政府可给予一定支持。

三、加强基础建设，营造发展环境

（十）吸引集聚互联网金融人才。支持互联网金融企业的高级管理人员和高级技术人才享受本市人才引进政策，在居住证等入沪手续办理方面提供便利。支持作出突出贡献的互联网金融企业高级管理人才和技术人才申报本市有关高级人才项目。支持高等院校、专业机构加强互联网金融领域人才培训，探索开展从业人员资质认证，对有关培训认证费用可给予适当补贴。

（十一）鼓励互联网金融领域研究创新。鼓励互联网金融企业、持牌金融机构、高等院校等开展互联网金融产业理论、标准、技术和产品等方面的研究。支持设立专业化的互联网金融研究机构，打造具有国际、国内影响力的互联网金融论坛。对互联网金融领域的重要创新成果，支持申报本市金融创新奖。

（十二）加强互联网金融领域信用体系建设。支持互联网金融企业充分利用各类信用信息查询系统，规范信用信息的记录、查询和使用。支持信用服务机构面向互联网金融领域加强信用产品研发和服务创新，建设互联网金融信用信息服务平台。对为互联网金融企业提供专业信用服务的机构，可按照规定给予一定支持。支持市公共信用信息服务平台与互联网金融企业加强合作，促进公共信用信息、金融信用信息、社会信用信息互动共用。

（十三）完善配套支持体系。鼓励持牌金融机构与互联网金融企业在客户资金存管（监管）、渠道营销、风控外包等方面开展深度合作，构建互联网金融产业联盟，促进信息技术手段与金融业务的融合运用。支持设立、发展提供数据存储及备份、云计算共享、大数据挖掘、信息系统及数据中心外包、信息安全维护等基础服务的机构，支持建立互联网金融数据共享交换平台。

（十四）营造良好法治环境。探索开展互联网金融相关领域地方立法研究，加大对互联网金融企业专利、软件、品牌等知识产权的保护力度。充分发挥上海金融法治环境建设联席会议等工作机制的作用，针对互联网金融行业特点，着力营造良好法治环境。

四、强化风险防控，引导规范发展

（十五）严厉打击互联网金融领域各类违法犯罪行为。充分发挥本市金融稳定例会、打击非法金融活动领导小组等工作机制的作用，积极配合中央金融监管部门开展工作，严厉打击互联网金融领域的非法集资、洗钱犯罪、恶意欺诈、虚假广告、违规交易、买卖客户信息等违法犯罪行为。

（十六）引导互联网金融企业增强合规经营意识、提升风险防控能力。引导互联网金融企业明确经营“底线”、政策“红线”，健全风险管理、信息披露、纠纷处理等方面的内控机制。推动互联网金融企业开展客户资金存管（监管）、做实各类准备金账户，切实提升自身风险防控能力。推动互联网金融企业提升信息技术水平与信息安全防护能力，强化对企业金融数据和客户信息的安全保护。

（十七）支持开展行业自律与第三方监测评估。支持建立互联网金融行业协会、联盟，制定自律公约、行业标准，加强对会员企业及其从业人员的职业道德和职业纪律约束。充分发挥第三方机构作用，探索对有关领域互联网金融活动开展监测评估，建立社会力量参与市场监督的工作机制。

（十八）健全互联网金融风险防控与安全保障机制。针对互联网金融特点，探索建立行业风险监测、预警和应急处置机制。配合国家相关部门健全互联网金融领域支付安全、信息安全等方面的监管制度、技术规范及标准体系。加强相关政府部门间的信息共享，完善本市互联网金融企业及其从业人员诚信体系。

（十九）加强投资者教育和金融消费者权益保护。通过电视、广播、报刊、网络等多种形式，加强互联网金融适当性教育，提高投资者风险意识及产品认知、风险识别能力。畅通互联网金融消费投诉渠道，加强金融消费者权益保护。

五、健全工作机制，完善部门协同

（二十）健全促进本市互联网金融产业健康发展的工作机制。由本市相关部门、中央在沪监管单位参与，建立本市互联网金融产业发展联席会议（以下简称“联席会议”）。联席会议主要职责是跟踪分析互联网金融产业发展的新情况、新问题，积极向国家有关部门争取先行先试政策，研究确定本市互联网金融产业发展的重点领域和政策措施，协调解决互联网金融产业发展中遇到的困难和问题，推动完善互联网金融领域风险防控和应急处置机制。联席会议召集人由市政府分管领导担任，日常事务由市金融办会同市经济信息化委承担。

附件十五：

上海市黄浦区人民政府印发黄浦区关于进一步促进互联网金融发展若干意见的通知

为认真贯彻落实国务院、中央金融监管部门关于支持和规范互联网金融发展的文件精神，深入实施上海市《关于促进本市互联网金融产业健康发展的若干意见》，继续保持外滩金融创新试验区在全国互联网金融发展中的领先地位，现在前期出台相关政策的基础上提出若干意见：

一、进一步加大支持企业合规设立的力度

允许主要从事互联网金融业务的企业在通过股东背景、商业模式、风控机制、技术研发实力等方面的预审后，在名称中使用“互联网金融”或“网络金融”字样，并在工商登记等环节提供便利。秉持负面清单原则和底线思维，对于具有首创特征，而现有法律法规尚无明确限制规定的新设机构，可依程序酌情给予一定的观察期。

二、进一步加强对机构集聚的支持力度

互联网金融企业获得监管机构颁发的银行、信托公司、金融租赁公司、财务公司、证券公司、基金管理公司、保险公司等金融经营许可证后，且相关许可业务落户本试验区的，可根据《黄浦区支持金融业发展的实施细则》给予一定的开办资助。互联网金融企业根据监管机构要求获得试点资格或其他经认定的业务许可、业务备案资格后，经审核认定后给予一定的奖励。

三、进一步鼓励持牌金融机构向互联网金融领域拓展转型

鼓励持牌金融机构在试验区设立主要从事互联网金融相关业务的法人机构或功能性总部，在享受现有市区相关政策的基础上，经审核认定后给予上述机构一定的奖励。鼓励持牌金融机构为互联网金融企业提供配套基础设施服务，协助提升互联网金融风控能力，对于在黄浦区首创或首先用于试验区内互联网金融企业的创新产品，给予一定奖励。

四、进一步加强服务小微经济和促进消费的力度

优先支持符合条件的互联网金融企业申请融资租赁公司、商业保理公司、小额贷款公司、融资担保公司等新金融业务资格。优先支持区内互联网金融企业与中小微企业搭建产融对接平台，鼓励互联网金融企业走进楼宇、园区和商圈，通过线上线下结合方式拓宽服务渠道。优先支持互联网金融机构对接南京路、淮海路等商业街区结构调整，创新研发符合调整定位、符合年轻族群消费习惯的新型金融产品。

五、进一步提高风险分担能力

在金融支持自主创新能力提升的政策框架内，通过设立专项补贴资金、企业提取风险准备金等形式，形成政府引导、多方参与的风险补偿机制。积极支持保险公司为区内互联网金融企业提供科技保险，对理赔额超出保费总额的部分给予一定补贴。引导融资担保机构增强服务互联网金融的能力，支持设立专业性再担保公司，帮助互联网金融企业在合理范围内进行增信。

六、进一步拓宽企业融资渠道降低融资成本

设立外滩互联网金融创新引导资金，优先安排支持商业模式独特、核心团队优秀、风控能力突出的创新创业型企业。对于企业进行的股权质押贷款、信用贷款等方式获得的融资给予一定的贷款贴息。支持符合条件的企业通过发行企业债，短期融资券、中期票据、集合债券、集合票据等方式融资并给予一定的筹资利息补贴。

七、进一步加强互联网金融产业园区（楼宇）建设

加快专业园区（楼宇）的空间拓展和功能提升，优化专业园区（楼宇）基础设施保障、商务配套和交通环境，不断提高互联网金融企业和从业人员的舒适度和满意度。专业园区（楼宇）招商需服务服从于互联网金融产业定位，对园区（楼宇）运营管理机构因服从功能调整而导致的违约金、房租损失等合理成本给予适当补贴。

八、进一步优化金融产业生态

继续加强以上海新金融研究院为核心的学术研究体系建设，全力支持中国互联网研究中心和中国民营金融研究中心实体化运作，积极开发互联网金融行业指数、排名等研究产品，定期出版互联网金融学术报告，确保上海新金融研究院和黄浦区在国内互联网金融研究领域的前瞻和领先地位。全力打造外滩互联网金融峰会等不同类型的同业交流平台。加大人才引进支持力度，鼓励企业运用地方教育附加专项资金组织开展职工专项培训。

九、进一步加强风险预警防范和管理控制

加快建立信用共享和数据共联平台，探索互联网金融产品在线登记制度。区内从事网络融资中介服务的企业应明确中介定位，严禁各类违法行为；加快建立客户资金托管和风险备付金存管制度。探索引入大数据、会计、法律等协同管理机构，健全互联网金融统计监测制度。完善金融稳定工作机制，区内互联网金融企业应根据要求及时报送真实交易和经营数据。建立现场访谈制度，对企业违规行为提出书面改正建议。

十、进一步保护金融消费者权益

充分利用互联网技术，积极开展投资者教育，引导金融消费者理性参与交易。引导企业严格信息披露制度，对所有可能的交易风险以文本或电子方式予

以充分明示。提倡企业在网站首页或APP应用的合适位置标识明确的警示用语。提倡企业共同出资参与设立“金融消费者专项保护基金”，对企业因经营不当而导致消费者损失时提供必要的先期救济保护。探索建立互联网金融仲裁机构，研究符合互联网金融特点的纠纷和争端解决机制。

附件十六：

建设嘉定金融硅谷

——上海国际金融中心特色功能区五年行动方案（2012—2016年）

嘉府发〔2012〕10号

为贯彻落实中央和市委、市政府推进上海国际金融中心建设、促进金融支持经济发展的工作部署，加快实现区委、区政府提出的“新城建设出好形象、产业转型全市率先、社会发展市郊领先”三大奋斗目标，进一步加大对金融产业的培育力度，优化区域金融产业的发展环境，逐步形成错位发展、优势互补、辐射长三角的金融产业集群，促进嘉定产业结构调整和经济转型发展，特制定本行动方案。

一、发展优势

“十一五”至今，嘉定二三产业实现平稳较快发展，初步具备加强金融服务促进经济转型和结构调整的发展优势。

（一）科技产业先发优势。全区已有各类企业技术中心126家，高新技术企业232家，市科技小巨人（培育）企业70家，市技术先进型服务企业5家，市知识产权示范企业9家，市专利工作示范企业7家。高新技术产业增加值占GDP超42%。高校科研院所总部回归，形成“十所一中心一基地”集聚规模。

（二）汽车产业领先优势。全区汽车零部件行业产值达1 064.7亿元，年均增幅高达25%以上，占全区规模工业比重由19.7%提高到41.4%。2011年产值亿元以上企业122家，其中产值10亿元以上企业28家。基本形成整车制造和零部件配套、汽车研发、汽车贸易、汽车文化等较完整的汽车产业体系；上海国际汽车城在功能完善、产业布局以及产业链延伸上达到新的高度。

（三）新兴产业战略优势。国家七大战略性新兴产业、市政府九项高新技术产业中，有五项在我区是发展重点。其中：新能源汽车及关键零部件和上海稀土新材料产业基地落户嘉定；新建完成的上海物联网中心吸引近百家物联网企业落户；新能源产业部分项目逐步落实推进；基础软件及信息产业快速发展。

（四）文化信息产业集聚优势。文化信息产业成为我区产业发展新名片。全区引进文化信息服务企业1.5万户，注册资本100万元以上的企业超2 000家，集聚了一批电子商务行业领军企业。2011中国最具投资价值电子商务50强企业中，我区占1/3。

（五）嘉定新城宜居宜业优势。嘉定新城初级中学、示范性中小学、瑞金医院、妇幼保健院、东方肝胆医院等一批高品质教育医疗项目即将交付使用，全面提升城市医疗教育服务能级。江桥万达广场、嘉亭荟商业广场、新光百货、中信泰富、日月光等大型商业综合体加快建设，为提升生活性服务业发展能级注入了强劲动力。保利剧院、新城图书馆、博物馆等文化事业项目全面完成，凸显中高品质文化休闲服务功能。嘉定新城核心区多家五星级酒店开工建设，初步形成上海西北近郊高星级酒店集聚区域，重塑了城市品质。

二、发展目标

围绕嘉定新城总部商务集聚区，建设嘉定金融硅谷。将产业资本、科技资本、金融资本有效结合，推动科技成果产业化，为产业快速转型提供强大助推，使嘉定成为辐射长三角的上海国际金融中心特色功能区。

到2016年，确立金融业在产业发展中的助推作用，金融业增加值超过50亿元，年均增长超过20%。具体目标是：

初步建成上海新型金融产业发展集聚区。引导金融服务企业向产业发展重点区域集聚，引进股权投资企业200家、股权投资管理企业200家、总资本不少于1 500亿元。设立新型金融企业（小额贷款公司、融资担保公司、融资租赁公司）不少于10家，积极发行各类债券和票据，形成产业特色鲜明的新型金融发展示范区。

初步建成上海资本市场上市企业总部集聚区。引导上市企业及总部向嘉定新城核心区集聚，培育和引进上市企业不少于20家，列入培育上市计划企业不少于100家。努力培育和引进中国黄金上海交易中心等各类为产业资本服务的要素市场、产权交易机构不少于10家，形成资本集聚、上市企业集中的总部示范区。

初步建成为长三角地区配套的专业金融服务集聚区。引导专业金融服务企业进入嘉定，培育和引进金融咨询、会计师事务所、律师事务所、保荐机构、资产评估和信用评级等专业服务机构不少于20家，形成为产业资本发展壮大提供优质、便捷金融服务的示范区。

三、发展重点

按照“引导金融资源向优势产业尤其是战略性新兴产业和高新技术产业集中，对科技创新、文化创新、信息服务等企业给予金融支持”工作要求，拓宽直接融资渠道、发挥金融服务优势、完善银行信贷服务。

（一）直接融资

1. 股权投资。充分发挥产业优势，建立资金与项目的对接平台，鼓励境内外天使投资、风险投资、股权投资基金发挥优势，关注处于初创期、成长期、扩张期的科技型、成长型创业企业的成长，适时采取投资，让优质企业有效嫁接金融资本，实现快速发展。放大已设立的政府引导基金效应，引导社会资金进入创业投资领域，投资区内科技型、成长型和战略性新兴产业，促进资本、项目、技术和人才向嘉定集聚。

2. 企业上市。不断推动企业改制工作，做好企业与中介机构的对接，完善行政审批“绿色通道”，加快推动区内符合条件的企业到主板、中小板、创业板和境外上市，加快推动已上市公司再融资和重组。积极推进上海张江高科技园区嘉定园内的科技创业企业进入三板市场，为风险投资资本提供有效的股权转让和退出通道。

3. 发行债券。鼓励金融机构引导符合产业导向的中小企业通过发行债券、票据，筹措发展资金，为中小企业逐步壮大提供多渠道的融资路径。

（二）金融服务

1. 新型金融。采取“政府引导、企业参与、市场化运作”的模式，鼓励民间资金进入相关行业，调动金融机构支持中小企业发展的积极性。适当增加小额贷款公司数量，不断满足中小企业和“三农”的融资需求。鼓励相关重点企业组建融资担保公司，完善中小企业融资担保体系，推动担保模式创新。引入一批知名融资租赁公司，满足区内企业对融资租赁服务的需求，提高资源配置效率，为企业提升能级提供动力。

2. 专业服务。鼓励会计师事务所、律师事务所等审查监督机构，资产评估和信用评级等评估机构，投资咨询、金融咨询、保荐等服务机构为产业园区、企业孵化器、重点企业等提供企业授信、信用增级、科技保险、融资等综合服务，为产业发展提供特色金融服务。

3. 第三方支付。积极引入获得工信部牌照的第三方支付企业落户，整合电子商务行业资金流、信息流等环节的多元化需求，开展电子商务类金融结算业务，推动相关企业开展金融服务创新，并在我区开展先行先试，创新工作机制。

（三）传统金融

1. 银行信贷。鼓励银行业金融机构根据产业发展规划，制定与信贷政策相匹配的个性化信贷计划，加强对现代服务业、先进制造业等产业基地建设和重大项目建设的信贷资金支持，为产业结构调整提供综合金融服务。

2. 保险信托。积极支持保险、信托机构根据区域经济社会发展需要，加强与银行的深度合作，开发适销对路的金融新品，为区域经济转型发展提供金融支持。

四、发展保障

（一）加强领导，健全工作机制。建立与上海国际金融中心特色功能区相匹配的金融产业发展机制，成立由区长任组长，分管区长为副组长，相关部门、街镇等为成员单位的嘉定金融硅谷——上海国际金融中心特色功能区推进领导小组，下设办公室。办公室设在经委，形成部门配合、上下联动的推进合力。积极落实市级、区级专项扶持，营造良好的社会氛围和政策环境。

（二）重点培育，加大引导扶持。制定和完善推动金融产业发展的政策体系。细化新城核心区规划，通过设立新型金融产业发展示范区、上市企业总部示范区、专业金融服务示范区，建设“金融服务大厦”等标志性建筑，加快黄金交易集聚区等各类项目引进、落地，在形态和功能上加速集聚，出好形象。同时，对金融产业建设用地项目，优先办理核准预审和报批，优先供地；优先申报国家、市、区级各类政策性扶持；凡符合优秀人才住房保障条件的企业，给予优先支持。

（三）搭建平台，优化发展环境。一是信息服务平台。建立和完善拟改制上市企业资源库、新型金融服务机构信息库、金融专业服务机构信息库和股权投资机构信息库，实现信息互联互通。二是公共服务平台。结合银企合作沙龙、上市公司俱乐部、股权投资与优质企业对接会、科技博览会等载体，为银行、新型金融服务机构、优质企业之间提供“点对点”服务平台。三是人才服务平台。积极引入国内外一流金融人才。对区内招商人员进行业务培训，全力打造一支高效专业的新型金融产业招商队伍。

（四）管服并举，营造服务氛围。对入驻企业设置一定标准，树立一批标杆企业，发挥引导示范作用。相关部门各司其职，加强协调和配合，依法做好新型金融行业的监管、服务和协调工作，依法做好服务机构及其执业人员行为的监管，并建立顺畅的信息沟通和反馈渠道，规范行业经营管理，服务新型金融产业发展。

附件十七：

南京市人民政府关于加快互联网金融产业发展的实施办法

宁政发〔2014〕193 号

为贯彻落实国务院《关于金融支持经济结构调整和转型升级的指导意见》（国办发〔2013〕67 号），进一步深化金融改革创新，抢抓互联网金融发展机遇，优化全市互联网金融产业发展环境，加大对互联网金融产业的支持力度，促进全市经济结构调整和转型升级，特制定本办法。

一、建立互联网金融产业发展协调推动机制。成立由分管副市长任组长，市政府分管副秘书长任副组长，市金融办、人才办、发改委、经信委、科委、财政局、人社局、商务局、统计局、工商局、国税局和地税局等有关部门为成员单位的互联网金融发展工作领导小组（以下简称“领导小组”），负责对全市互联网金融产业的引导、培育、认定、监管和统计等工作。领导小组下设办公室，办公室设在市金融办，具体负责全市互联网金融产业发展的日常推进和协调工作。建立与人民银行南京分行、江苏银监局、江苏证监局、江苏保监局的沟通协调机制，合力推动全市互联网金融产业发展。

二、支持互联网金融企业的设立和发展。对经领导小组办公室认定的互联网金融企业，支持其在名称中使用“金融信息服务”等字样。对互联网金融企业进行分级持牌管理，根据其经营规模、创新能力、风险控制水平、人力资源储备等实际情况，按分级准予其在经营范围中使用“基于互联网的金融信息服务”、“金融产品交易服务”、“资产管理”、“投资管理”等字样。对优秀的互联网金融项目和相关企业，在“著名商标”认定或知识产权保护方面给予支持。

三、推进互联网金融示范区建设。支持有条件的园区创建互联网金融示范区，利用互联网和大数据技术，采用新型的管理方式，开展信用中介、资金中介和风险中介等业务活动，同时实现示范区内互联网金融产业集中、政策集中和监管集中。鼓励各区（开发区）对互联网金融企业制定出台包括购（建、租）房在内的扶持政策。

四、支持面向互联网金融的孵化器建设。鼓励社会机构兴办主要面向互联网金融企业的创新型孵化器，按照运行机制市场化、服务内容专业化、服务模式多样化的方式为互联网金融企业提供孵化和培育服务。

五、打造一批互联网金融重点示范项目。支持有条件的本地企业整合各类金融资源，开发、引进并形成具备自主风险控制技术和能力的互联网金融产品和服务，切实降低小微企业融资成本，支持实体经济发展。支持互联网金融企业与移动运营商等机构合作，延伸互联网金融服务终端，提高产业覆盖深度和广度。积极推动大型互联网金融企业的集团化发展。

六、鼓励传统金融机构运用互联网模式开发创新业务。鼓励银行、证券、基金、保险、担保、小贷等传统金融机构与互联网金融企业合作开发创新产品，利用互联网平台进行金融业务创新。鼓励各类金融机构建立面向中小微企业的线上、线下多层次服务体系，在融资规模、周期、成本等方面提供更具有针对性和灵活性的服务，提升融资效率，全面提升传统金融机构的服务水平。

七、推动基于互联网的第三方信用中介服务体系建设。支持征信机构建立网络金融征信系统，打破线上与线下、新型金融与传统金融的信息壁垒，构建金融互联网风险控制基础信息库，实现网络借贷企业征信共享，防范信用风险。支持互联网专业机构搭建第三方客观信用服务平台，利用大数据手段获取、分析小微企业和个人在社交平台、商务平台、政务平台等产生的信用数据，为互联网金融机构出具小微企业和个人的信用“体检报告”，提高融资可得性。

八、积极培育和引进互联网金融人才。依托亚太金融研究院等资源，组织“互联网金融千人会”、科研院校等开展互联网金融人才培训。经领导小组认定的互联网金融重点企业创业团队和技术骨干，可优先推荐申报纳入“321 人才”，争取享受我市对“321 人才”的各项扶持和奖励政策。

九、建立互联网金融综合服务平台。优化南京联合产权（科技）交易所网络门户功能，利用“融动紫金”平台为中小微企业提供 24 小时在线融资信息发布、产品对接、在线交易等综合金融服务。打造线上投贷保联盟，整合创业投资、科技银行、担保、小贷、科技保险等投融资机构，通过金融产品的发布，信息的撮合，实现小微企业线上线下融资新模式。积极引导一批“321 人才”科技创业企业和重点小微企业通过综合选择股权质押、融资租赁、定向私募等方式实现首次融资。

十、加大对互联网金融产业发展的财税扶持。从 2014 年开始，三年内每年安排总额不低于 1 000 万元的互联网金融产业发展专项资金，重点用于支持我市互联网金融示范区及孵化器建设、互联网金融重点企业引进和培育、重点示范项目实施、经认定的互联网金融业务创新等。

（一）对经领导小组认定的互联网金融示范区一次性给予 100 万元的资金补贴。

（二）经领导小组认定的互联网金融孵化器一次性给予 50 万元的资金补贴。

（三）对经领导小组认定的重点项目，每家给予不超过 50 万元的资金补贴。对经领导小组认定的重点示范企业，每家给予不超过 100 万元资金补贴。对区域经济发展作出重大贡献或在国际国内具有较高影响力的互联网金融龙头企业，经领导小组认定后实行“一企一策”。

（四）我市互联网金融企业和传统金融机构业务，其互联网金融业务和商业模式有益创新的，经领导小组办公室认定，给予最高不超过50万元资金奖励。

（五）对经领导小组办公室认定的我市从事数据挖掘、信用评价的信用中介机构总部或区域总部，给予一次性开办补贴，最高不超过50万元。已享受河西集聚区总部政策的机构不重复享受。

十一、加强对互联网金融企业的融资支持。市级创业投资引导基金发起设立3亿元规模产业投资基金和1亿元规模的种子基金，重点投向互联网金融产业项目和早期创业项目。鼓励社会创投投资于我市互联网金融企业，对其投资项目可按实际投资额的1%给予奖励。对于特别优秀的互联网金融创业项目和企业，紫金科创种子基金专项可给予不超过300万元额度的首期融资支持。鼓励银行、小贷、担保等金融资源向互联网金融企业倾斜，对符合条件的金融机构和担保公司，分别给予基准利率20%的利息补贴和不超过实际担保额的2.5%担保补贴。支持各类互联网金融企业在境内外多层次资本市场挂牌上市，由市金融办牵头协调相关部门开通一站式绿色服务通道。

十二、营造互联网金融产业发展的良好氛围。以“互联网金融千人会”为依托，整合南京本地科研资源，设立南京互联网金融应用研究中心，为全市互联网金融的发展提供智力支持。组建由互联网金融研究机构、行业组织、龙头企业和（类）金融机构共同参与的互联网金融行业协会，研究、制定互联网金融行业标准，推动产业发展方式和商业模式创新，开展政策交流讨论，实现成员的深入合作。加强与国内著名投资机构、风险管理机构合作，组织互联网金融论坛，开展创新金融产品发布展示及相关项目的签约、宣传等活动，营造良好的发展环境。

附件十八：

秦淮区关于促进互联网金融集聚发展的扶持政策（试行）

一、建设产业载体

第一条 对成功创建省市互联网金融产业示范基地的互联网金融产业载体，给予100万元的奖励。对于经认定的互联网金融产业载体形成的相关贡献扣除直接给予入驻企业的奖励扶持后，剩余部分给予投资运营商前两年80%、后三年40%扶持。

第二条 对经认定的互联网金融企业孵化器，视其管理面积、服务能力、孵化成功企业数量等给予最高不超过100万元的奖励。

二、引进培育企业

第三条 对经认定的互联网金融企业，支持其在企业名称中使用“金融信息服务”字样，并准予其在经营范围中使用“基于互联网的金融信息服务”、“金融产品交易服务”等字样。

第四条 对经认定的互联网金融企业给予最高不超过50万元的一次性开办补贴。

第五条 对经认定的互联网金融企业，给予营业收入形成的相关贡献前三年50%扶持；自获利年度起，给予利润所得形成的相关贡献前两年80%、后三年40%扶持。

第六条 对互联网金融企业的法人总部或区域性总部的高管团队，按其人力资源成本形成的相关贡献给予40%的奖励，并享受人才公寓、子女入学、医疗优先等方面优惠服务。

第七条 支持具有一定规模的互联网金融企业的法人总部或区域性总部在秦淮区购买、租赁自用办公用房，经认定可给予购房或租金补贴，最高不超过100万元。

第八条 对区域经济发展作出重大贡献或在国际国内具有较高影响力的互联网金融龙头企业，经认定后可实行“一企一策”扶持。

第九条 鼓励互联网金融企业在境内外多层次资本市场上市融资，成功上市的可分阶段给予最高不超过200万元专项补贴。

三、引导产业投资

第十条 对新设立规模1亿元以上的互联网金融投资基金，政府母基金可参与引导性投资。

第十一条 鼓励各类股权投资机构投资在地互联网金融企业，经认定可按照实际投资额的1%给予补助；首轮投资可按照实际投资额的2%给予补助。

第十二条 对注册资本金规模超5亿元的公司制互联网金融股权投资基金、募集资金规模超10亿元的合伙制互联网金融股权投资基金，可视其注册资本金或募集资金到位情况按比例分期给予开办资金补贴，补贴总额最高不超过1 500万元。

第十三条 对合伙制互联网金融股权投资基金执行有限合伙企业事务的自然人普通合伙人，按照“个体工商户的生产经营所得”项目，适用5%~35%的五级超额累进税率代征个人所得税。不执行有限合伙企业合伙事务的自然人有限合伙人，其从有限合伙企业取得的股权投资收益，按照“利息、股息、红利所得”项目，按20%的比例税率代征个人所得税。

第十四条 对公司制互联网金融股权投资基金和股权投资基金管理机构自获利年度起，给予利润所得形成的相关贡献前两年80%、后三年40%扶持；给予营业收入形成的相关贡献前两年100%、后三年50%扶持。

第十五条 对经认定的互联网金融股权投资基金管理机构高级管理人员，按其人力资源成本形成的相关贡献给予40%的奖励。

四、优化发展环境

第十六条 区政府设立总额为3亿元的互联网金融产业发展专项资金，重点用于载体建设、企业培育、人才引进和鼓励创新等方面。

第十七条 鼓励互联网金融企业引进和培养互联网金融领域的专业人才，优先推荐创业骨干和人才团队进入“321人才”库，经认定为“321人才”的享受南京市对“321人才”的各项扶持和奖励政策。

第十八条 鼓励在地新设互联网金融专业人才培训机构，经认定可给予最高不超过20万元的一次性补助。

第十九条 鼓励在地新设互联网金融专业研究机构，经认定可给予最高不超过30万元的一次性补助。

第二十条 对在地建设互联网金融云计算公共服务平台的投资运营机构可给予最高不超过200万元的扶持，对具备大数据支撑的第三方信用评级和征信服务机构可给予最高不超过50万元的扶持。

第二十一条 鼓励互联网金融企业创新商业模式、金融产品和服务模式，对取得显著经济社会效益的，可给予最高不超过50万元的专项奖励。

第二十二条 鼓励互联网金融企业依托在地金融机构的业务资源和风控技术拓展业务合作，对业务合作规模达到10亿元以上的，给予互联网金融企业最高不超过50万元的一次性奖励。

附件十九：

杭州市人民政府关于推进互联网金融创新发展的指导意见

杭政函〔2014〕166 号

各区、县（市）人民政府，市政府各部门、各直属单位：

为推进我市全国互联网金融创新中心建设，丰富区域性金融服务中心内涵，完善现代金融服务体系，根据《中共杭州市委关于学习贯彻党的十八届三中全会精神全面深化重点领域关键环节改革的决定》（市委〔2014〕1 号）和《中共杭州市委、杭州市人民政府关于加快发展信息经济的若干意见》（市委〔2014〕6 号）的精神，特制定本意见。

一、发展目标

顺应金融业发展趋势，坚持市场主导与政府服务、自身发展与服务经济、创新发展与风险防控相结合，创新组织机构、产品服务、体制机制，积极推动互联网金融产业全面发展，力争到2020 年，规划和建设一批具有全国影响力的互联网金融集聚区（含产业园、孵化器、专业楼宇，下同），构建和运作一批具有全国辐射力的互联网金融交易服务平台，培育和发展一批具有全国竞争力的互联网金融企业，开发和推广一批全国市场占有率高的互联网金融创新产品，基本建成全国互联网金融创新中心。

二、发展重点

重点培育发展互联网金融机构和五类互联网金融企业，从市级金融服务业专项资金中统筹安排资金，重点用于扶持互联网金融集聚区和基础设施建设、互联网金融企业培育等。鼓励各区、县（市）设立配套专项资金，支持互联网金融产业发展。通过市、区、集聚区三级联动，落实行业准入、人才培养、信用建设等方面的扶持政策，强化行业管理和风险防控，营造宽松、包容的创新创业氛围和良好、有序的行业发展环境。

（一）互联网金融机构。

指经国家金融监管部门批准设立、具有独立法人资格的网络银行、网络保险公司或其他网络金融机构，以及经国家金融监管部门批准，由银行业、证券业、保险业等传统金融机构发起设立的主要从事互联网金融相关业务的功能性总部。

（二）五类互联网金融企业。

1. 第三方支付机构：指获得中国人民银行颁发的《支付业务许可证》，依托互联网在收付款人之间转移货币资金的法人非金融机构。

2. 网络债权融资企业：指以依托互联网平台开展资金借贷及相关融资中介等金融服务为主要业务的法人企业。

3. 网络股权融资企业：指以依托互联网平台开展股权融资及相关融资中介等金融服务为主要业务的法人企业。

4. 互联网金融门户：指主要通过运营互联网门户网站提供综合性金融咨询服务，或主要通过运营互联网金融交易服务平台提供综合性金融产品销售与财富管理服务的法人企业。

5. 互联网金融后台：指主要通过金融大数据采掘加工提供增值服务或提供互联网金融业务专业技术支撑的法人企业。

三、企业培育

（一）支持互联网金融机构设立发展。

支持符合条件的企业申请互联网金融经营资质，在杭发起设立互联网金融机构，开展互联网金融业务。支持银行业、证券业、保险业等传统金融机构设立从事互联网金融相关业务的法人机构或功能性总部。积极招引外地互联网金融机构来杭发展。对在杭新设立或新迁入的互联网金融机构，按照杭州市金融机构招商政策给予补助，相关高级管理人员按照金融机构招商政策享受落户、子女教育等方面的待遇。

（二）加大互联网金融企业培育力度。

支持符合条件的企业依法申请互联网金融业务许可，在杭发起设立互联网金融企业，开展互联网金融业务。积极招引外地互联网金融企业来杭发展。

对在杭各类互联网金融企业，根据其行业特点、规模实力、经营效益等情况，由属地政府认定并视其地方贡献情况给予项目补助。特别重大的互联网金融发展项目，经市、区两级政府认定，由属地政府按“一企一策”的原则在项目推进各方面给予优惠扶持，市政府将视实际情况予以适当支持。

（三）支持互联网金融企业利用资本市场加快发展。

支持市产业发展引导基金、市创业投资引导基金等政策性基金与境内外知名股权投资机构、金融机构合作，在杭发起设立互联网金融发展专项子基金，重点投向我市初创期、成长期互联网金融企业。支持社会资本在杭发起设立互联网金融产业领域的各类投资基金、并购基金、天使基金，引导金融资源和社会资本加大对我市互联网金融企业的投入力度。

支持互联网金融企业实施股份制改造，鼓励符合条件的互联网金融企业挂牌、上市，并按照《杭州市人民政府关于进一步推动企业利用资本市场加快发展的实施意见》（杭政〔2014〕39 号）享受相关扶持政策。

（四）鼓励互联网金融企业创新产品服务。

激发互联网企业创新内在动力，鼓励互联网金融企业以服务实体经济为方向，探索针对小微企业和个人多元化投融资需求开展产品创新、技术创新、服务创新、管理创新和模式创新。支持互联网金融企业申报列为杭州市“雏鹰计划”、“青蓝计划”、“瞪羚计划”等培育对象，鼓励符合条件的互联网金融企业申报软件企业、高新技术企业、技术先进型服务企业等方面认定，按照规定享受相关财税优惠政策。

四、产业集聚

（一）规划建设互联网金融集聚区。

按照“有核无界”的布局原则，重点在西溪谷、钱江新城、未来科技城等地建设互联网金融集聚区，由相关区、县（市）政府牵头制订发展规划和具体行动计划，完善各类配套服务设施，落实商务楼宇等互联网金融企业发展空间。支持民间资本建设互联网金融集聚区，支持符合条件的互联网金融集聚区申报科技型企业孵化器，逐步形成互联网金融“多点集聚”的发展局面。

（二）合力促进互联网金融企业集聚发展。

互联网金融集聚区条件成熟后，可向市政府申请授予市级互联网金融集聚区称号。

市级互联网金融集聚区纳入市级金融服务业专项资金支持对象。市政府根据其实际建设投入和对企业扶持情况，通过转移支付方式，按一定比例给予属地政府一次性资助，最高额度不超过200万元，用于支持互联网金融企业集聚发展。

市级互联网金融集聚区应针对互联网金融企业发展需求和各自特色定位，制定扶持政策，采取落户补助、房租补贴等优惠措施，吸引互联网金融企业合理集聚，落实专人管理，促进集聚区健康发展。具体扶持政策由属地政府会同市级互联网金融集聚区制定实施。

五、环境营造

（一）支持互联网金融企业注册登记。

除需国家金融监管部门批准设立的互联网金融机构外，对经区、县（市）政府认定的互联网金融企业，有关部门应在注册登记等环节提供便利，允许其在工商登记企业名称中使用“互联网金融”或“网络金融”字样，在经营范围中使用“互联网金融服务”字样（由国家金融监管部门核准的金融核心业务除外）。

（二）培育、吸引互联网金融人才。

鼓励互联网金融企业、金融机构和科研机构开展互联网金融学术研究、创新交流合作和培训研讨活动。引导在杭高校培养互联网金融人才，鼓励有条件的市属高校开设互联网金融相关专业和课程，加快培养创新型、复合型、应用型金融人才。吸引互联网金融企业的高级管理人员和高级技术人才来杭发展。

经区、县（市）政府认定的互联网金融企业，其符合条件的高级管理人员和高级技术人才可享受杭州市人才引进政策或申报杭州市有关高层次人才项目。

（三）健全互联网金融信用体系。

鼓励、支持设立第三方互联网金融信用信息服务机构或服务平台，加快培育和发展征信机构，加强信用产品研发和服务创新，为互联网企业提供信用信息服务。支持互联网金融信用信息服务机构或服务平台与市公共信用信息服务平台、人民银行征信系统开展合作，促进公共信用信息、互联网金融信用信息、社会信用信息互动共享。推动会计、审计、法律、咨询等中介服务机构发展，为互联网金融企业提供优质、专业的中介服务。

（四）搭建互联网金融行业交流合作平台。

为在杭互联网金融机构、互联网金融企业、相关金融机构、中介服务机构搭建交流合作平台，倡导遵守互联网金融行业经营和风险防范规范，加强与人民银行、各金融监管部门、地方政府及相关部门的互动对接，促进互联网金融行业自律管理、有序发展。

（五）打响杭州互联网金融品牌。

加大互联网金融产业宣传力度，充分发挥在杭互联网金融企业的积极性，鼓励其与国内外知名金融媒体、财经信息平台等开展战略合作，依托具有较大影响力的互联网金融论坛、峰会举办各类研讨、推广活动，打造杭州互联网金融品牌。

六、风险防范

（一）建立互联网金融企业监督管理机制。

落实国家关于互联网金融领域的监管制度和标准规范，会同人民银行和各金融监管部门加强对互联网金融企业的规范管理。依托互联网金融协会加强对互联网金融企业的自律监督。

推动互联网金融企业规范开展客户资金存管，按要求存放和使用备付金等客户资金，促进互联网金融企业提升内控管理水平，防范资金风险。推行互联网金融企业信息报告和披露制度，经区、县（市）政府认定的互联网金融企业应当定期向属地政府报告经营情况和经审计的财务情况，同时按规定向投资者公开披露真实的资金流向和项目情况。

（二）健全互联网金融风险防范处置机制。

会同人民银行和各金融监管部门，加强对消费者、投资者的风险教育，探索建立互联网金融行业风险监测、预警和应急处置机制，严厉打击互联网金融领域的违法犯罪活动，引导互联网金融企业严守政策红线，确保不发生区域性、系统性金融风险。研究第三方监测评估机制，开展金融机构信息系统安全等级保护工作，提升互联网金融企业风险防控和信息安全防护能力，强化对企业金融数据和客户信息的安全保护。

区、县（市）政府为互联网金融企业风险处置的第一责任人，牵头处置辖区内互联网金融企业的金融风险，组织开展互联网金融企业纠纷排解、争议处置和消费者维权等协调工作。

七、工作保障

完善互联网金融产业发展工作机制，由市完善创新金融服务体制机制改革小组（办公室设在市金融办）研究确定全市互联网金融产业发展的重大举措，协调解决互联网金融产业发展中遇到的困难和问题。

本意见自发布之日起30日后施行，由市金融办负责牵头组织实施。本意见所涉互联网金融企业认定标准、扶持政策操作规程及申报指引等由市金融办牵头制定实施。

参考文献

［1］《2014 电子商务那些事儿》，载《现代商业》，2015（01），30 – 39 页。

［2］《阿里和腾讯推网络信用卡，各计划首批发放 100 万张》，载《金卡工程》，2014（03），45 页。

［3］巴曙松、吉猛：《从互联网金融模式看直销银行发展》，载《中国外汇》，2014（02），43 – 47 页。

［4］巴曙松：《中国发展直销银行的四点政策建议》，载《东方早报》，2013 – 12 – 24。

［5］白杰：《我国互联网金融的演进及问题研究》，河北大学，2014（A14）。

［6］白静：《互联网金融创新的法律规制》，河北经贸大学，2014。

［7］白雪：《中国 P2P 网络借贷政府监管问题研究》，内蒙古大学，2014。

［8］白雪峰：《浅析商业银行事业部制转型改革》，载《河北金融》，2009（11），47 – 49 页。

［9］包春静：《网络虚拟货币的特性、成因及对银行业的潜在影响》，载《上海金融》，2009（12），93 – 96 页。

［10］《保险企业信息安全管理框架体系的构建》，载《中国金融电脑》，2012（08），18 – 22 页。

［11］BOB DING：《中国创业者众筹融资的三个案例》，载《沪港经济》，2013（10），50 – 51 页。

［12］《疯狂的货币——比特币》，载《计算机光盘软件与应用》，2013（22），5 – 7 页。

［13］蔡恺：《谋 8 亿用户：财付通拟借 QQ 钱包打翻身仗》，载《证券时报》，2014 – 11 – 06（A06）。

［14］曹玲燕：《基于模糊层次分析法的互联网金融风险评估研究》，中国科学技术大学，2014。

［15］曹乾：《互联网企业跨界金融的思考》，载《中国城乡金融报》，2014 – 10 – 16（A03）。

［16］曾建新、刘先锋：《电子商务安全技术综述》，载《计算机安全》，2008（02），55 – 58 页。

［17］陈明昭：《互联网金融的主要模式及对商业银行发展的影响分析》，载

《经济研究导刊》，2013（31），119－120页。

［18］陈全、邓倩妮：《云计算及其关键技术》，载《计算机应用》，2009（09），2562－2567页。

［19］陈祖英、姬雪萍：《大学出版社数字出版的问题与对策》，载《电脑知识与技术（学术交流）》，2007（20），501－502页。

［20］《城乡月报》，载《新城乡》，2015（01），10－11页。

［21］程莹、张云勇、房秉毅、徐雷：《云计算时代的数据库研究》，载《电信技术》，2011（01），27－28页。

［22］代亮、陈婷、许宏科、钱超，梁殿鹏：《大数据测试技术研究》，载《计算机应用研究》，2014（06），1606－1611页。

［23］代晓静：《对电子商务环境下税收问题的探讨》，载《时代经贸（下旬刊）》，2008（03），37－38页。

［24］《电商小贷创新与发展情况》，载《互联网天地》，2014（10），32－36页。

［25］丁宁：《电商付款还能更"任性"》，载《中国证券报》，2015－01－10（012）。

［26］董潇：《恒丰银行"试水"直销银行》，载《中华工商时报》，2014－12－03（006）。

［27］杜冰：《北京银行拟设立法人直销银行》，载《金融时报》，2014－08－13（005）。

［28］杜冰：《直销银行：互联网金融时代银行的"基因变革"》，载《金融时报》，2013－11－30（001）。

［29］杜金：《打造"智慧银行"：抢占未来竞争的战略制高点》，载《金融时报》，2013－09－12（005）。

［30］段桂英：《浅谈计算机云计算》，载《科技信息》，2010（30），651页。

［31］费洋：《互联网金融发展对传统银行业的冲击分析》，载《商》，2014（02），207页。

［32］冯宝军：《沈阳铁路局客票系统容灾的实现》，载《铁路计算机应用》，2003（11），40－41页。

［33］郭奎涛：《银行密集布局二维码支付》，载《中国企业报》，2014－06－03（005）。

［34］郝立斌、周灿、李文博、王笑东、朱威：《新型P2P融资模式及风险控制探究》，载《时代金融》，2014（32），206－210页。

［35］何虹：《国外直销银行发展经验及对我国的启示》，载《农村金融研

究》，2014（08），48－51 页。

［36］洪娟：《互联网金融浪潮下的商业银行竞争策略研究》，载《武汉金融》，2014（03），8－10 页。

［37］侯捷宁：《股权众筹融资办法征求意见，不得兼营 P2P 网贷》，载《证券日报》，2014－12－19（A01）。

［38］胡秀强：《高等职业院校信息系统设计与实施》，西南交通大学，2008。

［39］《互联网金融概述》，载《互联网天地》，2014（10），1－3 页。

［40］《互联网金融及其现状》，载《中国总会计师》，2014（02），50－51 页。

［41］《互联网金融首个“官文”落地》，载《中国招标》，2014（50），45－46 页。

［42］《互联网金融与商业银行可共生共荣》，载《上海金融报》，2014－06－17（A07）。

［43］黄飙、屈俊：《国外 P2P 和众筹的发展》，载《中国外汇》，2013（12），49－51 页。

［44］黄健青、陈欢、刘家毓：《互联网金融分类及创新发展模式》，载《金融电子化》，2014（02），47－49 页。

［45］黄庆安：《互联网金融的发展与金融学专业教学内容改革探讨》，载《福建广播电视大学学报》，2014（06），9－13 页。

［46］黄旭、兰秋颖、谢尔曼：《互联网金融发展解析及竞争推演》，载《金融论坛》，2013（12），3－11 页。

［47］贾澎涛、丁慧：《网络金融时代银行客户行为变化趋势及对策研究》，载《华北金融》，2014（02），58－60 页。

［48］姜灿：《直销银行启幕 民生银行“深挖”互联网金融》，载《卓越理财》，2014（03），103 页。

［49］姜欣欣：《中小银行需主动应对互联网金融挑战》，载《金融时报》，2014（03），10011 页。

［50］姜业庆：《联手 ING 北京银行“直销银行”开拔》，载《中国经济时报》，2013－09－19（008）。

［51］蒋伟：《中国银行福建省分行个人理财业务营销策略分析》，厦门大学，2008。

［52］《解读股权众筹办法五看点》，载《国际融资》，2015（02），49－50 页。

［53］金苹苹：《大数据运用，实现轻银行体验》，载《现代物流报》，

2014－06－23（009）。

［54］金珊、吴国芳：《基于 SaaS 模式的 SOA 服务分析与设计》，载《信息系统工程》，2009（07），115－118 页。

［55］金松昌、杨树强：《一种基于 Hadoop 的海量 Web 数据挖掘系统研究与实现》，http：//wenku. baidu. com/link？url＝khvJBlhrUmjwXmrVFE8－yr_yLHwRx5zloFDVY09kiOF8vmc9oDjMEqDj6BtM4pUvg22_ wmo5uNYGYa－a7xN9KRXUboo2lfLPvggkalM65eG，2015－05－15。

［56］雷玲：《中小企业信息化现状及发展模式》，载《统计与决策》，2005（18），147－148 页。

［57］雷勤颖：《虚拟货币行业发展现状和趋势探索》，载《商场现代化》，2014（04），195 页。

［58］黎重阳：《升级改版新网银 城商行角力新金融》，载《杭州金融研修学院学报》，2014（02），44－46 页。

［59］李红坤、刘富强、翟大恒：《国内外互联网保险发展比较及其对我国的启示》，载《金融发展研究》，2014（10），77－83 页。

［60］李荟云：《互联网金融对传统金融模式的冲击及对策》，载《现代金融》，2015（02），38－39 页。

［61］李举达：《基于互联网的财务结算中心的安全管理》，载《经济师》，2003（03），77－78 页。

［62］李钧：《P2P 借贷：性质、风险与监管》，载《金融发展评论》，2013（03），35－50 页。

［63］李克：《深度融合网络金融手段，打造中国最佳零售银行——访广发银行股份有限公司网络金融部总经理方琦》，载《中国金融电脑》，2013（12），47－49 页。

［64］李晓峰：《PKI 与 IBE——信息安全中的两种认证技术》，载《河南机电高等专科学校学报》，2005（04），20－22 页。

［65］李晓伟、沈艳秋：《云计算及其发展进程》，载《科技信息》，2011（15），81－82 页。

［66］李欣悦：《浦发银行哈尔滨分行个人理财营销策略研究》，哈尔滨工程大学，2010。

［67］李阳丹：《91 金融超市的小野心和大未来》，载《中国证券报》，2013－12－14（012）。

［68］李阳丹：《京东择时上市助跨越》，载《中国证券报》，2014－02－08（012）。

［69］李颖：《基于 J2ME 平台的移动应用系统的研究与实现》，南昌大

学，2007。

[70]《立足当前，放眼未来，为公司持续快速协调发展提供人才支撑——中国华电集团全面实施人才强企战略》，载《中国电力教育》，2005（04），139－141页。

[71] 梁珂，杨维新：《论网络化与我国的金融监管》，载《金融理论与实践》，2003（03），6－8页。

[72] 梁丽萍：《互联网金融的发展现状与趋势分析》，载《电子制作》，2014（22），271页。

[73] 梁朋涛：《兴业银行直销银行新品迭出“兴业票”上线》，载《经济视点报》，2014－12－18（007）。

[74] 刘超：《对商业银行与电商平台相结合的互联网金融模式的研究》，载《金融理论与实践》，2014（11），45－50页。

[75] 刘飞：《银行系 P2P 悄然崛起》，载《华夏时报》，2014－06－26（013）。

[76] 刘海二、刘利红、易新福：《信息化时代农村金融的困境与出路：手机银行》，载《西南金融》，2013（02），73－76页。

[77] 刘海二：《手机银行、技术推动与金融形态》，西南财经大学，2013。

[78] 刘贺：《网络虚拟货币的发展现状及其趋势分析》，载《时代金融》，2014（14），62页。

[79] 刘瑾：《北京农商银行应对互联网金融的策略研究》，首都经济贸易大学，2014。

[80] 刘君：《市场营销人才的市场需求状况与供给问题研究》，载《市场周刊（理论研究）》，2007（09），50－51页，78页。

[81] 刘士余：《互联网金融不能触碰两条法律红线》，载《商》，2013（23），11页。

[82] 刘士余：《互联网金融正逐渐发挥包容性增长作用》，载《全球商业经典》，2014（03），68－70页，8页。

[83] 刘向荣：《对象——关系阻抗不匹配的研究及其解决》，载《电脑知识与技术》，2011（02），267－268页。

[84] 刘彦华：《为手机而战 马云 PK 马化腾》，载《小康（财智）》，2014（03），58－60页。

[85] 柳进军：《“由乐而生”的创新创业》，载《中关村》，2014（07），89页。

[86] 卢旭成、卢山林、饶宇锋、刘建强：《“快钱”的敌人》，载《创业家》，2011（06），54－66页。

[87] 罗扬：《我国 P2P 网络借贷的风险管理体系的构建》，浙江理工大学，2014。

[88] 马蔚华：《互联网时代银行蝶变》，载《上海证券报》，2014 -05 -27 (A01)。

[89] 马蔚华：《我国商业银行营销现状与发展趋势》，载《中国金融》，2003 (04)，15 -17 页。

[90] 毛有碧、金宇：《中小银行应选择差异化路径》，载《金融时报》，2014 -04 -21 (007)。

[91] 毛宇舟：《银行系 P2P 产品中秋销售遇冷，民生易贷“如意 13 号”一天仅卖一万元》，载《证券日报》，2014 -09 -09 (B02)。

[92] 茅斌：《江苏农行手机银行业务营销发展对策研究》，南京农业大学，2012。

[93] 孟扬：《直销银行：商业银行网上“圈地”新战场》，载《金融时报》，2014 -09 -01 (003)。

[94]《民生银行直销银行抢占市场先机》，载《卓越理财》，2014 (06)，103 页。

[95] 聂国春：《传统银行竞打“直销”牌》，载《中国消费者报》，2014 -09 -01 (B02)。

[96] 庞华玮：《广发“新方法”：电子银行部变身网络金融部》，载《中国经营报》，2013 -10 -28 (B03)。

[97] 逄锦荣：《基于服务模式创新的物流业与制造业协同联动体系研究》，北京邮电大学，2012。

[98] 齐晓霞、王琦进、侯整风：《基于 PHP 技术的水电费查询管理系统的设计》，载《电脑知识与技术》，2009 (10)，2682 -2683 页。

[99] 秦立公：《基于企业战略的人力资源规划研究》，载《改革与战略》，2004 (11)，109 -111 页。

[100] 邱峰：《商业银行直面互联网金融强势来袭的冲击和挑战》，载《柴达木开发研究》，2013 (05)，35 -39 页。

[101] 沈治愚：《电子商务小额贷款模式探索》，西南财经大学，2011。

[102] 施恋林：《以开放的姿态拥抱 OTT 时代，来自互联网金融的启示》，载《通信企业管理》，2013 (05)，45 页。

[103] 史堃：《手机银行个人客户忠诚度影响因素研究》，西北农林科技大学，2014。

[104] 宋文峰：《商业银行信用风险压力测试系统设计和实现》，山东大学，2012。

[105] 《SSL 与 SET：谁主风流?》，载《计算机与网络》，1999（22），17 页。

[106] 孙飞、王吉如、闫波：《“二马”对决》，载《金融世界》，2014（04），50－59 页。

[107] 孙翼飞：《阿里 O2O“诺曼底”》，载《新金融观察》，2014－04－07（014）。

[108] 孙忠、周鹏峰：《逐鹿直销银行》，载《上海证券报》，2014－09－17（F08）。

[109] 汤皋：《规范互联网金融发展与监管的思考》，载《金融会计》，2013（12），55－59 页。

[110] 拓守：《云计算与云数据存储技术研究》，载《电脑开发与应用》，2010（09），1－3 页，9 页。

[111] 万辉：《虚拟货币交易征税法律制度研究》，郑州大学，2010。

[112] 汪彩华、李仁杰：《互联网金融产品的法律分析——以“余额宝”为例》，载《法制与社会》，2014（12），92－95 页。

[113] 王碧颖：《用比特币赚钱，靠谱吗?》，载《新民周刊》，2013（43），50－52 页。

[114] 王好强：《互联网金融对银行业影响走向深化》，载《金融时报》，2014－07－04（005）。

[115] 王虎：《借力 SaaS 模式推动中小企业信息化发展进程》，载《经济界》，2009（02），33－35 页。

[116] 王锦虹：《互联网金融对商业银行盈利影响测度研究——基于测度指标体系的构建与分析》，载《财经理论与实践》，2015（01），7－12 页。

[117] 王青林、陆军、李响：《国内外第三方支付市场发展实践研究》，载《金融电子化》，2012（07），48－50 页。

[118] 王守选：《基于 SOA 的政务信息资源交换平台的设计与实现》，湖南大学，2007。

[119] 王彤宇：《项目管理在中国移动电子运行维护系统中的应用》，载《电脑与电信》，2007（11），25－27 页。

[120] 王伟：《华为助力农行应战“大数据”》，载《金融电子化》，2013（12），84－85 页。

[121] 王雅娟：《直销银行来了：给谁便利 给谁压力》，载《上海证券报》，2013－10－29（A03）。

[122] 王子威：《互联网金融模式总览》，载《首席财务官》，2014（17），64－73 页。

[123] 王子威：《用创新开拓更广阔的发展空间》，载《中国经济导报》，2014-05-29（B06）。

[124] 魏瑞华、吴华晖：《基于 SOA 的银行系统架构研究》，载《金融科技时代》，2012（01），84-86 页。

[125] 吴炜：《众筹来袭：改变传统的业态模式》，载《中关村》，2014（05），54-57 页。

[126] 吴朱华：《大数据从“小”做起》，载《网络世界》，2012-05-14（036）。

[127] 夏博林：《软件项目设计过程管理》，北京邮电大学，2011。

[128] 夏创文、陈海华：《基于移动互联网的广东高速通出行信息移动应用系统构建》，载《中国交通信息化》，2013（S1），158-160 页，171 页。

[129] 夏欣：《门槛高、监管苛 股权众筹草案惹争议》，载《中国经营报》，2014-12-29（A06）。

[130] 谢利：《银行“宝”再次反击余额宝》，载《金融时报》，2014-03-01（006）。

[131] 谢平、邹传伟、刘海二：《对 P2P 网络贷款的监管》，载《第一财经日报》，2014-10-29（A09）。

[132] 谢然：《社交关系与大数据的结合，催生真正的互联网与金融领导者》，载《互联网周刊》，2015（01），22-25 页。

[133] 徐安民：《加入 WTO 后对国有商业银行金融创新的认识和思考》，载《金融与经济》，2003（03），41-42 页。

[134] 徐韶华、何日贵、兰王盛、高翔：《众筹网络融资风险与监管研究》，载《浙江金融》，2014（10），10-15 页。

[135] 徐维强：《反击互联网金融第二波：银行争相“智能化”》，载《上海证券报》，2014-03-25（A05）。

[136] 徐铮：《互联网金融的若干模式及比较分析》，载《中国发展观察》，2014（02），56-57 页。

[137] 许保彬：《浅析网络中 SAN 的授权方式》，载《科技情报开发与经济》，2007（22），187-189 页。

[138] 许荣、刘洋、文武健、徐昭：《互联网金融的潜在风险研究》，载《金融监管研究》，2014（03），40-56 页。

[139] 许云翔：《面向服务架构的管理信息系统的设计与实现》，华中科技大学，2008。

[140] 薛亮：《“轻型银行”战略再度深化》，载《金融时报》，2014-06-18（003）。

［141］薛强：《2014 手机银行使用情况调查》，载《金融博览（财富）》，2014（12），24－27 页。

［142］闫冰竹：《中国直销银行发展探析》，载《中国金融》，2014（02），55－56 页。

［143］杨春秀：《网上银行交易规模超 900 万亿，电子银行体系发展成熟》，载《金卡工程》，2014（09），39－41 页。

［144］杨静、李慧妍：《我国商业银行应如何应对互联网金融模式的冲击》，载《现代经济信息》，2014（09），344 页。

［145］杨群华：《我国互联网金融的特殊风险及防范研究》，载《金融科技时代》，2013（07），100－103 页。

［146］杨哲、王静：《SOA 架构的第三方物流信息系统分析》，载《中国物流与采购》，2005（24），46－48 页。

［147］姚余栋：《关于建立"新布雷顿森林体系"的初步建议》，载《第一财经日报》，2013－05－06（A05）。

［148］叶纯青：《大数据下的金融创新与跨界融合》，载《金融科技时代》，2014（10），32－36 页。

［149］叶芬芬：《互联网金融的发展对我国商业银行的影响》，河南大学，2014。

［150］一禾：《银行理财有了综合性智能理财平台》，载《卓越理财》，2014（07），27 页。

［151］《移动支付：商业银行新的机遇和挑战》，载《中国金融电脑》，2013（06），28－31 页。

［152］易宪容：《当前互联网金融最大风险是信用风险》，载《证券日报》，2014－03－08（B02）。

［153］《银行应搭建开放的金融平台》，载《21 世纪经济报道》，2014－10－20（010）。

［154］尹洋、廖渊、刘伟煜：《移动金融应用的机遇和挑战》，载《金融电子化》，2012（09），31－32 页，34－35 页。

［155］游寰臻：《传统银行竞相涉水 P2P 网贷，野蛮疯长亟须监管跟进》，载《通信信息报》，2013－10－23（B03）。

［156］于红波：《基于 LAMP 架构开发 Web 应用的优势》，载《广西纺织科技》，2009（02），44 页，53 页。

［157］詹洪文：《云计算核心技术及其产业化浅析》，载《硅谷》，2011（06），30 页。

［158］张超：《新型虚拟货币比特币的发展现状及其对现实经济和金融影响

的研究》，载《时代金融》，2013（14），291－294页。

[159] 张惠敏、薛波：《大型企业中计算机网络安全防护体系》，载《商场现代化》，2008（22），73页。

[160] 张建文、汪鑫：《云计算技术在银行中的应用探讨》，载《华南金融电脑》，2009（06），16－19页。

[161] 张明辉：《基于Hadoop的数据挖掘算法的分析与研究》，昆明理工大学，2012。

[162] 张庆、王越：《互联网金融模式解析》，载《企业管理》，2014（03），17－20页。

[163] 张琼华：《浅谈我国商业银行代收费业务的现状及发展》，北京邮电大学，2007。

[164] 张文晴：《我国P2P网络借贷平台的合法性界定及法律监管》，载《法制与社会》，2015（05），137－139页。

[165] 张怡：《手机银行业务发展浅析》，载《银行家》，2013（05），122－123页。

[166] 张玉英、曹江浩、庞国莉、王春洁：《综述网络交易过程中电子支付问题》，载《商场现代化》，2005（18），151－152页。

[167] 张苧月：《招行版P2P重启“冷”思考：缺乏新意与透明》，载《上海证券报》，2014－02－26（A07）。

[168]《招商银行》，载《时代金融》，2015（01），12页，67页。

[169] 赵明月、贾雪：《直销银行，传统银行的互联网利器》，载《决策探索（上半月）》，2013（11），38－39页。

[170] 郑实：《SAN技术在大型网络存储中的优势分析》，载《黄石理工学院学报》，2007（05），38－41页。

[171] 支玉香：《央行“狠招”继续 第三方支付机构遭“围剿”》，载《21世纪经济报道》，2014－03－17（009）。

[172]《直销银行》，载《中国农村金融》，2014（01），65页。

[173] 钟辉、李洁雪：《或因“银行兑付凭证”涉平台担保，招行P2P平台被暂停》，载《21世纪经济报道》，2014－01－14（010）。

[174] 钟辉：《南粤银行试水直销银行，主打票据理财》，载《21世纪经济报道》，2014－09－23（010）。

[175] 周浩羽：《大力发展电子银行，增强核心竞争能力》，载《卓越理财》，2006（12），84页。

[176] 周楝淞、杨洁、谭平嶂、庞飞、曾梦岐：《身份认证技术及其发展趋势》，载《通信技术》，2009（10），183－185页。

［177］卓尚进，张末冬：《在线金融信息服务开辟互联网金融新模式》，载《金融时报》，2013－12－06（003）。

［178］宗良：《全球互联网金融呈三大发展趋势，中国银行业传统模式面临变革》，载《证券日报》，2013－10－25（B01）。